U0683475

最欧洲
我的自驾三万里

赵淳◎著

Best of Europe

中国地图出版社

图书在版编目（CIP）数据

最欧洲：我的自驾三万里 / 赵淳著 .-- 北京：中
国地图出版社，2015.1

　　ISBN 978-7-5031-8455-0

　　Ⅰ. ①最… Ⅱ. ①赵… Ⅲ. ①旅游指南-欧洲 Ⅳ .
① K950.9

中国版本图书馆 CIP 数据核字（2014）第 217613 号

责任编辑　　于至堂
审　　校　　王　毅
出版审订　　余　凡

最欧洲——我的自驾三万里
Zui Ouzhou——Wo De Zijia Sanwanli

出版发行	中国地图出版社			
社　　址	北京市白纸坊西街 3 号	经　　销	新华书店
邮政编码	100054	印　　张	20
网　　址	www.sinomaps.com	版　　次	2015 年 1 月第 1 版
印刷装订	北京画中画印刷有限公司	印　　次	2016 年 7 月北京第 2 次印刷
成品规格	170×230mm	定　　价	49.00 元

书　　号　　ISBN 978-7-5031-8455-0

如有印装质量问题，请与我社发行部联系；如有图书内容问题，请与本书责任编
辑联系，联系方式：dzfs@sinomaps.com

目录

CONTENTS

意大利：
最多世界文化遗产的国家

匈牙利和奥地利：
欧洲最具帝王气质的惊艳之地

目录

CONTENTS

05 126-149

希腊圣托里尼岛：
中国人心中最浪漫的海岛

06 150-207

罗马尼亚和保加利亚：
欧洲最鲜为人知的国家

目录

07 208-241

阿尔巴尼亚和科索沃：
欧洲最贫穷的角落

08 242-307

黑山、波黑、克罗地亚和斯
洛文尼亚：
最美的人间天堂

序

大抵来说，我对旅程的安排，一个是参考联合国《世界遗产名录》，这个名录基本囊括了当今世界所有具有重要意义的文化景观和自然名胜。另一个是参考《孤独星球》（Lonely Planet，简称 LP）。

大多数情况下，我的旅行主要还是随心而为，没有太详细的计划，走哪儿算哪儿，让旅途中那些或精彩、或平淡的片段像花儿一样在心尖盛开，清新隽永，回味无穷。人生就是一次孤独而漫长的旅行，一程有一程的风景，一季有一季的绽放。把旅途中的故事写成不老的歌谣，谱上音符，于似水流年里且行且吟唱，让心灵在浮躁中得以沉静，让生命在红尘里得以升华。追寻风的方向，感怀雨的恩泽，淡雅而又快意地游荡于尘世，一半风雨，一半阳光；一半浮土，一半碧空；一半忧伤，一半痴狂；一半迷离，一半了然……

在提笔写下本书之际，脑子里忽然冒出了一句我在克罗地亚首都萨格勒布的那家位于地道巴洛克风格的百年老楼中的酒店房间墙上看到的英文：

I have seen more than I remember, and I remember more than I have seen.

就以此作为本书的开篇吧。

最近20年来，随着国家经济实力的提升，国人旅游，就像在操场跑圈。

第一圈，中国内地旅游，逢年过节，千百万人挤在一起，让人"敲竹杠"。

第二圈，寻思着到港澳台去看看，这也是除中国内地以外最容易、最方便的目的地。

第三圈，也许会去东南亚各国。毕竟离家里近，花不了多少钱就可以出个国，惠而不费，何乐而不为？

第四圈，开始琢磨去欧美发达国家了。大多数是跟团，也有部分自助游。目的地基本上是欧美著名的大城市，如伦敦、巴黎、罗马、纽约等。

第五圈，眼界逐步扩大，开始考虑稀奇的地方了。这个世界除了发达国家，还有不少地方也挺美呀！譬如，东欧的捷克、匈牙利、波兰等，南美的巴西、阿根廷等，大洋洲的澳大利亚、新西兰，还有非洲……

第六圈，胃口被吊得更高了，一般的玩意儿已经过不了瘾，就有了探个谜、冒个险的野性冲动。于是，目光开始投向那些曾经血雨腥风或现在正打仗的地方，如欧洲火药桶巴尔干——这个地区好像从来就没消停过；如叙利亚——据报道，已有旅客自发前往参战；如南美丛林——那里是杀人不眨眼的毒枭的天下……

那么，您跑到哪圈了？

听我这么一说，立马就有人吼了起来：什么这圈那圈的，我第一次出国就直奔非洲撒哈拉了，你说的这个什么圈圈理论，也忒不靠谱了！

恭喜您，您一把跃过前面那么多圈儿，直接就跳级了！我笨，所以只能按部就班地慢慢走过来。

让自己的旅行生涯就那么一圈圈地累积，对我而言，是一种体验，也是一种享受，更是一种感悟。在这个世界上，我驾车游览了包括大半个欧洲在内的50来个国家，不为邂逅，不为猎奇，所有发生的或没有发生的一切，只是让我感觉，我在回家的路上而已。

只要在路上，我就在自己的人生之中。

掐指一算，欧洲前前后后已经去过5次了。其中印象最深刻的，是我的两次秋日自驾，跋涉3万里，沉醉不知归路，品味了半个欧洲。

第一次是2011年秋，我驾车游走于匈牙利、奥地利、捷克、德国、法国、意大利和斯洛文尼亚等7国，路过荷兰、斯洛伐克、瑞士、列支敦士登、摩纳哥、梵蒂冈和圣马力诺等7国。

第二次是2013年秋的巴尔干之旅，驾车穿过罗马尼亚、保加利亚，最南到了希腊爱琴海上的圣托里尼岛，而后北上阿尔巴尼亚、科索沃，再入黑山、波黑、克罗地亚、斯洛文尼亚，最后经奥地利返回匈牙利。

本书便是这两次欧洲秋日自驾的结晶。

驱车游荡于欧罗巴最具文化特色、最鲜为人知的国家和地区，灵魂与眼睛一起迷醉于自然欧洲那秋叶静美的绚烂和人文欧洲那荡气回肠的沉淀。自然是形，人文是魂，有了魂，欧洲美轮美奂的风土人情才有了生命。某种意义上，欧洲最令人神往的不仅仅是它那些如雷贯耳的历史名城如雅典、罗马、维也纳等，更是它的那份从容气质。这种从容，既源自古希腊千年文明的传承，也来自它的生活态度。当名和利不再作为人生唯一目标之时，举手投足间便自会多了几分大气。

在欧洲，到处都是鲜花。即便是在战乱刚息、满城墓地的萨拉热窝，市民们也会在自家简陋的窗台养上几盆花。那些花儿，按中国的标准，基本上都不值钱。欧洲人种花，讲究一个心情。甭管它是草花野花，只要它能绚丽怒放，就是好花。中国人种花，则讲究一个名贵。你家要是只有几盆草花，你都不好意思摆出去给人看。毋容置疑，中国人也爱美，但在当下这个浮躁的时代，又有多少人能够静下心来好好思考该如何让生活真正地美起来？实际上，在很多人看来，生活的意义已经浓缩为一个动宾词组：挣钱。平日里，我们太忙了，忙得都没时间去思考为什么会如此匆忙。正因如此，当我们来到欧洲，近距离地观察欧洲人那种悠闲、健康、积极的生活时，才会悄然察觉到：自己心中某种被压抑的情愫正在痒痒地复苏。

这两次欧洲秋日自驾，都是从布达佩斯一家小小的租车公司老板 Gyula 那里租的车，且两次租的都是同一辆车——Opel 的 Astra 柴油版 1.9 升蓝色旅行轿车。所以，这辆车当仁不让就成为本书中除我之外的另一主角。

第一次向 Gyula 租车，是在 2011 年秋天。当时打算以匈牙利布达佩斯为第一站，自驾中欧地区。将欧洲著名的租车公司搜寻一番，发现很难租到自动档轿车。然后，无意中就在网上看到了布达佩斯的 Gyula 那家经营自动档轿车出租业务的小公司。于是，在这个秋天，我开着 Gyula 的车，走过了中欧、南欧地区大大小小共 14 国。

两年后的秋天，再次自驾欧洲，仍然是以布达佩斯为第一站，计划是在欧洲巴尔干地区划一个圈。租车时，与众多租车公司联系，但没有一家租车公司允许客人将他们的车开进巴尔干国家。他们的理由很简单，在他们看来，那些国家，不是腐败透顶，就是战乱不断，要不就是穷山恶水出刁民。

在遍寻租车不得的情况下，只好又回去找 Gyula。Gyula 的车，在 2013 年的秋天，都比较陈旧了，里程数基本都在 20 万公里以上。那阵子，他似乎正在忙着经营其他业务，而无暇好好地关照他的车了。

一番沟通与交流，我告诉他，在我上一本书中，曾经提及他和他的车。由于我的书，不断有中国客人去租他的车。现在，我可以很有把握地说，Gyula 和他的租车公司，已经是中国游客中最著名的布达佩斯本土租车公司了。为了说服 Gyula，我甚至还答应，如果这次巴尔干之旅成行，回来后的游记中一定会再次提到他。

Gyula 是个商人，却是个和我已经比较熟识的商人了，毕竟我给他带去了不少业务。哪怕是一个东欧老外，也是通情达理的，也是有血有肉的，也是可以变通的，也是要讲点哥们义气的。这一点，在我看来，既是东欧人相对于呆板的西欧人（尤其是德国人）的优点，也是他们的缺点。不管怎样，反正结果就是老板 Gyula 终于答应将我曾经在 2011 年租过的那辆 Opel 柴油旅行轿车再次租给我。

但租车的价格却挺高。我租这辆已经有 20 万公里行驶里程的普通老车的价格，足以在布达佩斯最大、最正规的汽车出租连锁公司租下 3.0 升排量的标致607，这个607 在中国的卖价大致相当于 2013 年新版 2.5 升排量的奥迪 A6L。但人家的 607 只允许我在欧洲申根国家（申根公约的签署国和执行国，申根国之间取消边境管制，持申根签证或申根国有效证件可以在申根国家间自由流动）内部行驶，绝不能驶出申根国疆域之外。于是，2013 年的秋天，我只好再次驾驶那辆吼声大得如拖拉机般、1.9 升排量的蓝色 Opel 柴油旅行轿车，重又踏上了欧洲秋日自驾之旅。

（喜欢自驾，喜欢冒险的读者请关注作者的新书《冒险有瘾》）

意大利：
最多世界文化遗产的国家

○ 威尼斯

为了保护世界文化和自然遗产，联合国于 1976 年成立了世界遗产委员会，并建立《世界遗产名录》。被世界遗产委员会列入《世界遗产名录》的地方，均为世界级名胜。

截至 2014 年 6 月，坐拥 50 个世界遗产的意大利在世界遗产名录国家中排名第一，而有 47 处世界遗产的中国屈居第二。

世界上曾经出现过各种样态的文明，其中最具影响力的无疑只有两个，中国儒家文明和希腊-罗马文明。今天几乎所有主流国家，都是在这一东一西两个伟大文明的熏陶下成长起来的。然而，在历史进程中，这两个曾经创造过灿烂文明的民族，本身却遭遇了停滞与衰落。

某种程度上，意大利与中国很是相似。在 1494 年法王查理八世入侵以后，意大利开始走上政治积弱和文化衰退的道路。而中国自 1840 年鸦片战争以来，承受了西方工业文明的巨大冲击，几近亡国。类似的经历，令中意两国形成了许多相似的民族性格。

所以，人们说，意大利是欧洲的中国。

▶ 1. 佛罗伦萨，一套名为《文艺复兴》的系列丛书

GPS 显示，酒店就在几十米范围内，但就是找不到具体位置。于是，驱车向街边加油站驶去，那是附近唯一灯火通明的地方。加油站门口半明半暗处站着一个抽烟的小个子女人，在这带着寒意的秋夜，她竟然还穿着小短裙。停下车，摇下窗，还没开口问呢，我便闻到一股浓郁的香水味。她走了过来，笑吟吟地俯身往车里探视。就着昏暗的灯光，能看出她的金发是假的，睫毛也是假的，说不定还戴着美瞳。我把记了酒店地址的那张纸递给她看，嘴里说着 hotel，hotel。她立马收回笑容，立起身，指了指加油站里的小超市。此时，后面又来了一辆小车，她扔下我，迎了过去。

2011 年秋天，我在意大利的第一晚，便是在这座曾经被徐志摩叫作翡冷翠的城市度过。20 世纪 20 年代，徐志摩曾客居佛罗伦萨，写下散文《翡冷翠山居闲话》和名诗《翡冷翠的一夜》。每每读到这首据说是为陆小曼而作的诗，便会涌起些许异样的感觉。那个时代的生活，是匮乏而诗意的。在他们的眼里，美无处不在。现在呢？孩子们被成堆的作业压得喘不过气来，成年人则在各种交错暗生的潜规则下蝇营狗苟，哪还有闲情逸致去发现美、欣赏美？

第二天，酒店前台的小伙子向我详细介绍了如何乘坐巴士到老城区。在意大利乘坐公交，须先到车站旁的小餐厅、小超市、小酒吧等处购票。票价不贵，1欧元左右，在规定的时间内（如60分钟或更多）可随便乘坐公交。上车后把票塞进打票机去记一个登车时间就行了。

佛罗伦萨老城狭窄的小街两边，是密密的巴洛克式、哥特式和文艺复兴式建筑。阳光下的蓝天白云、黄色调的鲜艳墙壁、深绿色的百叶窗、酒红色的屋顶。来到这里，就像是跳进了调色板。老城的巷弄，算不上清静。游客的数量恰到好处，既不拥堵得令人心烦，却又适度地烘托出人们对这个文化胜地的虔诚之情。

正沉醉间，我被两个吉卜赛老女人给拦住了。我不知吉卜赛年轻女郎是否如歌中所唱那般美丽动人，但在这俩老太太沟壑纵横的黑乎乎的脸上，完全找不到她们曾经也美过的痕迹。她俩披着黑色大披肩，不由分说，一边一个揪住我的上衣，嘴里不停地咕哝着什么，脸上是万般苦寂的表情。得，咱瞧不得别人难受，赶紧地准备掏钱。正在此刻，感觉到异样，一低头，发现其中一个老女人借着披肩遮手，已经把我衣兜的拉链拉开了一半，那兜里可是我装现金纸币的钱夹子。我一边挥手拍向那只正在掏包的手，把它打开，一边大喝："Hey！ What're you doing？！"她俩见事已败露，赶紧扭头作鸟兽散。还没等我反应过来该怎么处理，不知从哪儿倏地一下又冒出两个吉卜赛中年妇女挡在我面前。这两位一人抱一个吃奶的孩子，直往我怀里塞，让我哭笑不得。

佛罗伦萨在意大利语中意为"鲜花之城"，是意大利文艺复兴的摇篮，是世界上最美丽的城市之一，其历史老城被教科文组织列为世界文化遗产。在西方文明的进程中，佛罗伦萨曾经发挥过不可替代的作用。如果从历史中拿掉它，今天的西方，也许还不知是何场景。

来到佛罗伦萨，就如走进了一套名为《文艺复兴》的系列丛书。书的作者是一串串如雷贯耳的光辉的名字：达·芬奇、但丁、伽利略、拉斐尔、米开朗基罗、多纳泰罗、乔托、莫迪利阿尼、薄伽丘、彼得拉克、瓦萨里、马基雅维利……

但我首先想到的却是这套丛书的资助者，13-17世纪时期佛罗伦萨的名门望族美第奇家族（Medici Family）。文艺复兴时期，上面所列的几乎所有艺术家、思想家都受过美第奇家族的惠助。今天存世的许多文艺复兴时期的艺术品，都为美第奇家族所收藏。甚至蜚声世界的乌菲兹美术馆，也是这个家族的遗产。也许，我们不敢说，没有美第奇家族就没有意大利文艺复兴；但没有美第奇家族，意大

佛罗伦萨街头

佛罗伦萨街头

佛罗伦萨街头

利文艺复兴肯定不是今天我们所看到的这个样子。

　　远远就可看到那白色脊线、橘红圆顶的恢宏建筑，这便是意大利文艺复兴时期的瑰宝、佛罗伦萨的地标之一圣母百花大教堂（The Duomo）。这座在世界上排名第四的教堂建于 1296–1436 年。整个教堂用托斯卡纳地区的乳白、浓绿、粉红三种颜色的花岗石贴面，气度不凡，完美地展现了圣母优雅高贵的女性气质。其穹顶被公认为意大利文艺复兴式建筑的第一个作品。

　　大教堂旁边，是始建于 13 世纪的市政广场。这个广场非同小可，它因周围的精美建筑而被认为是意大利最美的广场之一。广场东南角是传统的行政中心老宫，老宫的左侧是晚期哥特式风格的兰齐敞廊（Loggia dei Lanzi）。敞廊从前是佛罗伦萨头面人物聚会聊天的地方。在它里面和旁边，陈列着一组我们经常在影视、画册、书籍中看到的赫赫有名的希腊神话雕塑作品。这些作品都是在文艺复兴时期完成的。其中有米开朗基罗的"大卫"、切利尼的"帕尔修斯"和章博洛尼亚的"海克力斯与半人马"。而老宫的右边是巴托洛米奥·阿曼纳蒂创作的"海神波塞冬喷泉"。喷泉的北边竖立着章博洛尼亚创作的美第奇家族的科西摩一世骑马像。

佛罗伦萨市政广场

阿尔诺河

佛罗伦萨旧桥

旧桥近景

站在这些雕塑面前，感觉冥冥之中一股力量从天外悠悠而来，把我们拉回到那个热血沸腾、充满理想和激情的年代。那时，以文艺复兴前三杰但丁、彼得拉克、薄伽丘和文艺复兴后三杰达·芬奇、米开朗基罗和拉斐尔为代表的艺术家、思想家掀起了一场人文主义革命，这场革命把欧洲从黑暗的宗教统治下解放了出来，从思想上为日后的资本主义革命奠定了基础。

广场上游客云集。敞廊内外，不少绘画者席地而坐，专心致志地临摹着那些栩栩如生的雕像。而我则只能用自己的相机记录这些伟大的作品。

广场旁边，是乌菲兹美术馆。该馆以收藏大量文艺复兴时期的绘画名作而蜚声国际，有"文艺复兴艺术宝库"和"文艺复兴博物馆"之称。如今，乌菲兹美术馆共有46个画廊，收藏着约10万件名画、雕塑、陶瓷等，是世界上规模最大、水平最高的艺术博物馆之一。

想想看，10万件收藏品！要细细研究的话，十年也不够。

乌菲兹旁的阿尔诺河上，是佛罗伦萨的另一地标旧桥（Ponte Vecchio）。该桥的特别之处在于桥上建有很多店铺，最初为肉铺，现在则为首饰店和旅游纪念品店。在这座桥上，曾演绎过一段名垂青史的单相思浪漫爱情，其主角便是伟大的诗人但丁。

著名画家亨利·蒙里达在他的油画《邂逅》中描绘了但丁与少女贝特丽丝相遇并一见钟情的情景。一个春光明媚的上午，高贵而美丽的少女在侍女的陪伴下在河畔漫步。当她经过旧桥时，但丁从廊桥的另一头走来。但丁凝视着美丽的少女，既惊喜又怅然；而少女却手持鲜花，径直从但丁身边走过，仿佛没有看见但丁。后来，贝特丽丝并没有嫁给但丁，而是嫁给了一位伯爵，且婚后不久就去世了。她带走了但丁的梦想，把哀伤留给了但丁。对贝特丽丝的思念成就了但丁的早期诗作《新生》。在世界名著《神曲》中，晚年的但丁甚至安排贝特丽丝引领着他从地狱走向天堂。

我漫步到另一座拱形石桥，和其他游客一起，跨坐在宽宽的石栏上。在那里可以完整而清晰地观赏紧挨着的佛罗伦萨旧桥。阿尔诺河缓缓流淌，蓝天白云与红顶黄墙倒映水中，河水便如一厢混在一起的彩色浆液，浓得化也化不开。在托斯卡纳夕阳下，佛罗伦萨显得柔美万分。

就那么在桥栏上慵懒地坐了两小时，直到太阳落山。

风渐渐凉了下来。我一直试图在设想，那些创造过无上辉煌的文艺复兴诸杰，此时此刻，会是一种什么样的状态？是在天上某个角落冷眼旁观这个越来越疯狂的世界？还是已经轮回入世，成为我们身边某个毫不起眼的路人？又或者如曾经璀璨的流星，沉入黑暗，永无音讯？

我没有答案。也不可能有答案。

2. 罗马之荡气回肠的古典主义

那天中午，驱车从佛罗伦萨沿着意大利西海岸南下罗马。这条线路，是刻意在 GPS 上规划出来的。这一带，是那部浪漫的电影《托斯卡纳艳阳下》的故事发生之地。车外，金色的阳光、奶白的白垩石、红色的土壤、淡黄浅棕的森林、翠绿的果园，种种颜色调合在一起，就是秋天的托斯卡纳。然而，奇妙的是，有着绚丽色彩的托斯卡纳风格，实际上却透着一种优雅的简朴。它的精髓是人、建筑与大自然的有机结合。

下午 6 点抵达在罗马城边上的那家三星级酒店时，天刚黑不久。翌日，把车停在酒店，乘坐公共交通进城。

　　阳光灿烂得有点像初夏的早上。酒店外就是巴士站，满地烟头。照例，用相机记录下了站牌上的站名，以便回来时能找到。候车的一位花白头发的黑人，微笑着用很不流畅的英文提醒我，应该先去旁边报亭买票，然后上车打票。我一下子想起来，在佛罗伦萨就是先买票、后上车的。当然，也可以上车后在驾驶员那儿买票，就是价格要贵一些。

　　买完票回来，黑人指指我的相机，又指指站牌，再指指周边，叽里呱啦说了一通。弄了好一阵，我才明白，原来站牌上，有些站名后面会跟一个譬如3 fermate字样，这意思就是说，这个站名对应的是那一段路上的三个停靠点。如果我要想找到回来的路，除了要记站名，还要记一下周边的环境。

　　不一会儿，巴士来了。罗马的巴士，上车要招手，下车要按铃，不是每站都停。十分钟后下车，换乘地铁。

　　地铁站挺脏，也挺破旧，隐约还有一股尿臊味。候车的人不多。一群脏兮兮的吉卜赛小男孩迎面而来，走到身边，笑嘻嘻地竟然就伸手往我口袋里掏。这简直就是明火执仗啊，我赶紧掏出相机，准备拍摄。这种第一手的材料，拍好了一定会很震撼。那群男孩一看相机，立马四散而逃，瞬间消失得干干净净。

　　游览罗马，有多条现成的平面线路可供选择，但我为自己制订了三条与众不同的主题线路，分别去感受罗马的古典、浪漫和世俗。我希望，我可以在某种时空交织的场域中，品味不一样的罗马。

　　自从诞生那天起，圆形斗兽场就是罗马的象征。时光流逝，铅华洗尽，今天斗兽场的石墙，斑驳残破，上面有着不少圆洞。这是15世纪时，梵蒂冈将斗兽场外墙的大理石拆掉，拿去修建现今排名世界第一的圣彼得

◎圣彼得大教堂

圣彼得大教堂的卫兵

大教堂时留下的小洞。梵蒂冈圣彼得大教堂是为了纪念死于罗马暴君尼禄皇帝之手的彼得而建。传说，彼得是耶稣十二门徒之一。

教堂的大门由梵蒂冈皇家卫队的瑞士卫兵把守，他们的月饷只有区区 1000 欧元。这些卫兵身着的红黄蓝三色骑士服是米开朗基罗设计的。教堂内部，气势恢宏，精美绝伦。大教堂中间的圆顶也是米开朗基罗设计的。

梵蒂冈博物馆的收藏，不输于世界上任何一家博物馆。院子里，是那枚著名的破碎地球和巨大的松果雕塑。博物馆里收集了包括米开朗基罗绘制的世界名作《创世纪》和《最后的审判》在内的大量艺术作品，其中西斯廷小教堂和拉斐尔的画室是这里的镇馆之宝。

在欧洲，参观教堂基本上都是免费的。可是，罗马的万神殿居然也免费，这就令人大有受宠若惊之感。已有两千多年历史的万神殿，其名 Pantheon 的 Pan 是指全部，theon 指神，这里供奉的是罗马全部的神。它的第一个看点是巨大的穹顶，顶上正中直径 9 米的圆孔是整个神殿唯一的光源。罗马人很早就明白了建筑圆拱的道理，因此万神殿才能在没有任何支架的情况下，历经两千年仍屹立在风雨中。另一个看点就是殿内的拉斐尔墓。

但若要进入罗马斗兽场参观，就要买门票了。

到达斗兽场时，阳光明媚得有点刺眼，但我仍隐隐察觉到某种阴森乖戾之气浸透于斗兽场的石缝间。站在斗兽场的遗迹上，似乎仍然可以听到两千年前地动山摇的疯狂呐喊。

创造了辉煌文明的古罗马人，是嗜血的。他们毫不怜悯地践踏和挥霍着他人生命的同时，又将古罗马的生命浇铸于一个又一个不朽建筑之中传承下来。这些建筑中，最著名的无疑便是圆形斗兽场。斗兽场的结构非常精妙，可同时容纳 9 万观众，并且能在 10 分钟内，让 9 万人迅速退场。今天，你在世界上任何一个大体育场都可看到斗兽场设计理念的延续。

站在宏伟的罗马圆形斗兽场面前，会想到什么？角斗士雄性的呐喊？野兽疯狂的怒吼？狂热的观众？还是飞溅的鲜血？

对于罗马贵族和平民来说，残酷的格斗是他们最为钟爱的娱乐。大部分角斗士都是奴隶和犯人。最后，失败的一方要恳求看台上的人大发慈悲，那些观众决定着他的命运。假如他们挥舞着手巾，他就能被免死；假如观众手掌向下，那就意味着要他死。

史上最著名的角斗士当然只能是斯巴达克斯。但是，在圆形斗兽场修建的公元 80 年左右，斯巴达克斯已经死去 100 多年。斯巴达克斯从一个角斗士奴隶变成起义军领袖，差点推翻了如日中天的罗马帝国。虽然他最终战死沙场，但其充满传奇色彩的一生，使他成为历史上无可争议的大英雄之一。

两千年前，斯巴达克斯敏锐地看到了，这个世界只有两种人——奴隶主和奴隶。但他却没有意识到，只要罗马那个体制还存在，奴隶的命运就是不可逆转的。就

万神殿

罗马圆形斗兽场

算斯巴达克斯本人能够成功，他也不过就是变成另一个奴隶主头子而已。

前段时间在美国热播的电视剧《斯巴达克斯：血与沙》精细地再现了名垂青史的千古风流人物斯巴达克斯的故事。编剧为斯巴达克斯设计的台词"让我们一起震撼整个罗马吧！"令观众亢阳鼓荡、血脉偾张。

在那久远的年代，想要震撼罗马的牛人可不止是斯巴达克斯一个。我们可以列出一个长长的名单：苏拉、庞培、克拉苏、安东尼、屋大维……

当然，还有著名的凯撒。

紧挨着斗兽场西北的是罗马广场，这里曾经是市民聚会的场所，也是商业、宗教、政治和司法的中心。到了凯撒拥有强大权势的时候，原有的罗马广场已不敷使用，于是又在旁边加盖了凯撒广场。

广场边上，阴暗的方形红砖建筑物便是曾经的罗马元老院。就在元老院的台阶上，为了阻止凯撒称王，60多个人一起刺杀了他。具有讽刺意味的是，无冕之王凯撒死后，罗马共和国便随之消亡，罗马真正进入了帝国时代。这就是古典罗马带给我们的震撼——古罗马历史上几乎每一个荡气回肠的悲剧或忍俊不禁的喜剧，你都可以在今日罗马的废墟中看到遗迹。恍惚之间，我常常会有身临其境之感。我仿佛看到，在破旧的元老院台阶上，凯撒大声呼喊："我是凯撒！我是凯撒！"然后缓慢地、血迹斑斑地倒在庞培塑像面前。这个场景，不是我的杜撰，而是历史记载。

罗马广场后的小山坡上，是著名的卡皮托利广场。潇洒飘逸的双子星雕像分别矗立在广场前方，与周围宫殿上的精美浮雕相映生辉，为整个广场增添了典雅别致的艺术风采。我到那里时，好像某个接待活动刚刚结束，广场上到处是身着正装的男女，还有意大利将军，以及三军仪仗队。

意大利军队也许战斗力不强，意大利军人却是世界上最帅气的军人，不知九泉之下的古罗马英雄们看到这些花哨的后代，会作何感想？

罗马风情

3. 罗马之优雅神秘的浪漫主义

曾几何时，一部《罗马假日》令多少浪漫男女为之倾倒。它让人们依稀又忆起了自己尘封已久的纯情初恋，这就是经典所拥有的那种深入骨髓的力量。今天，在我们的银屏上，时时充斥着背叛与交易、肉欲和贪婪。在这个疯狂的时代，回头温习《罗马假日》那发乎情、止乎礼的爱情，不经意间的感动，常常会悄然漫过心田。

我在罗马的第二条线路，便是追寻《罗马假日》男女主角的脚步，一探罗马的神秘与浪漫。

电影里，由超凡脱俗的奥黛丽·赫本扮演的公主因被注射催眠剂，在出逃到罗马广场时药性发作，倒在路边的石条凳上。由高大英俊的格利高里·派克扮演的美国记者乔正好路过此地。乔只好把她带到自己的住处，马格塔街 51 号（Via Margutta 51）。

马格塔街不宽，宁静、破旧而杂乱。到了 51 号，就看到那道熟悉的拱门。

罗马风情

一座墙面斑驳的楼房迎面而立，楼上的一些窗户连玻璃都没了，只是马马虎虎地用塑料布遮挡着。这一带历来都是文人墨客居住的地方。看看吧，它曾经的房客阵容有多么强大——歌德、司汤达、拜伦、雪莱、济慈、巴尔扎克等作家和许多艺术家以及欧洲贵族，都曾在这个街区居住过，意大利著名的电影大师费里尼生前就居住在位于这条大街西段的一所公寓里。

从 51 号出来，公主就去了不远处的许愿池。

今天的许愿池，人山人海，难寻立锥之地。许愿池也叫特莱维喷泉，或少女喷泉。设计师萨维巧妙借景，将喷泉与它后面的宫殿雕塑融为一体，蔚为壮观。

根据那个著名的罗马传说，如果游客背对着喷泉，右手拿硬币从左肩上方向后投入水中，就能实现自己的愿望。一枚硬币代表此生会再回罗马，两枚硬币代表会与喜爱的人结合，而三枚硬币则能令讨厌的人离开。虽然电影里的公主并未投掷硬币，但我亦不能免俗，把身上硬币一凑，郑重其事地扔了三枚。

随着电影《罗马假日》的声名日隆，许愿池也为全世界游客所熟知。据说，

许愿池

在许愿池旁边甚至还出现了一个专剪"赫本发型"的小小理发店。我在密密的人群中钻来钻去，可就是没找到。

公主在许愿池旁边剪了短发之后，继续东行，来到西班牙广场。这个广场因西班牙大使馆曾经建在这里而得名。广场中心是著名的"破船喷泉"。还记得《罗马假日》中，公主买花、吃冰激凌，在广场边的台阶上看熙熙攘攘的人群的画面吗？记者乔假装偶然从上面走下，与公主邂逅。

西班牙广场的大台阶是巴洛克大师贝尼尼的杰作。圣三位一体教堂居高临下地俯视着台阶上的芸芸众生。从广场通向教堂的 137 级阶梯，是所有浪漫女孩的梦想之梯。看过《罗马假日》的女孩，几乎都曾悄悄憧憬过，在这台阶上与自己的白马王子不期而遇。今天，这个台阶被看成是古典主义浪漫爱情的胜地。可惜，我到那里时，天色渐暗，已经没有成群的卖花男孩了。

大台阶对面，是公主当年品尝意大利咖啡的格雷科咖啡馆。就是在这里的露天咖啡桌前，摄影记者欧文赶来和他们相会。不过，今天这里已经变成了罗马的奢侈品街。只要你叫得出名来的奢侈品品牌，这里都有的卖。

从咖啡馆出来，他们先去了斗兽场。随后，第一次驾驶摩托车的公主，驮着乔，被警车追逐着从威尼斯广场飘过。

威尼斯广场是罗马最大的广场。这里最主要的建筑是绰号为"结婚蛋糕"和"打字机"的维克多·埃曼纽尔二世纪念堂。这幢白色大理石建筑是为了庆祝 1870 年意大利统一而建。二战时，意大利独裁者墨索里尼就是在这个广场上发表了参战宣言。

接下来，在真理之口面前，乔伸手进去，佯装被咬住。情急之下，公主关爱之情，袒露无遗。真理之口在科斯梅丁圣母教堂的入口处，

西班牙广场

它是一块雕刻成河神之脸的大石盘。据说说谎的人把手放进河神的嘴里，手就取不出来了。电影就是根据这个传说来设计那一幕具有浓郁古典主义情调的温馨情节的。真理之口是因电影而出名的景点。今天，游客们排着长队，挨个把手伸进河神嘴里，傻傻地冲着相机镜头咧嘴而笑。

圣天使城堡

公主的最后一站，是台伯河边的圣天使城堡下的露天夜场舞会。在舞会上，乔和公主与王室侍卫大打出手。

圣大使城堡距离梵蒂冈只有几百米，城堡与梵蒂冈之间有暗道相通。历史上，每逢危急时刻，教皇都会通过这一暗道从梵蒂冈躲进这座堡垒。城堡前的圣天使桥是贝尼尼的作品，被称为罗马最美丽的桥。桥上有 12 尊天使塑像，每一位天使手中都拿着一种耶稣受刑的刑具。

电影里，两人分离的时刻，转瞬即至。最后，乔在空无一人的大厅驻足良久，黯然离去。

对多愁善感的人来说，看一次《罗马假日》也许就会哭一次。可以说，还没有哪部电影能像它那样让人百哭不厌的。今天，遍布全球的影迷，甚至还在网络上评选出电影里最经典的台词，那就是公主所说的 "Rome, by all means Rome"（罗马，当然是罗马）。

在我看来，公主第一次遇见乔时，迷迷糊糊吟的那一句诗，才最是经典："即使我死了，你的声音也会使我那儿泉之下的心跳动。"哪怕阴阳两界，遥遥一语，也会让对方怦然心动，这是何等的情感？有时候，爱一个人，就是放手，就是远去，虽天各一方，却永远两心相望。

因为《罗马假日》，迄今为止，在我心中，没有一个男演员比派克更帅气，没有一个女演员比赫本更美丽。他们那喜而不俗的相遇、哀而不伤的离别，他们那渐渐淡出世人视线的优雅与从容，他们那由内而外的绅士风度和淑女气质，是夏夜的一缕清香，持久地浸润我心。

罗马不是一天建成的，爱却可以在一天之内焕发出最绚丽的光彩。

这就是罗马的浪漫。

▶ 4. 罗马之充满噱头的世俗主义

在我去过的欧洲城市中，罗马可能是最脏最乱的，透着一种随意。对中国游客来说，来到意大利，特有亲切感。意大利人在公共场合说话的分贝与中国人不相上下；罗马的马路边上，遍地烟头；行人会横穿马路，司机会抢红灯。就连意大利人的身高，也和中国人差不多。

那天上午，面对与人竞相争道的车流，我索性就站在台伯河边的人行道中间，举着相机对准蜂拥而来的汽车拍摄。原本以为被我拍照的司机，会摇下车窗来问候我祖宗，但他们大都赧颜侧目，悄悄地从我身边的人行道上驶过。

沿着河边，没几分钟就到了纳沃纳广场（Navona）。这是罗马最美丽的广场之一，无论白天黑夜，都有大批的游客云集于此。同时，这里也是街头艺术家和小商贩的一处宝地。广场上摆放着很多露天座位，可以坐下来悠闲地品尝咖啡、享用美食。如此热闹的地方，怎能少得了我呢？于是就在广场上的露天咖啡馆坐下，要了杯杯口悬浮着一颗心的卡布奇诺，在太阳下慢慢品味咖啡的同时，也品赏着络绎不绝的过往人流。

从纳沃纳广场向东，穿过一条小巷弄，就见众声喧哗，马路正对面的一幢建筑被大批荷枪实弹的军警封住，门口停着几辆 4.2 升排量的黑色奥迪。问了问执勤的一位军官，他说这是参议院。再一看，警戒线外的人群里，还有 20 来个记者模样的人。他们架起长焦镜，扛着摄像机，虎视眈眈地对准参议院大门。

正巧，我旁边就有一架支起的相机炮筒，于是向相机的主人打听，这儿发生什么了？

那位中年男士瞅了瞅我手中的单反相机，抽着烟笑眯眯地说，没什么特别的。说完又向东边指了一下说："那边就是万神殿，你可以过去看看。"

得，看出来了，这家伙想支我走呢。

这一天是 2011 年 11 月 11 日星期五。从后来的报道中得知，那天的意大利参议院通过了旨在稳定国内财政状况的紧缩法案。第二天，11 月 12 日，意大利总理贝卢斯科尼不得不因此而辞职。

贝卢斯科尼是战后意大利最具个性的总理，在他的身上，是政治家、花花公子和现代 CEO 的三位一体。从他涉足政坛以来，桃色新闻不断，他甚至还卷入了嫖宿雏妓案。这位经验老到的嫖客总理能挺过三届任期，到 2011 年 11 月 12 日才辞职，说明意大利的经济状况已经恶化到意大利人民无法再容忍的地步了。

毫无疑问，贝卢斯科尼是一个性情中人。但作为政客，他的性情有点太过张扬。2005 年 6 月，贝卢斯科尼声称，为说服芬兰女总统塔里娅·哈洛宁放弃与意大利争夺欧洲食品安全局总部所在地，"我不得不施展所有我会的花花公子招数。我有

罗马风情

参议院大门

罗马风情

段时间没用过这些招数了"。此言一出，芬兰外交部紧急召见意大利驻芬兰大使，要求对方就此作出解释。一场国际政治的利益之争，在他们里，就如花花公子泡妞儿那么简单。

但是，如果你以为贝卢斯科尼只会张嘴乱说、制造桃色新闻，那就错了。在意大利这样一个将规章制度视为对人类智商极大侮辱的国家中当总理，那是需要极高的执政能力的。而对于白手起家的超级富翁贝卢斯科尼来说，管理恰恰就是他的强项。也许，口无遮拦只是他的政治艺术的一环？至于他常常说的那些怪话，正如他在写给妻子的公开道歉信中所说："政客的话怎么可以相信呢？"

意大利是世界第七大经济体，它几乎拥有所有工业行业的生产技术和生产厂家，但它就是搞不好自己的经济。在很多领域，意大利的技术也许不算最先进，但相当实用。可现实却是残酷的。今天，据说意大利经济已经处于崩溃边缘。为什么会这样呢？解释只有一个，那就是它的经济政策出了问题。

为了体验世俗的罗马，我走街串巷。我相信，在那些背街小巷中，才能感受到罗马的脉搏。老百姓的罗马，才是真正的罗马。

从罗马市中心流淌而过的台伯河，在罗马神话里非常出名。到跟前一看，失望之极。原来这就是一条脏兮兮的小河，完全没有神话中的那种气势。要不是河

○台伯河

两岸的古迹明火执仗地摆在那儿，保不齐你真要把台伯河当成某条乡村水渠之类。

如果你读过罗马史，又或者读过关于罗马的小说，如《斯巴达克斯》，你一定知道，这条见证了罗马帝国兴盛与衰落的台伯河，既血腥又香艳。这不，此刻台伯河一座桥下的某个角落里，香艳的一幕正在悄然上演。等那两人激吻完事儿，用镜头拉近一看，原来是一对美女，长得都挺漂亮。

有许多关于意大利的传说。其中最著名的一个就是，因为意大利男人很会泡妞儿，所以罗马是浪漫的。因此，我便很想了解一下，在罗马，浪漫一下的起步成本有多高？或者说，一支玫瑰值多少钱？没想到，我在大街小巷中穿行了两天，却没看到卖玫瑰的。也许罗马玫瑰让我这个不怎么会浪漫的中国男人吓得躲了起来？但我也不是一无所获。没看到浪漫，却得到了实惠，至少我知道了，罗马的梨子 1.3 欧元 / 千克，菠萝 1.8 欧元 / 千克。

意大利男人被认为是浪漫的。意大利女人呢？她们显然认为自己应该配得上自家男人那种享有世界性声誉的浪漫。在台伯河边一幢古旧老楼房的窗户里，一位正在窗边对着小镜子专心致志臭美的美女被我的镜头捕捉到了。

坦率地说，意大利的美女比欧洲其他国家要多。

罗马风情

在罗马的大街小巷，随便一转头，就可能看到一个虽叫不出名却肯定是出自名门的东西。这就是罗马，一座在碌碌无奇的市民生活中一不留神就会给你惊喜的城市。

5. 赤脚修士粗袍背后的腰带上有三个结

玫瑰圣城阿西西（Assisi）位于意大利中部的托皮诺谷地山坡上，距佩鲁贾（Perugia）只有 24 公里，人口 2.5 万。该地盛产橄榄油、葡萄酒与矿泉水等。

这个建在山丘上的小城，对国人来说，基本上还是陌生的。那么，美国的旧金山，你一定知道吧。旧金山英文名 San Francisco 就是为了纪念阿西西的一位号称基督第二的天主教圣徒。这位名叫 San Francisco 的圣徒在阿西西创立了圣方济各教派。San Francisco 按照现代通用的翻译应该叫圣弗朗西斯科，但是由于天主教早年传入中国时，其名字被译作了圣方济各，所以他的教派一般被国人称为圣方济各修会。

从罗马到阿西西，只有 190 公里。意大利的高速路也是走一段路，收一段费。但我通常都将 GPS 设定为"不走高速"，这一方面让我免交路费，更重要的是，这样的路径，让我得以自由自在地穿行于意大利美丽的乡村。这一带，公路沿线到处都是黄色的葡萄藤和绿色的橄榄树。其中有一段路，两边簇拥着茂密的大红或橘红色的植物，秋风拂过，蓝天白云，旖旎如锦，令人心醉。

一路欣赏着自然风光，来到阿西西时，已是上午 11 点。

阿西西的古迹非常多，5 公里长的城墙之内，几乎完全保持着中世纪的模样。在阿西西，存有许多中世纪的艺术杰作。整个城市主要用一种泛着淡淡的玫瑰色的石头砌成，充满了浪漫的情调。漫步在阿西西到处都是鲜花簇拥的狭仄精致的小巷，人们会情不自禁地轻言轻语、轻手轻脚，不愿打扰这片从中世纪遗留下来的宁静。

在小城深处一家小餐馆吃完匹萨，出来坐在狭窄的小巷边上享受着温暖的阳光。这时，从另一端慢慢走过来一位麻衣赤脚的大胡子修士，他杵着一根树棍，挎着一个装满了书的破旧包。我正要拍摄他时，他转头看到了我。

我犹豫了一下，朝他扬了扬相机，问："May I？"

"哦，当然可以。"他站下了，微笑着用英文说道。

前往阿西西的乡村公路

阿西西教堂

"你是这里的修士吗？"我一边拍照，一边问。

"是的。你从哪儿来？"

"中国。就是马可·波罗去过的地方。"

"噢，是的，马可·波罗。那是很久以前的事情了。"

"是啊。你是我这辈子交谈的第一个修士，但愿我没耽误你的时间。"

"不用客气，当然没有。我很乐意和你交流。"

"修士这个英文单词 monk，在东方是指和尚。它们有区别吗？"

"在欧洲，修士是指那些进入修道院修行的人。他们发誓要远离财色，终身不娶，侍奉上帝。"

"哦，是这样。我有一个问题，可以讨教吗？"

聊天的过程中，修士一直保持着微笑。他说："请讲。"

"起源于阿西西的天主教圣方济各教派，有什么特点呢？"

"圣方济各教派是最严谨委身的一派。如果要说特点的话，那就是，这个教派将所有财物都捐给穷人，修士们靠行乞度日，潜心学问。"

"那就是说，你们倡导一种与世隔绝的、以苦为乐的生活？"

"你总结到了一些方面，但那只是表象，而不是圣方济各的主旨。我们认为，上帝赐予我们的生命，具有内在的简单合一的特性。在苦修之中，我们寻求与上帝达成和谐的生命关系，摒弃那些因罪恶的驱使和魔鬼的搅扰而导致的内心不平静，力求简洁的生活，从而让自己从复杂的世俗中摆脱出来。"

"你的说法我有点理解了。简洁的生活方式，才能让我们到达最接近上帝的位置，是这样吗？"

阳光下，修士开心地露齿而笑，说："正是如此。你看，我这件粗袍背后的腰带上，有三个结。"

"是啊，果真如此。有什么讲究吗？"

"这三个结，代表了圣方济各的三个愿望。那就是清贫（poverty）、圣洁（chastity）和顺服（obedience）。我每日清晨系紧腰带时，摸到这三个结，便会祈求上帝给我力量，使我在这一天里能持守那三个愿望；晚上睡觉前脱去袍子时，又会触及这三个结，我便会反省自己在这一天之中是否违愿，如有，则求主赦免。"

"我得说，你们的观点让我很有感触。我可能无法过你们的那种生活，但是，我至少可以试着去做到出污泥而不染，在忙乱混沌中寻求内心的平静。"

"你说得很好。中国有圣方济各教会吗？"

"嗯——这个我还真不太清楚，对不起。"

"来阿西西的中国人，好像不多？"

"也许是吧？我最先知道阿西西，是从一个日本人的文章中看到的。中国人来欧洲，基本上都喜欢去繁华的大城市。今天的中国是有所发展，但还没发展到让绝大多数中国人能够感受到救赎与自我救赎的重要性的地步。"

这时，山上教堂的钟声遥遥响起。一听召唤，修士赶紧和我分手道别，匆匆离去。

我独自靠在静悄悄的小巷墙根边上，半晌无语。很显然，修士和他的教派认为，越是单纯简朴的生活，越能让我们敞开心扉，寻求某种内外合一的境界，不去计较一时一地的得失，不盲目攀比，从而最终达成真正的幸福。

今天，当我在电脑上写下这一小节时，修士那和煦、宽厚、执着、坚毅的笑容，就像背景水印，一直淡淡地在我的文字后面，若隐若现。

阿西西的小城风光

阿西西赤脚修士

6. 威尼斯微波荡漾，桥栏最宜半倚

我在威尼斯住的那家小小的三星级酒店，名叫铁托旅馆（Hotel Tito），位于大陆这边。难道这个旅馆和欧洲某个名人存在关联？ Check in 时，忍不住问了一下旅馆老板，一个长相清秀，却蓄着满脸络腮胡的年轻人。

"前南斯拉夫的铁托总统，你知道吗？"

他耸耸肩，严肃地说："当然知道，铁托总统是我表兄。"也许是看到我一脸惊讶，他扑哧一下笑了出来，又说："ok，开个玩笑，你不会介意吧？我们也有姓铁托的，只不过意大利的铁托们没当上总统。"

"哈，没关系，我喜欢你的幽默。"

到威尼斯的那天下午，放下行李，根据铁托老板的指点，在酒店门口乘坐巴士。跨过大桥，到威尼斯主岛上时，天已黑了。威尼斯只有连接大陆的桥头广场上可以停靠汽车和火车，岛上其他地方，就只能靠步行或者乘船了。

暮色中，很快就迷失了方向。索性不要方向，在威尼斯运河边的小街仄巷里

威尼斯夜景

随意穿行。

没想到与名震江湖的威尼斯相见,竟是这样潦草的方式。看不真切,听不明白,朦朦胧胧。索性便离开人流,专拣昏暗无人的小巷而去。贡多拉在巷口外的狭窄水道上轻轻划过,从黑暗深处某个地方传来一丝若有若无的小提琴乐声。低矮的窗户里面淡雅的灯光透过五颜六色的窗帘柔柔射出,不时可以听到房里的人窃窃而笑。真想靠在窗户的墙根儿下,伴着潺潺水波,听着喁喁私语,看着漫天繁星,吹着微微海风,抚着斑驳残墙,就那么永远坐下去。

但不争气的胃却低调而又执着地叽叽咕咕抗议起来。在夜幕下的威尼斯,我跟着感觉走,感觉却要跟着胃走。好吧,那就穿出小巷到外面的街道上找点吃的。

这条街除了餐馆,还有许多纪念品商店。威尼斯最著名的特产,一个是它的玻璃制品,另一个就是那华丽而又诡魅的面具。前者好理解,咱就单表一下它的面具。

对18世纪以前的威尼斯人来说,面具是他们生活中不可或缺的必需品。那时,无论男女,只要外出,都会戴上面具,披上斗篷。面具让富人与穷人可以同在一起狂欢,贵贱之分没有了,年龄差异消除了。这一独特的面具文化背后,是曾经的威尼斯共和国狂放不羁、颇为超前的多元共生的平等意识。所以,如果你到威

威尼斯

尼斯,不妨选几个面具买回来挂在你家墙上,既有品位,又有异国情调。

虽然这条街上有着各种店铺,但我的目光,因饥饿而变得狭隘,溜溜地就只往各色餐馆里扫。要说意大利美食,某种程度上,就如它的文化,高贵典雅,韵味浓郁。意大利烹饪以炒、煎、炸、焖等方法著称,喜欢将面条、米饭做成菜。通常来说,意大利北方菜多使用乳酪、鲜奶,南方菜则多用番茄、橄榄油。

而此刻我找寻的是墨鱼面。不知从何时起,这道墨鱼面在中国游客中成了威尼斯特色菜肴的代表了,以至于来这里的中国人,一般都会品尝一下。

那条街上,两边餐馆不少,各有特色。看来看去,拿不准哪家比较好。正在这时,就听背后有人用中文在叫:"帅哥!"扭头一看,斜对面餐厅门口,一个华人女服务生系着围裙,戴着小帽,笑眯眯地向我招手呢。

我问:"你那有墨鱼面吗?"

"有啊有啊!"

得,那就这家吧。

看着菜单,我顺口就问了一句:"墨鱼面好吃吗?"

她说:"应该说是风味独特吧。意大利人做菜,讲究的是味浓香淳、原汁原味,就看各人口味了。"

墨鱼面

不一会儿墨鱼面就上来了。好嘛，这下知道女生说的"原汁原味"是什么意思了。首先是面条的颜色，墨黑墨黑的，要是搁中国，直接就可以把那盘子端上书桌，蘸着毛笔玩书法了；其次是味道，真是原汁原味的墨鱼味啊。一个字，腥，真腥。古代的威尼斯人一定是属猫的，个个好腥、沾腥，顺带着就把这座水城整成了意大利最浪漫的地方之一。

墨鱼面这玩意儿，风味独到。既然它已成了威尼斯的标志性美食，那我干脆就把它的意大利名字也介绍一下吧——Tagliolini Seppie Nere，或者 Spaghetti al Nero con le Seppia。其中 Tagiolini 和 Spaghetti 分别指的是两种不同的意大利面。而 Seppie 和 Seppia 是意大利文的墨鱼。

吃饱喝足后，漫步于夜晚的威尼斯。街中心有一个活动的冰激凌小屋，屋里播放着意大利歌曲。卖冰激凌的女孩随着音乐有节奏地把各式各样的冰激凌球装好，递给顾客，美感十足。我在小店旁边的台阶上坐了下来，一边看那女孩表演，一边欣赏那有点点黏、又有点点甜的意大利歌曲。

听到微醉，买了一支冰激凌，在阡陌交错的水巷里溜达。

威尼斯月光如水，微波溶漾，彼时彼刻，桥栏最宜半倚。

第二天重回岛上。

今天的威尼斯，原住居民的数量已经不足 6 万。小巷里，破败的木扉躲在森森的暗处，如果不是门口颇为现代的金属门牌与信箱的存在，你很难判断出，在它的后面是否已经人去屋空。

慢腾腾地穿行于幽静的小巷，我是被一阵絮絮低语般的乐声吸引走进那个公共小院的。院中心一棵金黄的树下，是一张木条靠椅。椅子上坐着一对正在拍新婚照的新人。旁边，除了两个为他们拍照的摄影师以外，还有两位面带微笑的乐师，他们在小提琴和手风琴上为新人奏出曼妙的曲子。

这里是神秘的威尼斯，一丁点儿火星就足以点燃浪漫与暧昧，何况还有如此炽热的镜头和浪漫的乐曲？那对新人的脸上，除了甜蜜，我找不到第二个词组来形容。什么也不用多说，赶紧拿出相机，拍吧。幸福中的男女，包容度都特别高。对于贸然加入摄影师队伍的我，新人只是报以宽容的微笑。

从小院出来，就到了海边。往前走不了多远，是一个小小的海岬。这里与对面的圣马可教堂隔着运河的出海口遥遥相望。在干净的地上，有几个晒太阳的游客或坐或躺。

亚得里亚的海水，是碧绿的。水德明净，水波荡漾，不急不缓，恰到好处。挑了一块地席地而坐，翻看着相机里刚才拍的那一对新人照片，心中某种异样的情愫久久挥之不去。

在那里无所事事地坐了将近一个小时，才起身离开。在海岬这一带，游客相对而言不算很多。海面上，海鸟在空中划出美妙的曲线，翩翩而过。远处的喧哗与噪音，此刻都敛声屏气。

在一家匹萨小店，买了两块匹萨当午餐。小巷非常狭窄，两人相过，必须侧身才行。鲜艳的花朵从阳台伸展出来，带来了无限遐思。楼上支在窗外的线杆上，晾晒的衣服在风中随意飘荡，形成了一道壮观的风景线。

不一会儿就到了古老的圣马可广场。这里是整个城市的活动中心，广场周围耸立着大教堂、钟楼等拜占庭和文艺复兴时期的建筑物。广场濒临海边，那里是贡多拉码头。威尼斯的水上巴士，票价不算贵。但若你要乘坐贡多拉，那就不便宜了。这种轻盈纤细、造型别致的小舟已有1000多年的历史。靠水手用人力划行的贡多拉，20分钟需要100欧元，最多可搭载5名乘客。

广场旁边，横跨总督府和监狱之间狭窄水道上空的小桥是威尼斯最著名的古

○威尼斯拍婚照的新人

迹之一——叹息桥。在数个世纪中它一直是一条令人抑郁的通道。死囚犯们在总督府被判决之后，经过此桥，只能透过小窗最后看看蓝天，然后不由自主地发出叹息之声，因而得名。当年在剑桥大学时，也曾面对康河上那座叹息桥默默感怀。当时，剑桥的人们告诉我，由于那座桥和威尼斯的叹息桥结构很是相似，所以它被叫作剑桥的叹息桥。其实，这两座桥就外观而言，差别很大。

离开叹息桥后，开始找寻厕所。威尼斯什么都贵，就连上个厕所，收费也是全欧洲最贵的，每次 1.5 欧元。不过，如果你在咖啡店里买一个 1.5 欧元的冰激凌，或者买一杯 1.5 欧元的不占座位、站着喝的咖啡，那么，你就可以免费使用店里的厕所。

威尼斯的水巷仄道上，到处都是如潮水般的人流。只有在把目光稍稍抬起，看向沿街的各式窗户时，才会有片刻的视觉宁静。威尼斯的古旧建筑上，有着圆拱形或尖拱形造型的窗户，曾经应该是属于比较富裕的人家；而最为普通的长方形或正方形窗户，则开在显然是贫民区住宅的房屋上。所有的窗户，或窗叶紧闭，或拉着厚厚的窗帘，如老于世故的眼睛，悄悄地严守着自己内心深处的故事。窗里的秘密，很少向外人泄露。

◎ 水巷仄道上的贡多拉

匈牙利和奥地利：
欧洲最具帝王气质的惊艳之地

02

　　身世显赫的哈布斯堡是欧洲最古老、最正宗的皇室家族，其家族成员曾先后出任神圣罗马帝国皇帝、奥地利帝国皇帝、奥匈帝国皇帝。第一次世界大战后，奥匈帝国分裂，奥地利成立第一共和国，通过法律形式，没收哈布斯堡家族财产，并将其成员驱逐出国。从此，除统治过神圣罗马帝国和奥地利帝国之外，还统治过今天的匈牙利、捷克（波西米亚）、斯洛伐克、西班牙、葡萄牙、斯洛文尼亚、克罗地亚、波黑、黑山等国的哈布斯堡皇族淡出了历史舞台。

　　曾经位于奥地利（奥匈）帝国核心地区的奥地利和匈牙利具有某种在别的地方很难感受到的气质。那种虽不张扬、却极尽奢华的气质，只有常年在帝王之家，才有可能熏陶出来。

1. 布达佩斯，陈旧中仍不失某种淡淡的尊严

　　2011 年秋天，我第一次到布达佩斯住的那家客栈位于布达区一个小坡顶上。从窗户看出去，客栈周边这片街区应该是在匈牙利的社会主义时期修建的。从严重破损的道路来看，布达佩斯应该有很多年没有认真打理那一带的基础设施了。匈牙利的经济，其中很大一部分靠农业。一个靠农业的国家，要想很发达，是需

布达佩斯民居

要运气的。匈牙利没有进入欧元区，它的货币叫福林。在欧盟内，只要是没有进入欧元区的国家，一般来说，经济上都可能存在着某种问题。其实欧元区的门槛并不很高。连希腊都在美国高盛公司的帮助下，顺利地混进了欧元区。

我从 Gyula 那里租来的那辆蓝色的车就停在院子里。花圃里的花儿盛开着，地面湿漉漉的。雨暂时停了，但从高大的树上不时仍有水珠滴下。碰巧的话，偶尔会有一滴嗖地钻进脖子里，凉得人一哆嗦。

早餐后，开车出发，向市中心而去。

布达佩斯、维也纳和布拉格，并称为中欧的三颗明珠。100 年前，这三颗明珠构成了奥匈帝国的心脏区。在当时的欧洲，奥匈帝国是仅次于沙皇俄国的欧洲第二大帝国。既往的历史，无论辉煌还是落魄，都给予了布达佩斯以浓墨重彩的修饰。市中心街道两边的建筑，风格多样，有哥特式、洛可可式、巴洛克式、文艺复兴式。它们大都呈现出一种灰呼呼的黑色，在阴霾的天空中，像极了落魄的贵族。

○ 租的车，停在客栈小院

不一会儿，驶进了一个尖拱顶隧道。可以看到隧道的那一端，高高地矗立着一个建筑。就这么随便一瞟，再瞎的眼睛都会辨出——那绝非俗物。出隧道一看，那不就是布达佩斯的地标链子桥吗？

链子桥，1842 年动工，1849 年落成。1873年匈牙利国会颁布法令，将多瑙河西岸的布达和

○ 国会大厦仪仗兵

东岸的佩斯合并为匈牙利首都，并命名为布达佩斯。这座桥之所以被称为"链子桥"，意为布达佩斯是多瑙河母亲胸前美丽的项链。链子桥在1944年被纳粹空军炸毁。我们今天看到并走过的链子桥，是二战之后重建的。

那一天是2011年10月23日，星期天，细雨霏霏。这是一个被匈牙利称为国庆日（National Day）的日子，布达佩斯全城停车免费，只要见到有"P"标志的空地，随便停。

佩斯的链子桥旁边不远处的国会大厦门前广场上，人头攒动，十分热闹。大厦广场上还搭着台子，有人在上面唱歌。显然，一场纪念活动刚刚结束。

匈牙利人对10月23日的刻骨铭心的记忆，来自1956年的秋天。那一年，由于匈牙利政府照搬苏联模式，经济上片面发展重工业，政治上制造个人崇拜，破坏法制，引起人民强烈不满。再加上1956年的农业歉收和燃料短缺，局势越来越动荡。这种动荡局面因匈牙利民族主义狂热的焕发而进一步恶化，于是革命爆发了。1956年10月23日，布达佩斯近20万大学生和群众推倒了斯大林塑像；改革派领袖纳吉成为匈牙利总理，发表《告匈牙利人民书》，承诺在各个方面实行有效的民主；随后，匈牙利人宣布退出以苏联为首的华沙条约组织。此举无疑触犯了苏联的核心利益。11月4日，苏联决定不能再坐视局势恶化，于是苏军开进布达佩斯，实施雷霆一击，夺走了匈牙利人的自由。

我注意到，国会大厦上那

国会大厦

些高高飘扬的匈牙利国旗正中央都有一个脸盆大小的洞！据说这是 1956 年匈牙利事件时，人民为了抗议苏军入侵而抠去了当时匈牙利国旗中央苏联时代的国徽。那个苏联时代的国徽，是二战之后的匈牙利共和国政府应苏联的要求加上去的。

匈牙利的英文名是 Hungary，而古代中国北边匈奴人的英文名是 Huns。从英文来看，这两个名字是不是很有点渊源？

实际上，确实就有一种流传甚广的说法，认为匈牙利人是匈奴人的后裔，或者他们至少带有匈奴人的血统。亚洲的匈奴人怎么跟欧洲扯上瓜葛的？

话说，那是 2000 年前的汉武帝时代，名将卫青、霍去病把从先秦时期就不断侵扰中原的匈奴人打得抱头鼠窜，西迁到了欧洲多瑙河平原，亦即今天的匈牙利这块地盘上。逃到中欧的匈奴人不断打击南边的罗马人，要他们进贡金银和美女。在那个时代，西迁的匈奴人日子过得相当滋润。拿着罗马人的金银，睡着罗马人的美女，无意中就形成了民族大融合的局面，造成今天的匈牙利人在形象上总让人觉得既和亚洲黄种人有相似之处，又与欧洲白种人有直接的传承。

奥匈帝国时代，匈牙利绝不是一个能让人漠视甚至无视的国家。说起那时的匈牙利，今天的人也许会感觉比较难理解，因为奥匈帝国是一个二元君主制国家，即奥地利皇帝兼领匈牙利国王。奥匈帝国的元首就是著名的茜茜公主的老公弗兰茨皇帝。实际上，在当时的奥匈帝国，来自匈牙利地区的彪悍的匈牙利军团历来是奥匈军队里最具战斗力的部队之一，这使得匈牙利贵族一直在奥匈帝国中拥有比较强大的话语权。在奥匈帝国时代，匈牙利是帝国的重要组成部分，在 19 世纪后半叶的欧洲扮演了非常重要的角色。第一次世界大战后，帝国分崩离析，才

带洞的国旗

逐渐演变成了后来的奥地利、匈牙利、捷克、斯洛伐克、斯洛文尼亚、克罗地亚、波黑、黑山等国。

在国会大厦广场东侧的是科苏特（Kossuth）雕像，他是匈牙利 1848 年革命的领导人，1849 年匈牙利共和国的国家元首。科苏特试图领导匈牙利摆脱奥地利的统治，但他很快就失败了。失败之后的匈牙利沉寂了一段时间，然后，从 1867 年起，匈牙利与奥地利组成奥匈帝国，登上历史舞台，开始驰骋欧洲，直到第一次世界大战后帝国解体。

布达佩斯恋人

布达佩斯美女

金黄的树叶在秋风中微微颤动，在城市的某些地段能看到一栋接一栋的小楼，花团簇拥，干净整洁，陈旧中仍不失某种淡淡的尊严，像极了匈牙利这个国家。

离开国会广场，驱车漫游布达佩斯。开着开着，就到了挨着多瑙河边的一个有空位的停车场。那就下车，看着缘分会把我指引到什么地方？扭头一看，旁边就是链子桥！

2. 这座城市所应有的气质

链子桥旁，多瑙河边，树木都被秋风吹黄了树冠，遍地落叶，一片秋色，如美酒般醉人。在桥头旁停泊了一艘大白船，名叫"Viking Sky"。这应该是多瑙河上的游轮了。然而，在这个深秋季节，游客似乎不多，中国人就更是少见了。也难怪，布达佩斯不是中国游客去欧洲的首选城市，这里既不时尚前卫，也没有足够出名的奢侈品店。

布达城堡

踏上链子桥，冷冷的秋风夹着细密的雨丝从江面阵阵袭来。凭栏远眺，感觉这就是布达佩斯这个富有底蕴的城市所应有的气质——绝不张扬，永不低头，寒意中带着丝丝质感。

布达城堡

饥肠辘辘时，走进了布达城堡山下小街上一家餐厅。吃过饭，坐缆车登山。随着小巧可爱的缆车缓缓上升，多瑙河两岸的没落贵族——布达佩斯，豁然就展现在了眼前。

布达城堡坐落在濒临多瑙河岸的一座海拔 167 米的易守难攻的山冈上。最早在 13 世

布达城堡

纪后期，为了抵御蒙古人入侵，匈牙利国王贝拉四世在此建造石筑城堡。当年选择这个地方修建城堡，显然是出于战争防御的需要。这座狭长的古城长 1500 米，最宽处不超过 500 米。四周顺着山坡高墙壁垒，只设有 3 个城门可以通行。城堡山是布达佩斯最早的旧城。今天，它就像一座巨大的博物馆，向来自世界各地的游客展示布达佩斯城市发展的历史和匈牙利民族的过去。

关于匈牙利名字的来历，一种传统的说法，认为匈牙利人是匈奴的后代，这种说法在匈牙利曾经一度被广泛认可。迄今为止，仍有部分匈牙利人认为自己是匈奴人后裔。但是，另一种说法——也是匈牙利现在的官方说法——认为匈牙利人与匈奴人无关，他们的祖先是从亚洲乌拉尔山以东地区迁移到欧洲来的游牧民族马扎尔人。但是，不管怎样，匈牙利都和亚洲脱不了干系。一个很有说服力的例子就是，匈牙利人的名字，姓在前，名在后。这与所有其他欧洲国家名在前、姓在后的排列法完全不同，是典型的亚洲方式。

到了山上，从缆车出来，右边有一栋不大的两层楼白色房子，那是现在的匈牙利总统府办公室。要不是楼顶上飘着国旗，楼前守着荷枪实弹的警卫，你根本就不会意识到这幢楼有什么特别。它不但没法与气势恢宏的王宫相比，就连他国某些乡镇办公大楼，也比它富丽堂皇许多。

翌日，从客栈房间下楼时，见到老板也来了。那是一位 40 来岁的女性，脸部线条非常明朗，若非一双蓝色的大眼睛赋予了她某种忧郁的柔情，你定会将她看成意志坚定的女游击队员。

一番寒暄后，她笑着建议道："这里的温泉很有名，可以去泡泡。"

我说："这次就不准备去泡温泉了，下次再去。"

"那么，也许你会对赌场感兴趣？佩斯那边有几家还不错，中国人很喜欢去玩。"

我犹豫了一下，说："谢谢，我还是对布达佩斯的景点更感兴趣。"

"那也好。回来后如果感觉疲劳，可以洗个桑拿。我们客栈地下室有很不错的桑拿呢，值得试一下喔。"

告别老板，从客栈出来，跟着 GPS，就去了布达城堡山上紧挨在一起的马加什教堂和渔人堡。

苍老神秘的马加什教堂已有 700 多年历史，是历代匈牙利国王加冕之地。马加什教堂将匈牙利民俗、新艺术风格和土耳其情调等多种不同的元素完美地融合在一起。它的白色尖塔和彩色玻璃屋顶，为整个教堂增添了意味深长的趣味和

渔人堡

生动。教堂旁边是布达佩斯另一个标志性建
筑——渔人堡。渔人堡建于 1905 年。此前，
这块地方曾经是一个鱼市，后来为了守护城
市，将王城所在的多瑙河一带交由渔夫守卫，
故而此地得名渔人堡。渔人堡的拱形长廊将
象征七个部落的七座小碉堡连在一起，回廊
曲折，连绵不绝。俯瞰山下，静谧的多瑙河
承载着千年的沧桑从容流过，璀璨的灯火象
征着这座古老城市旺盛的生命力。链子桥连
接两岸，辉煌的国会大厦在灯光照射下呈现
出梦幻般的色彩。据说，渔人堡是布达佩斯
最浪漫唯美的地方之一，当地的年轻人最喜
欢来这里谈情说爱，将自己的初吻留在此处。

　　离开渔人堡，正好去感受一下布达佩斯
的公共交通。说到公共交通，便不能不提到
它的地铁。

　　布达佩斯拥有这个世界上最早修建的地
铁之一。说起来，那还是 19 世纪 70 年代的事
了。当时，强大的英国在伦敦建造了世界上
第一条地铁，在欧洲引起了轰动。眼热的国
家不少，其中就有当时欧洲的第二大帝国——
奥匈帝国。弗兰茨皇帝，也就是茜茜公主的老
公，是一个对自己的帝国非常自负的人。他
因为地铁没能最先出现在奥匈帝国而懊恼不
已。故而，他决定，既然已丢掉了第一，那
就绝不能再让第二跑掉。几年后，实力雄厚
的奥匈帝国也开始了自己的地铁计划，但是，
地铁是建在维也纳还是建在布达佩斯，却引
起了激烈的争论。这时，奥地利皇后兼匈牙
利王后茜茜公主站出来力挺布达佩斯。经过
巨大的努力，她说服了皇帝。于是，世界上

○ 布达佩斯街景

布达佩斯街景

布达佩斯英雄广场夜景

第二条地铁于 1896 年开工建在了布达佩斯。

可是，茜茜为什么会帮助匈牙利人呢？

这涉及另一个传奇人物——匈牙利的安德拉希伯爵。1867 年，以安德拉希伯爵为代表的匈牙利贵族决定与奥地利进行有条件的合作，共同组成奥匈帝国，而伯爵成为匈牙利首相。那一年的 6 月 7 日，奥地利皇帝弗兰茨和皇后茜茜公主正式在布达佩斯的马加什教堂里加冕，分别成为匈牙利国王和王后。仪式后他们来到链子桥桥头，向匈牙利人民保证，要像对待自己的孩子一样对待匈牙利人民。当时，在场的匈牙利贵族和民众无不激动地高声欢呼。曾经辉煌一时的奥匈帝国从此拉开了帷幕。

和其他维也纳贵族不一样，具有叛逆精神的茜茜是发自内心地热爱匈牙利。在维也纳，她因为反叛的性格而经常受到抨击；而匈牙利人民则接受了茜茜，对她充满深深的敬仰和由衷的爱戴。同时，这里还有她的精神伴侣安德拉希伯爵。伯爵是一个身材高大、英俊潇洒、阅历丰富、知识渊博、具有极高人格魅力的绅士。在他和茜茜之间，一直存在着某种比爱情淡、比友情深的情感。今天，在匈牙利，仍然流传着许多关于茜茜与伯爵的故事。这些唯美的传说，给我们今天这个冷冰冰的世界提供了丰富的精神内涵。

作为匈牙利王后，茜茜真正把这里当成了自己的家，她尽其所能地在各个方面帮助匈牙利人民。因此，她永远地活在了匈牙利人民的心中。今天，在布达佩斯，仍可看到有许多街道、广场、建筑是以茜茜的名字命名的。

▶ 3. 山丹丹，一首和中国无关的歌

山丹丹（Szendetre），地图上叫圣安德烈，是布达佩斯北边 30 公里处的一个民俗小镇。

山丹丹坐落于丘陵地带，多瑙河流经此地拐了个弯。19 世纪末，大批流浪艺术家看中了小镇世外桃源般的地理位置，纷纷汇集到山丹丹。这种艺术家集中的地方，在很多国家都有。

在欧洲，几乎每一个村镇都有一座大小不一的教堂，山丹丹也不例外。有信仰是好事。至少，在人们即将、或已经走向疯狂时，它有可能将他们引回心灵的正道。此外，教堂还有地标功能。不认识路？没关系，朝着高高的教堂尖顶而去就好了。果然，不一会儿就溜达到了镇中心广场。

这时，想做的第一件事是找厕所。在欧洲，只要不是在酒店宾馆的房间里，外面 70% 的厕所是要收费的。每次收费从 0.5~1.5 欧元不等。一趟欧洲自驾游下来，光是上厕所就得消费好几百元人民币。看来，有一种钱你还真的没法省。这不，山丹丹的那个自称 Public WC 的厕所，收费 1 欧元（或 250 福林），折合人民币 8 元多。搞笑的是，在这个公共卫生间门口，赫然立着一块招牌，上书：

"WC &. Potty Show, 2 in 1"（如厕＋便壶展览，二合一）

没法不佩服山丹丹人丰富的想象力啊，被艺术熏陶过的地方，连公共厕所都显得卓尔不群。不过，里面倒确实十分干净，就是洒的香水人多，香味太浓，一进去差点被熏一跟头。至于便壶秀？本来就是一个噱头，你要当真你就输了。

镇上没几个游客，这正是我喜欢的状态，一个古老的小镇，就应该这样，淡淡的，旧旧的，静静的，湿湿的。在山丹丹这样的地方，不需要做任何事，更不必特意去看什么景点，慢慢溜达就好了。能感受到的一切，都会构成享受的过程。

山丹丹

不用去理会导游会不会催促，游客会不会与我挤成一团。在这一刻，让自己的脚踩落在它想踩的地方，让自己的心飘扬在它想飘扬的空中，便最是销魂。

山丹丹号称是艺术家集中的地方，不过那是在很久以前的事儿了。今天的小镇就是一个供游客参观的所在。这么说吧，咱们重庆的瓷器口古镇有名不？有名！那我要跟你说，瓷器口开店的都是艺术家，他们卖的都是艺术品，你信不？你保准一口就啐在我脸上了：你们重庆也太没文化了，一帮子小商贩也敢叫艺术家！

所以说呢，这类非常出名的小镇，经营的路子都一样。欧洲古镇和国内古镇有什么区别呢？那就是我们这边经常会卖卖假货、骗骗游客，他们那边这类恶劣的事件少得多而已。

照这么说，是不是山丹丹就没什么意思，不值一游呢？

错！我不是那个意思！我想表达的是，只要你别被那些个旅游资料蒙住，觉得你来山丹丹是拜会艺术家的，你就只当这里是一个能比较充分、全面地体现匈牙利民粹、民俗和民生的普通小镇，那你一定会非常享受在山丹丹的时光。

午餐时分，发现没有几家餐厅是开着的。欧洲人其实挺懒的，像中国小商家那种，只要有客人来，就为你开店服务的情况，在欧洲是几乎不可能出现的。一到下班时间、或节假日、或淡季、或别的任何他能找到的理由，他就关门。你要问他："你干吗不挣钱啊？"他会理直气壮地告诉你："生活就是享受！"

我们都明白，人生并不只是由钱组成。正因如此，我们才很难说清楚，到底是欧洲人那种生活与工作的态度好，还是我们这种除了挣钱就是挣钱的方式更好？

一番寻觅，发现在镇广场边有餐馆开着。其中一家在门前摆放着桌椅，桌子上插着盛开的鲜花，门口立着的菜单牌子上印着菜肴图片。其中一道红烧牛肉，让人一看便垂涎三尺。再加上它的门脸还有点小小的历史感的样子，就它了。

早就听说，匈牙利人喜欢吃辣的，当地的辣椒也很出名。据我的经验，如果欧洲人要吃辣的，那辣味基本上都要被整得古怪稀奇的，譬如，辣中带点酸味、甜味等，反正不是纯粹的辣。不知匈牙利人是怎么处理辣味的，作为重庆人，我对此充满了好奇和期待。

进去挑了一个窗边的桌子坐下。菜单上，每道菜都配着图片，很快就点好了。

餐厅不大，60平方米吧。墙上挂着兽皮，装饰架上摆放着各种本地的小装饰玩意儿。这是一个典型的匈牙利特色餐厅，正因如此，当我看到有几张桌子旁那些疑似中国圈椅的椅子时，尤其吃惊。

山丹丹

山丹丹

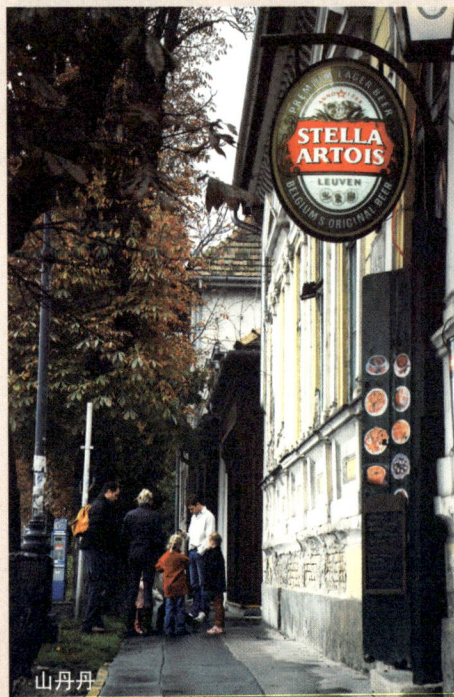
山丹丹

　　特意问了一下脑后梳着小辫儿的老板，店里的家具都是匈牙利风格的吗？他英语不好，咕哝半天也没说清楚。此刻餐厅里又没别的客人，无法翻译。转念一想，既然匈牙利人的祖先是来自亚洲的游牧民族，那么他们的生活用品中，带着一点点中国风，应该也是可以理解的。毕竟，当年在亚洲大陆蒙古高原上混的那些游牧民族，谁敢说自己没受过中华文明的影响？

　　不一会儿，菜上来了。第一道，土豆烧牛肉，这就是把我吸引进来的那道菜。味道虽然没有四川红烧肉那么丰富多彩，但也差强人意了。可以说，这是我吃过的欧洲菜中最接近川菜口味的了。第二道，匈牙利红酒炖牛肉面团。这是他们菜单上的叫法，我把它名字简化了，叫牛肉面疙瘩，也还不错。

　　在那个细雨蒙蒙的秋日，我很享受在山丹丹的那种状态，什么都是慢悠悠的。如果有太阳，可以去多瑙河边的露天酒吧喝一杯，仰着脸享受匈牙利的风儿，慵懒地看看小镇人来人往、云起云落。但我遇见的是一个阴冷、潮湿的天气。所以，一切随缘吧。所看见的、听到的、走过的，都是缘分的安排。以一种积极健康的心态把握好眼前拥有的一切，生命才会变得绚丽多彩、富有张力。反过来，会觉得这个世界欠自己太多，从而心生郁结。与缘分拧着，永远不会开心。

教堂、小店、画廊、作坊、博物馆、民俗餐厅、酒吧，外加别有风情的匈牙利民居，还有蜿蜒幽静的石子小街，这就是圣安德烈，匈牙利的山丹丹，一首与中国无关的歌。这座小镇因为靠近布达佩斯，挨着多瑙河，而获得了得天独厚的地理位置。这使得它在17世纪成了斯拉夫人、特别是塞尔维亚人定居地，并成为一座繁荣的贸易小镇。

山丹丹，一个越来越商业化的小镇，一个只要你来到匈牙利就无法回避的小镇。不用抱太大希望，过来随便遛达遛达，你定不会失望。

4. 巴拉顿湖畔的秋雨夜话

匈牙利中部的巴拉顿湖是中欧最大湖泊，从西南到东北长80公里，面积596平方公里，湖面一年四季色彩不同。蒂哈尼（Tihany）半岛从北岸突出湖面，顶端离南岸仅1.5公里。这里是匈牙利乃至整个欧洲的度假天堂。每逢夏天，湖面常见白帆点点，貌似整个欧洲的人都往这里挤；而一到冬天，巴拉顿湖面又成了天然溜冰场，人满为患。

我预订的私人旅馆在蒂哈尼半岛的顶端附近。抵达那个小村时，已是晚上8点。黑夜里，雨丝淫靡，家家关门闭户。狭窄的村道路面，湿淋淋的，反射着昏暗的路灯。GPS也找不到路了，只好给旅店老板打电话，让他出来接我。

锁好车子门窗，在车上静静地等待老板过来。车灯照射着前面的杂草和树林，氤氲不时从光柱中飘过。汽车雨刮在前挡风玻璃上有规律地来回划过，发出轻轻的吱吱声。农舍都躲在黑暗之中。在这样的暗夜，独处村屋，雨点沙沙，风声凄凄，再枯燥的村夫农妇免不了也会展开想象的翅膀。难怪在古代的中欧地区，吸血鬼的故事非常流行。

不一会儿老板驱车来到。跟着他的灯光，穿过一片小树林，就进了他家的小院。一下车，寒风夹着雨丝硬得如钢针似的照脸上扎来。在老板的帮助下，三下两下就把行李搬进了这幢两层小楼的楼上。屋里暖气很足，随便吃了一点东西，想要洗洗睡吧，许是因为今晚被迫飙车，弄得太兴奋了，又睡不着。干脆就披衣下楼，找老板唠嗑儿去。

巴拉顿湖家庭旅馆老板

老板看起来 60 来岁，不过也可能没那么大年纪，欧洲人显老。他们两口子正坐在楼下厅里沙发上看电视。见我下去，老板娘羞涩一笑，起身进里屋去了。老板招呼我坐下，顺手就塞给我一瓶啤酒。我正在研究酒瓶上匈牙利文的商标时，他仰脖咕咚就喝了一大口，笑嘻嘻地说："这是免费的。"

我一下想起，车尾箱里还搁着一瓶果酒。于是，冒着小雨，冲到冷湿的院子里，一番折腾，找到了那瓶酒，回来递给老板说："瞧瞧我这果酒，酒瓶上还贴着切·格瓦拉哦！"

他接过酒，一副遇见同道中人的表情，开心笑道："我知道切·格瓦拉。"

"是吗？我在布达佩斯的链子桥上就看到过他的头像涂鸦。他代表了一种浪漫主义的叛逆精神。"

但是，很显然，老板对酒本身的兴趣远远大过切·格瓦拉。他品了一口果酒，说："不同的风味，挺不错。"

我左右看看，问："今晚好像就一拨儿客人？"

"是的。这个季节没什么客人来。过几天我们也准备出去度假了。"

"你孩子呢？"

他摊摊手说："我们没有孩子。"

"我发现你们这儿的村子，安静得很，连狗都不叫。不像我们中国农村，晚上人一走过，狗叫成一片。"

"为什么要让那么多狗叫？噪音污染。"

"为了安全感吧，我想。"

"以前我们在布达佩斯生活，那里的治安要差一点。但在巴拉顿湖的蒂哈尼半岛乡村，不用担心，这里安全得很。"

"你们以前在布达佩斯居住？"

"是的。我是布达佩斯人。年轻时，我的工作就是在布达佩斯的一家国营餐厅里当厨师。"

"啊？你是厨艺高手？那匈牙利牛肉汤你一定会做了？"

老板已经喝完了切·格瓦拉果酒，现在又开始回来喝啤酒了。他得意地大笑道："当然，当然！我曾经是厨师，做牛肉汤是厨师的基本功之一。"

"那么，你老婆以前也是布达佩斯人？"

"从前我们同在一家国营餐厅工作。我是厨师，她是服务员。"

"哈哈——我明白了。你一定是趁工作之便，把老婆泡上了？"

他耸耸肩，笑得眼睛鼻子嘴巴挤成一团。

喝酒能乱性，但也能迅速拉近两个陌生人之间的距离。这不，几瓶酒下去，彼此之间的那种生疏感便明显降低。温暖的屋里，感觉不到外面的风霜雨雾。老板喝得兴起，聊得开心，甚至脱下了外套，只穿着一件薄薄的 T 恤。

我又问："从 1989 年匈牙利民主革命以来，你就改行开旅馆了？"

"不是。我们在布达佩斯开了一个小餐厅。15 年后，有一天，我对老婆说，娜塔尼娅，我们都 55 岁了，老了，我们不能一辈子都这么忙碌啊。然后，三年前，我们来到巴拉顿湖边，买下了这幢房子。旺季我们开旅馆，淡季就出去旅游。"

我由衷地跷起大拇指说："买下这幢房子？你混得不错啊！知道吗，你这个带着院子和游泳池的房子，在中国起码要卖 60 万欧元以上。"

巴拉顿湖畔的慵懒

"那么贵？我这个房子，就卖三五万欧元而已。"

在欧洲，匈牙利绝对应该算是一个另类，偏偏这个另类还占据了很中心的位置：它的西面是日耳曼人，而北、东、南三面都是斯拉夫人——匈牙利像一颗坚实的钉子插在欧洲一大帮子斯拉夫人中间。匈牙利占据的位置是如此重要，以致于在它作为一支独立的力量而存在的 1000 多年间，斯拉夫人不但没能成为一个统一的国家，反而各个分支之间还越走越远了。

客观上，匈牙利阻止了斯拉夫人组成统一而强大的斯拉夫国家；而主观上，由于斯拉夫人各分支领导人各怀鬼胎，要让他们统一，亦非易事。具体可参考中国春秋战国时代，谁会为了统一的中华而主动让别人来吃掉自己？所以，真要统

巴拉顿湖畔秋色

一，古代斯拉夫人不打个几百上千年的内战，恐怕不可能。

外来的匈牙利横卧在欧洲的心脏地区，欧洲本地人就没想过要拔掉这颗钉子吗？想过，真想过，曾经做梦都在想！但意淫一下可以，真要去做，才发现太难了。秉承了亚洲游牧民族勇猛、彪悍特点的匈牙利人，个子不高但手脚利索，肌肉不多但下手毒辣——这么说吧，欧洲本地人要想把他们赶回亚洲，门儿都没有。

那天晚上，上楼睡觉时，不知是因聊天还是因喝酒，心情很是舒畅。第二天一早起来，告别老板，驱车去往湖边。

气温很低，天阴着，湿漉漉的空气，像雾又像雨。蒂哈尼半岛上，古木参天，森林密布，景色幽静。在这个小小的半岛上，村舍大多像随意撒落的种子，零星而孤单地静立在林间。房屋非常可爱，或橘红瓦顶、或灰黑草顶。每一户人家都

巴拉顿湖畔秋色

有一个小小的美丽庭院，从外面经过，可欣赏到各类探头出墙的花花草草。这里是巴拉顿湖景色最美的地方，据旅店老板说，天晴时，从半岛顶端可以看到北岸耸立的群山，金黄的树木；还可以看到南岸宽阔平坦的天然浴场。

那天上午，坐在湖边的木椅上，静静地聆听湖水轻拍湖岸的细柔声音，品味一丛又一丛在秋风中沙沙摇曳的金黄芦苇。

这份淡定，不正是人生的真谛吗？

5. 奥匈帝国认为自己可以争夺一下世界霸权了

从匈牙利边境到维也纳，只有 70 多公里。

驾车进入奥地利，必须在边境附近的服务区小超市购买奥地利高速路票，并将其贴在汽车前挡风玻璃上。奥地利路票分为 10 天和 60 天的两种。如果你在奥地利停留的时间在 20 天以内，那么我建议你买两张 10 天的路票，因为两张 10 天路票远比一张 60 天路票便宜。

2011 年 10 月，在维也纳充满寒意的晨风中，能明显感觉到，秋天的画笔已经开始漫不经心地涂抹在了这座城市的树木上。此时才早上 8 点，除了遛狗的中年女士，路上几无行人。

我饥肠辘辘地驾着那辆从布达佩斯的 Gyula 那里租来的蓝色 Opel，在维也纳大街上跟着 GPS 的指令茫然地行驶着。我的目标是市中心的圣斯蒂芬大教堂。从酒店到大教堂，大概也就七八公里吧。

停好车后，我手里拿着从小店买的早餐，一边吃着，一边转过一个接一个的街角。然后，在毫无心理准备的情况下，一下子就与圣斯蒂芬大教堂面面相觑了。那感觉，好像是趿着拖鞋在傍晚的花园散步，忽然被人推上了庄重的主席台。

圣斯蒂芬大教堂是维也纳的地标性建筑，位于维也纳市中心，其 136 米的高度仅次于德国科隆和乌尔姆教堂。这座始建于 12 世纪的教堂的最大特色在于它是欧洲各种古典风格建筑的混合体，也是建筑艺术互相包容、折中调合、兼收并蓄的代表。据说，在曾经的奥匈帝国，帝国境内的任何教堂，都不允许建得比它更高。然而，在第二次世界大战结束前的几天，它毁于大火。今天，我们看到的教堂，实际上是战后重建的。

教堂很高，在它的周遭密密地围着新旧不等、风格各异的建筑物。它的正对

维也纳街景

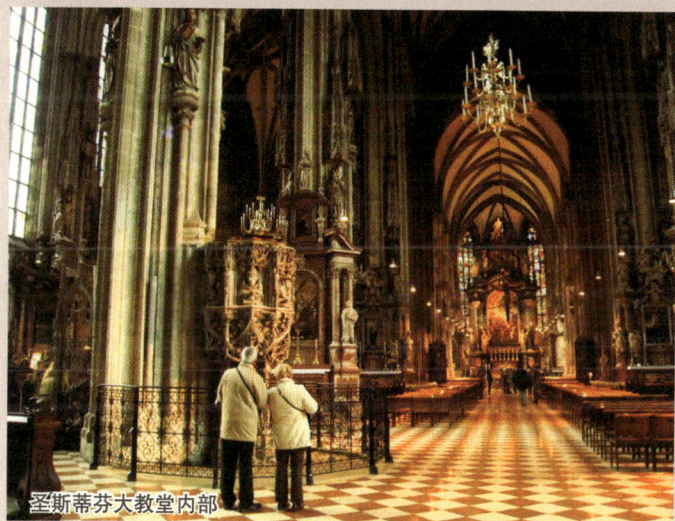
圣斯蒂芬大教堂内部

面是一幢非常现代的大楼，两者隔街相望，相距咫尺。大教堂外面是维也纳最繁华的商业步行街。维也纳被称为建筑之都，在城市规划上有着自己鲜明的特色。房屋都不高，基本上都是石头构建，看着挺有历史感，带着浓郁的哥特、巴洛克或洛可可风格。

大教堂前的小广场上，停着一辆辆等待游客乘坐的马车。这些马车在维也纳街头粜粜行过，恍惚之间，把人们又带回了中世纪。问了一下价格，好像一个小时80欧元，相当于人民币700元左右。这也太宰人了，宰得我都想去维也纳当马车夫了。

街头上，有不少装扮各异的行为艺术表演者。他们扮成各种人物造型，如雕塑般戳在街头，静止不动。在他们面前一准儿都搁着一个盒子之类的东西，以便路人把硬币投进去。叫它行为艺术是比较好听的了，这其实就是一种乞讨方式，去过欧洲的人应该都见过。有时候，乞讨也是一种技术含量很高的工种。它得让人看着舒服，同时又能为城市市容增添一丝色彩。

维也纳的格拉本大街（Graben）是维也纳最繁华的商圈，世界一线品牌专营店比比皆是。街道两边挤满了露天咖啡座、面包和吐司摊，这里到处都是来

○ **鼠疫纪念碑**

自世界各地的观光客。在街心，有一座引人注目的纪念碑，那就是Pestsaeule，即鼠疫纪念碑。1679年，鼠疫（又叫黑死病）爆发，吞噬了将近23万维也纳人的生命。在这座纪念碑上，高贵的皇帝摘下皇冠，半跪在地上祈求上帝保佑他的臣民。这里曾经是护城河。直到后来，它才被填平，成为广场。18世纪以来，格拉本大街就成了非常热闹的地方，王公贵族常常会在此举行各式活动。几百年来，格拉本大街默默地见证了奥地利帝国和奥匈帝国的繁荣与衰落。

在维也纳，还没等到参观名胜古迹，你就会为街边那些风格各异的古典建筑而倾倒了。这就像吃饭，正餐还没上，就已经被前面的开胃小吃征服得五体投地。在这条步行街上，人们操着不同的语言，带着不同的表情，穿着风格迥异的服装，却有着一个共同之处：大家的眼中无不闪烁着对奥地利古典文明的景仰与尊敬。

今天，维也纳早已不再是欧洲的中心，但以往的豪华气派尚存。她是欧洲最古老和最重要的文化、艺术和旅游城市之一。第二次世界大战之后，维也纳人把满目疮痍的城市重建起来。如今，维也纳的所有历史建筑都得到了整修。所幸的是，维也纳的修复，并未将原有的格局大加改变。小巷还是小巷，仄道依旧仄道。维也纳的古韵，依然在空中隐隐流动。

格拉本大街尽头的拐角处就是声名遐迩的霍夫堡皇宫了。这座皇宫自1275年至1913年间，经过多次修建、重建，最终演化成了今天我们看到的样子。它是公认的欧洲各种建筑风格的见证者。无论是哥特式、文艺复兴式、巴洛克式、洛可可式，还是20世纪末的仿古典式风格，霍夫堡皇宫都把它们汇集在一起。霍夫堡皇宫里面的雕塑，都是大有来历的宝贝。虽然不能详尽地说出它们的故事，但仅仅是仰望着它们，就足以感受到帝国昔日的荣光与辉煌了。

国人对哈布斯堡王朝可能并不熟悉，这也是可以理解的。毕竟，它所代表的，是一种对历史潮流的逆动，因此它不可避免地成为历史的失败者。在这个王朝中，虽然有玛丽亚·特瑞莎那样的开明女皇，也有茜茜公主的老公弗兰茨·约瑟夫为了帝国中兴所作的种种努力，但它最后还是失败了。失败者是最容易被人忘记的，因为历史不是由他们书写。

茜茜的老公弗兰茨·约瑟夫皇帝的最大努力之一就是于 1867 年建立了奥匈帝国，试图以一种新的形式延续哈布斯堡王朝的统治。在 19 世纪之前，人们很少有我们现代人所理解的国家的概念。贵族也罢，老百姓也好，大家认的是国王或皇帝。这就意味着，在同一个皇帝的治下，完全可能有很多不同民族的人聚合在一起。但从 19 世纪（甚至更早一点）开始，现代民族国家开始出现——意思就是，不同民族的人组成不同的国家；或者至少一个国家内必须有一个占主体的民族，再辅之以一些少数民族。

但当时奥匈帝国的情况却正好与潮流相反。奥地利的主体民族为日耳曼族，这也是奥地利的日耳曼人希特勒能够当上德国国家元首的原因。当年，奥匈帝国内有着很多不同的民族，他们能聚合在一起，纯粹是因为他们都宣称要效忠皇帝。奥匈帝国内，据说只有皇帝一个人能说这个国家内存在的 20 种不同的语言——茜茜的老公没去兼职当个外国语大学校长，真是太屈才了。

在奥匈帝国这样的多民族国家，各地贵族宣誓效忠皇帝，然后他们以皇帝的名义去统治自己的老百姓。而老百姓却不知有皇帝。第一次世界大战之前，帝国境内的奥地利和波西米亚（现在的捷克）由于工业革命而呈现出欣欣向荣的态势。这使得奥匈帝国产生了一种错觉，认为自己足够强大，可以争夺一下欧洲、甚至世界的霸权了。于是，它参战了；于是，它悲催了。因为它的人民完全不知自己为何而战，它的命令由于各地老百姓根本不懂官方语言而无法下传实施。

它的结局我们这些事后诸葛亮都知道：崩溃了，分裂成了若干个国家。

皇宫内院叫作弗兰茨皇帝广场。这位和拿破仑同时代的弗兰茨皇帝，并非茜茜公主的老公弗兰茨·约瑟夫。他当时的头衔十分吓人：德意志神圣罗马帝国皇帝。正是因为这个头衔威猛无比，鼎盛时期的拿破仑要求弗兰茨让位于他。弗兰茨二世为了破灭自称为法国皇帝的拿破仑想当德意志神圣罗马帝国皇帝的梦想，于 1806 年主动解散了神圣罗马帝国，并同时成立了奥地利帝国，弗兰茨二世也就因此变成了奥地利帝国的弗兰茨一世皇帝。

在弗兰茨广场的右侧是瑞士人大门。在中世纪，欧洲许多皇室都喜欢让彪悍

霍夫堡皇宫前的豹2坦克

而诚实的瑞士人把守城门，哈布斯堡王朝也不例外，这个最古老的宫门因此而得名。顺便说一句，迄今为止，梵蒂冈教皇的卫队依然由瑞士人充当。

走过瑞士人大门下长长的拱廊，就是英雄广场了。广场的一边站立着在与奥斯曼土耳其人大战中战无不胜的欧根亲王塑像，其背后是正在修缮的新霍夫堡皇宫。而在英雄广场另一端的那尊铜像则是当年成功抵御了拿破仑的卡尔大公。

再往前走，是霍夫堡皇宫的士兵门。这座士兵门和皇宫别的建筑相比，显得颇为简陋、寒碜。据说这座门是弗兰茨一世时，由士兵们动手修建的。当时，反法联盟俄国、奥地利、普鲁士、瑞典

奥地利军人

○ 霍夫堡皇宫

等国经过艰辛会战，最终在莱比锡击破拿破仑大军，并占领了巴黎。随后拿破仑退位，被流放到地中海的厄尔巴岛。

凯旋归来的弗兰茨皇帝让胜利的士兵为自己修建这座门。正因为是由不谙建筑的士兵们来干，朴实无华成了这座大门的特色。然而，和周边高调的奢华相比，这座士兵门反而显得冷峻无比，给人的印象至深。

顺着士兵门外的大街往前走一两公里，就是著名的金色大厅。

金色大厅，全称为维也纳音乐协会金色大厅（Goldener Saal Wiener Musikverein），是维也纳、也是世界上著名的音乐厅之一。金色大厅是维也纳音乐生活的基点，也是维也纳爱乐乐团的常年演出场地。维也纳新年音乐会按照传统都会在这里举行，每年的新年音乐会，通过电视转播将大厅金碧辉煌的装饰和无与伦比的音响效果展现在全世界的观众面前。这幢大楼由 T. 冯 · 汉森于 1867 至 1869 年建造。金色大厅长 48.80 米，宽 19.10 米，高 17.75 米。虽然在那个时候，声学还未成熟，但建筑师凭着对共鸣与传声的独到心得，将高台木制地板下挖空，并仔细计算楼上包厢的分割与墙面女神柱的排列，通过在天花板和墙壁上使用防止静电干扰的建材，令厅内的听众不论坐于远近高低，都能享受到一样水平的音乐演奏。难怪在 100 周年的庆祝典礼上，一位受邀致词的贵宾骄傲地宣称："只要有金色大厅，世上就不需要发明麦克风！"

6. 美泉宫的茜茜公主，物虽在，而人已去

美泉宫是奥匈帝国皇帝的夏宫。当年，电影《茜茜公主》的主要外景地就在这里。让很多中国人知道维也纳的正是这部精美的电影。美泉宫门口，有茜茜公主的大幅油画。油画里的公主，和电影中那个公主看起来不太一样，但有一点是相同的，她俩都是大美人。现实中的茜茜公主美丽、迷人、可爱，却有一个令人沮丧的缺陷——长着一口黄牙，所以，终其一生，茜茜没有留下哪怕一张露齿的画像或照片。

电影中的茜茜公主，是一个活在全世界所有女孩梦想中的女人。实际上，电影就是为女孩们编织的仙境。一个灰姑娘，被一位英俊潇洒、浪漫专一的青年皇帝爱上。虽然这位灰姑娘并不见容于礼仪繁复的宫廷，但她靠自己的个人魅力，征服了皇帝，征服了哈布斯堡皇室，征服了世界。可以说，你很难在现实生活中找到比这个故事更柔情、更浪漫、更传奇的版本了。凡是可能让一个花季女孩想入非非的元素，都被编剧们整合进了电影《茜茜公

www.schoenbrunn.at
美泉宫茜茜公主油画

Sisi

Frischluft als

主》中。

　　但是，现实中的茜茜公主，却几乎是一个郁郁寡欢的人物。她生于巴伐利亚王国的一个公爵家庭，嫁给奥地利皇帝（也是后来的奥匈帝国皇帝）弗兰茨·约瑟夫。茜茜的真实生活，几乎没有什么浪漫。童话版的茜茜，只属于电影。她的老公弗兰茨皇帝是一个非常无趣的人，在婚姻生活中基本上毫无情调，生活中非常死板。那么，在工作中皇帝是不是就卓有成就呢？也不是。奥匈帝国就是在这位弗兰茨皇帝手上垮掉的。他执政 68 年，死后两年，帝国就崩溃了。

　　在美泉宫门前的广场上，似乎仍然回荡着茜茜策马而过的清脆的马蹄声。如今，在丝丝小雨中，物虽在，而人已去。

　　茜茜嫁给皇帝时，还未成年，当时她身高 1.6 米，几年后长大成人，稳定下来的身高是 1.72 米。茜茜的一生并不幸福，这大概和她叛逆的性格有关。在 19 世纪前半期的欧洲，德国还不是一个统一的国家，在它今日的地盘上，最多时有 200 来个小国存在，巴伐利亚就是其中之一。工业革命之前，德国那块地盘，基

美泉宫

本上就是蛮荒之地。所以，保守刻板、注重繁文缛节的维也纳皇族怎么也看她不顺眼。从内心里，从小在某种无拘无束的环境中成长起来的茜茜，也一直拒绝扮演传统的妻子、母亲、皇后，以至一个大帝国形象代表的角色。后来，当奥匈帝国成立时，茜茜的老公兼领匈牙利国王头衔，茜茜也随之成为匈牙利王后。只有从这时开始，她才品味了些许人生的欢愉。她的那种个性，虽然不见容于传统的奥地利皇室贵族，但不拘小节的匈牙利人却异常喜欢茜茜。在维也纳，她经常受到抨击；而在布达佩斯，她受到的则是崇拜。

1898 年，意大利一个渴望一鸣惊人的无政府主义者选择了奥匈帝国皇后茜茜作为他的刺杀对象。杀手成功了。一个传奇般的女人从此陨落。

没有多少人参加她的葬礼。她的老公弗兰茨·约瑟夫皇帝悲痛欲绝。他在她下葬前剪下她的一绺头发保存起来，戴在胸前，一刻不离，直到他生命的最后时光。要说皇帝不爱茜茜，那是不公平的。但是，正如俗话所说，匹夫之怒，以头抢地耳；而皇帝之爱，是在香消玉殒之后的那一掬清泪，平常则难得一顾。匹夫也罢，

皇帝也好，在某种意义上，各有各的好。上帝给你关掉一扇门，便会给你打开一扇窗，这就是缘分，这就是命。

无论荣辱兴亡，坦然面对，便是无憾的人生。

雨雾蒙蒙的天气，掩不去美泉宫婀娜的身姿。美泉宫的后院，是典型的法式园林，它经常会在电视或者电影中出现。所以，如果你去那里游览，产生了某种似曾相识之感，请不要奇怪。

美泉宫是哈布斯堡王朝的夏宫。颐和园是大清王朝的夏宫。

相同的是，它们都是公认的人类文明的不朽遗产；不同的是，始建于1714年的美泉宫见证了德意志神圣罗马帝国、奥地利帝国和奥匈帝国的崛起与兴盛，而靠挪用海军军费修建而成的颐和园却敲响了大清帝国的丧钟——没有足够军费的大清北洋海军在甲午海战中败给了日本，中华民族陷入了百年浩劫。

郁郁葱葱的美泉宫

　　某种程度上，也许我们可以说，美泉宫是哈布斯堡王朝纵横欧洲的记功碑，而颐和园则是大清王朝丧权辱国的耻辱柱。

　　除了作为哈布斯堡王朝的夏宫而声名遐迩之外，美泉宫里，曾经还上演过一幕又一幕精彩的历史话剧。6 岁的音乐天才莫扎特第一次在这个世界上的亮相演出，就是在特瑞莎女皇时代的美泉宫里；鼎盛时期的拿破仑曾经两次在美泉宫安营扎寨；而在冷战最激烈的时期，美国总统肯尼迪和苏联总书记赫鲁晓夫就曾在美泉宫会晤，商谈怎么分配世界权力的问题……

7. 哈尔施塔特，世界最美湖畔小镇

　　清晨，Gosau 村结霜了，白蒙蒙的一片。公路在村庄里划出了一条 S 形的美

Gosau村清晨

妙曲线。朝阳刚刚露出山头，抹红了山脊的树林。村里人家，炊烟袅袅。凛冽的秋风中，邻居家的男主人正在他家的马厩外面拿着一个硕大的工具整理草料。

这是 2011 年深秋的一个早上。我静静地伫立在冰霜之中，被眼前梦幻般的场景所感动。我想，也许上天知道我喜好美景，才特意安排了这么一个美轮美奂的村子给我住、给我看、给我拍照吧。

住到这个名叫 Gosau 的小村里来，是为了位于奥地利中部的那个被誉为"世界最美湖畔小镇"的哈尔施塔特（Hallstatt）。前几天在预订宾馆时，发现在那个具有世界声誉的哈尔施塔特镇里，寸土寸金，能够预订到的住宿实在是太贵了。无奈之下，只好投宿于距离哈尔施塔特镇 10 公里的 Gosau 村的农家乐。农家乐是借用咱们中国的叫法，当地的称呼是 pension，就是家庭旅馆的意思。

我的那辆从布达佩斯租来的蓝色 Opel 柴油两厢旅行轿车被冰霜覆盖了，以致于我不得不拿出纸巾，亲自动手把挡风玻璃上的冰霜擦掉。然后点火预热，等水温上来后，驱车下山。从山里的 Gosau 村到哈尔施塔特镇，一路下坡。不一会儿，就到了湖边，一拐弯就看到了湖畔金黄的树林掩映着一片漂亮的木屋。这就是哈尔施塔特了。

围绕湖边有好几个村镇，哈尔施塔特是其中最著名的一个。此时才早上 8 点，决定先驾车顺环湖公路跑一段。十分钟后就绕到了对岸的村子。把车停在湖滨的小路边上，面前是伸向湖心的栈桥，白色的天鹅自由自在地徜徉在清澈的湖面。阳光洒在湖边的小院，给人一种温暖、温馨、温情的感觉。正在沉醉之际，就见村里轰隆隆开来了一台大大的拖拉机。在离我不远的地方，拖拉机停了下来，驾驶员跳下来，拿着一把大铲子开始将满地的落叶装上车厢。这点事儿，来一个手推车就能搞定，至于弄那么大一个拖拉机来？这个嘛，欧洲人工贵，机器反倒不值钱。

在这个位于哈尔施塔特对岸的村子里，我坐在湖边的一条木椅上，静静地品味着朝阳慢慢抚过我的面颊的感觉。平静的湖面上，是色彩斑斓的山林的倒影。旁边有一座小小的木桥，从桥洞看过去，是可爱的木屋。与淡雅的中国乡村相比，这里多了一份浓烈和醇厚。

最近几年，哈尔施塔特的居民很是忧郁，他们的烦恼来自中国。事情的起因在于广东某开发商宣布，要原封不动复制哈尔施塔特于广东某市。以此为蓝本，将建成中国最美的别墅小区。为了宣传，开发商还煞有介事地派出测绘人员若干，前往哈尔施塔特小镇实地测绘。

　　对开发商准备复制这个小镇，他们感到非常不解，也很生气。他们担心，随着山寨版的哈尔施塔特出现在中国，他们的小镇就不再是这个世界的唯一了。当时，在讨论此事的镇居民大会上，有人甚至极端地提出，如果中国复制我们的哈尔施塔特，那我们就在后面的山上也复制一座中国长城！

　　其实，哈尔施塔特人大可不必把中国开发商复制小镇的传说太当一回事。那本来就是一个商业炒作而已。你越在乎，开发商就越高兴。哈尔施塔特之所以成

哈尔施塔特民居

为哈尔施塔特，是机缘巧合，更是历史的沉淀，有着极其深刻的内在气质。这些岂是充满铜臭的商人所能模仿的？

　　阳光下，哈尔施塔特显得非常立体。鲜花簇拥的窗户，令人想入非非。这里气候温暖，一年四季都适宜旅游。这座在险峻的斜坡和宝石翡翠般的湖泊间伫立的湖畔小镇，到处可见童话般清幽美好的住宅。

　　在前工业时期，境内满是崇山峻岭的奥地利并不是一个农业特别发达的国家。但是，奥地利有资源，其中之一就是盐。实际上，不少专家认为，哈尔施塔特

（Hallstatt）这个地名中的 hall，就是源自古凯尔特人语言中的"盐"。

此地对盐的开采，可追溯到公元前 2000 年左右。正因小镇背后的山中出盐，人们才开始定居于此。这个地区的盐，曾经是奥地利皇室重要的财政来源。

在这个季节，万山红遍，景色迷人。哈尔施塔特的秋天，是浓烈的、缤纷的、大气的、温暖的。所有那些貌似普普通通的山谷、湖水、木屋、黄树、小巷组合在一起，构成了一个世间最美的画面。这就是这个精致到极点的小镇的魅力。那

哈尔施塔特

哈尔施塔特

么它有多大呢？你要是腿脚足够利索的话，十分钟就能走完它。但是，在这个被誉为"世界最美湖畔小镇"的地方，简单地到此一游，是可耻的！

湖面四周都是陡峭的山。能用于建筑的土地，少之又少。凡是能修房子的地方都没闲着。由于平地太少，墓地狭小，这里去世的人，每过十年尸骨就要被挖出放进罐中，为新的死者腾出地方。当地小教堂陈列着头颅骨，上面标有主人的姓名、职业和死亡日期。

漫步在鲜花盛开的小道，走过一扇又一扇门，恍若观赏着一个又一个的古老

传说。接踵比肩的小木屋，古朴而神秘，温馨又浪漫。小猫慵懒地趴在窗台上晒太阳。鲜花装饰着窗户。女孩与狗从巷子的另一端悄然而过。当地的灯笼，造型与中国的略有不同，挂在湖边的树上，别有一番风味。不知为何，让人看了竟有一丝小小的怅然。

　　在镇上逛了一阵后，准备去后山上看看。秋天没什么游客，通向高山盐矿的缆车不开。上山的路很陡，爬到半山腰，那里有一个亭子。俯瞰下去，是那山，

哈尔施塔特小镇建筑

那林，那湖，还有那镇。小镇的中心，有一棵金黄的树。刚才在镇里时，我还在这棵树下拍了照呢。屋顶的色彩，很是淡雅。阳光牵着时间的手，慢慢从哈尔施塔特的木屋顶上滑过。极富情调的光影，投射到湖畔小教堂尖顶上金色的十字架上，熠熠闪光。镇边上是那一潭秋水，蓝得很纯洁、很投入。置身于如此仙境之中，任何浮躁的心灵，都会被涤荡一净。

　　在亭子里待了一两个小时，拍了不少的照片。我绝不敢说我拍的哈尔施塔特质量有多高，但至少，我的图片有着鲜明的特色，因为我将自己的一片真情倾注

哈尔施塔特小镇的索道

哈尔施塔特小镇船影

其中。某种意义上甚至可以说，我是用自己的生命在摄影。

下得山来，在镇口上一家小小的烤鸡店里买了一只烤鸡和饮料，坐在店门前小桌椅上狼吞虎咽。很快便吃完了，仍感意犹未尽。湖边的风光美妙精致，有这样的美景佐餐，难怪胃口大开啊。

小镇共有本地居民 1000 人左右。他们酷爱艺术，很多人都开店出售自制的手工艺术品。瞧瞧那些自制的小泥人儿，憨态可掬，可爱非常。也许秋天不是旅游的旺季，我呆在这里的那一天，看到的游客不超过 30 个。

小镇的背后是陡峭的阿尔卑斯山，暖暖的阳光，柔柔的山风，给人一种飘飘然的美好感觉。我在码头边的小石阶上找了一块能晒着太阳的地方，半坐半躺。迎着和煦的风儿眯缝着眼，阳光就如一片轻轻的、小小的羽毛，撩拨着我慵懒的心。

哈尔施塔特小镇

° 哈尔施塔特

° 哈尔施塔特

° 哈尔施塔特

我在想些什么？不知道。也许，就是这样的空白，达成了内心深处的某种诉求。

这个时候，小镇异常宁静，视野之内几乎没有游客。哈尔施塔特的那条电动小白船正悄然驶向湖心。对岸的红树林中，火车长长的橘红色车身正在逶迤驶过。

这就是我的哈尔施塔特，一分淡定，几丝惆怅。在我的记忆中，这貌似平淡、什么都没做的一天，注定将凝固为永恒。

8. 奥地利北部，欧洲最美的乡村之一

奥地利北部上奥地利州的乡村公路，双向两车道。在这种不算宽的道路上，天雨路滑，来往的车辆居然时速还在 90 公里-120 公里之间。这么快？安全吗？安全！所有的车都严格遵守交通规则——这就是安全最可靠的保障。在欧美开车，人人都将遵守交规当成驾驶的一个习惯性组成部分了。一旦你按照中国的开车习

○ 乡村公路

惯乱来的话，老外根本就没有防范意识，出事的概率非常大。因为很可能他一辈子都不会见到中国道路上的那些乱变线、乱超车、乱占道、有空就钻等等恶劣的驾驶方式，所以就几乎没有经验作出正确的反应。

这里是欧洲最美的乡村之一。静静地待在这里，会感受到一些非常奇特的东西。虽因霏霏细雨，通透感不强，能见度不高，但仍能看出，沿线风光旖旎迷人，干净、整洁、个性、富裕。路上，村里的房屋，排列有一定之规，却又不显死板。普通农家一般都会用栅栏把自家院子围起来，湿漉漉的，散发出浓郁的乡村气味。在同一个村子里，你很难找到两幢式样相同的房子。雨中的村子，被一种静谧的氛围所包围，几乎看不到人。

奥地利的官方语言为德语。行驶在奥地利的乡村路上，如果你英语和德语不够好，看到路牌、村镇名字，那还没什么，反正都是一堆不认识的字母，对你来说没有任何意义。但是，如果你不会德语，而英语不错、抑或很好，那我要提醒你：你可要 hold 住哦！否则，你会发现炸雷一个接一个地在你头顶炸响。

我听见那边有朋友在发出嘘声了——会英语不会德语，那不是很正常吗？hold 什么 hold？咱又不用去考德语四级！

得，咱就是一老好人，咋敢忽悠各位呢？好吧，我就把在一个奥地利小镇上见到的旅馆名字拿出来，和大家共赏一下——Hotel Die Post。是的，您没看错，这就是旅馆的名字。啥意思？死柱子宾馆？死邮局酒店？或者……看到这样名字的宾馆，您愿意进去住吗？Hold 住，Hold 住……咱中国人做什么都讲究一个彩头，谁会愿意去一个以"死"来命名的宾馆住呢？

但是，且慢！

德语的 Die 还真不是"死"的意思。Die 是德语的定冠词，相当于英语的 the。区别是英语只有一个定冠词，而德语的基本定冠词有三个，即：Der、Das、Die。分别代表所修饰名词的词性是阳性、中性、阴性——例如，"这个女人"显然是阴性了，就是 Die Frau，相当于 The woman。

列位看官，我掏心窝子跟大家说一句话：和德语相比，英语真不难啊！这个世界上，英语绝对属于最简单的语言之一。就其语法而言，它甚至比您熟悉的汉语还要简单许多……

我上面这段关于德语、英语和汉语谁更难的长篇大论才刚起个头呢，就听见台下一片哗然，这个"靠"过去，那个"靠"过来的。反正一言以蔽之，谁让咱

学外语，谁就不地道——就算要逼咱学英语，也不能逼咱考级啊；就算逼咱考级，也不能考不过四级就不让咱大学毕业啊！

不妨再问一下，在英语中，最接近这个"靠"的，是哪个词？

答案是：Fuck。

说起这个英语单词，在奥地利北部的上奥地利州毗邻德国巴伐利亚的地方，有一个名叫 Fucking 的著名小村，不知您听说过没有？

此德语的 Fucking 非英语的 Fucking！在德语中 ing 表示人们的意思，Fuck 来源于姓氏 Focko 的变形。连在一起，德语的 Fucking，其实就跟我们中国的"张家屯"、"刘家村"之类的一个理儿。

小镇

Fucking村

该村因名字诡异、特殊，吸引许多观光客前去，在写着镇名 Fucking 的路标旁照相留念。该村村长对媒体说，虽然当地居民很欢迎观光客莅临，但常有游客把那个路标偷回去当纪念品，令他们不胜其扰。Fucking 这个村名已有 800 年历史。古代时，由于交通不便，当地居民很少与外地交流。当年，当地就算有人会一点英语，也不至于精通到能理解英语中 Fucking 含义的地步。一直到 1945 年，大批美、英大兵驻守该区后，当地居民才逐渐知道这个单词在英语中是什么意思。今天，如若你去 Fucking 村，问当地老百姓这个名字是什么意思的话，他们多半会面露羞涩，低头笑而不语。

03

捷克：
最令人窒息的美丽

就时尚领域而言，波希米亚风格的精髓是什么？

很多人会说，波希米亚风格就是流浪，具有吉卜赛人那种流浪的精神。可是，流浪一词似乎并未抓住波希米亚的本质。波希米亚大地上，吉卜赛人从来不是主流族群，然而今天的波希米亚时尚风格却往往与吉卜赛人扯上了关系。其实，波希米亚风格试图追寻的不是吉卜赛人流浪的足迹，而是他们对自由的追求，是他们在浪迹天涯的旅途中形成的生活哲学。

自由，叛逆，这是我对波希米亚的理解。哪怕你采用的是非洲的、或印度的、或南美的饰物，只要你表达了对自由的极度向往、对腐化的主流社会的极度挑战，那么你就完全可以大声疾呼——我这就是波希米亚！

1. 波希米亚的CK小镇，一场致命的诱惑

从奥地利的哈尔施塔特驱车北上，深夜抵达捷克的南波希米亚小镇 Cesky Krumlov（简称 CK），找了一家具有浓郁波希米亚风格的小旅店住下。CK 是公认的世界最美的几座小镇之一，它于 1992 年被联合国教科文组织列为世界文化遗产。

第二天清晨，冒着凛冽的秋风独自漫步在小镇空无一人的小巷。远处的山梁被薄薄的雾霭笼住。坡下缓缓流淌的是捷克的母亲河——伏尔塔瓦河（the Valtava River），CK 小镇就在这条河的河湾突出位置上。

伏尔塔瓦河河道不宽，水流舒缓，从南往北流去，顺河而下便是捷克的首都布拉格。红色的屋顶，白色的墙体，黄色的树叶，统统都漂浮在这一厢秋水之中，盈盈荡漾。真是无法想象，捷克的这条母亲河，竟然如此狭仄、平缓、纤细、孱弱，举世闻名的波希米亚文明就是靠这条小小的河流孕育出来的吗？

波希米亚这个词，当它作为地理概念和时尚概念时，分别有着不同的内涵。地理上的波希米亚是指捷克中西部的大片土地，其中心就是首都布拉格。在这片土地上曾经有过一个古老的波希米亚王国。如今，在捷克语里，尤其是在具有古老文风的用语里，波希米亚人常常是捷克人的同义词。

这个时候才早上 8 点，住在小镇的游客大多应该还在吃早餐，而大巴拉过来的旅游团还奔波在路上。此刻正是慢慢享受小镇优雅而娴静的氛围的大好时机。

镇口一座小小的天桥是进入小镇的通道。镇里红屋顶上的烟囱，吐着袅袅的炊烟，一切都显得恬静、祥和、灵秀、精致。在这里，生活更多地是处于一种顺其自然的慵懒状态。正是这状态，对那些来自拥堵、忙碌、充满污染的大城市的人有着某种致命的诱惑。

矗立在对岸悬崖边上的彩塔的学名叫彩绘塔。此塔不但是 CK 小镇，而且也是整个捷克的标志性建筑之一。塔身上的彩片，看起来像贴上去的彩色瓷片，但其实都是油彩画出来的。彩绘塔所在的城堡，据说规模非常大，在捷克仅次于布拉格城堡。

由于 200 多年来远离现代文明，几乎没有受到工业革命的影响，CK 的街道和建筑都保存着中世纪的风格。小巷古朴而幽静，墙面鲜艳又淡雅。当看到房东用一些完全算不上名贵的鲜花装点在自己的窗台和阳台上时，你会悄然意识到，原来波希米亚就是那么简单，简单中的放浪不羁。

不一会儿，登上彩绘塔所在的城堡。彩绘塔前的院子里，陈列着一排古老的

CK小镇斑驳的建筑

© CK小镇秋叶满地

大炮。旁边还立着牌子，写着当年为什么要修建这个城堡，是谁谁谁修建的，云云。内院另一头出去，是一个建在山崖上的廊桥。从这里的垛口俯瞰下去，立即便被小镇所展现的一幅又一幅绚烂的图景所感动，那是由波希米亚人用他们自由的天性、天生的热情以及火焰般燃烧的想象力所绘制的。小镇秋色阑珊，红顶黄叶，令人陶醉。这是令人激动的时刻。面对如此秀色可餐的美景，我和旁边几位游客一样，按捺不住火热的激情，趴到垛口上，冲着山下快门摁个不停。

在悬崖顶上的城堡廊桥上待了差不多一个半小时。除了拍照，就是坐在那里，什么也不做，什么也不想，眺望着山下的红顶小镇傻傻地发呆。山顶上风很大很凉，我穿着羽绒服都扛不住了，只好取道从山背后下来，回到伏尔塔瓦河边的小木桥。

从小木桥上看出去，伏尔塔瓦河河水黛绿，活泼欢快，充满生机。据说，夏天的时候，游客还可以租一条小皮艇在河里划划。如果你体力够好的话，你完全可以顺着这条河一下就划到布拉格去，到布拉格去看你心爱的姑娘，如果你在那

CK小镇全景

儿有相好的话——什么？你在布拉格没相好的？那你还费老鼻子劲划小艇去那儿干吗？赶紧地，小艇老板叫你回去吃饭，顺便把艇给人还回去！

CK最有特色的饭馆是以烤猪肘而出名的洞穴餐厅，不过被旅游团订满了。

小广场边上有一家上海餐厅，干脆咱就吃中餐好了。进了餐厅，点了烤鸭配米饭，90克朗，约合人民币30元。味道就不必太苛刻了，肯定不是北京烤鸭那味儿。

上海餐厅的老板是一个胖胖的中年男子，还真就是上海人。据他说，他是1990年左右过来的，那会儿正是捷克斯洛伐克闹着变天的时候，国家正乱，对外国人进来也就相对比较宽松。

"那你入籍捷克了没有啊？"

"没有，我还打算回国呢。"

"回去干嘛啊？现在国内生活节奏多快，压力多大啊。"

"但国内机会多啊！刚来那会儿，国内不怎么开放。没想到后来国内改革开放的力度比捷克大得多，听我在上海的亲戚说，上海挣钱比捷克这边容易得多。"

这时已是吃饭时间，这家上海餐厅却没什么客人。也许，对老板来说，回国经营真的是一个不错的选择。

从前，赶着带篷马车、唱着歌跳着舞、在欧洲大陆上四处流浪的吉卜赛人虽然居无定所，也没有固定职业，但他们却常被误认为是波希米亚王国的子民。现在看来，这种观点并不完全正确，至少我在意大利和罗马尼亚见到的吉卜赛人，就远远比在捷克看到的要多。

然而，波希米亚这片土地似乎却深受吉卜赛人影响。波希米亚人好像也染上了吉卜赛人那种奔放自由的气质，时时处处透着一副漫不经心与闲散自在。CK的房屋，很多墙面都不平整，甚至连两面墙相交的那条直角线都不是垂直的，让人看了都心里替它们捏一把汗。这和波希米亚的风格有关系吗？也许吧。这种散漫的气质，很容易造成人们对捷克人的误解。实际上，波希米亚人也有他们异常严谨的一面。正是靠着这种严谨，他们才能在欧洲独树一帜，其科技和工业之发达，在曾经的奥匈帝国内占据了70%的份额；在两次世界大战之间，捷克一跃而成世界工业十强之一；在二战结束后的几年间，它的工业全球排名第六，仅次于美、苏、英、瑞士、瑞典。

这就是地理上的波希米亚与众不同、佼佼不群的特征：既浪漫又严谨。

浪漫和严谨，是一对非常不容易整合在一起的气质。意大利人够浪漫，但在近代史上他们却从来没有挺直过腰板，经常沦为国际笑话中被取笑的角色；德国人够严谨，其科技倒是很发达了，但他们处理感情问题，却往往喜欢使用量化公式，譬如说，50 克玫瑰 +100 克巧克力 +10 分钟约会 = 浪漫。

。CK小镇街道民居

这天，仿佛在小镇待了很久很久，又依稀只是逗留了一瞬间。镇头的那家鲜花店都下午了还不开门。也用不着开门，没有游客前来。伏尔塔瓦河静穆而又美丽，红色的屋顶在丝丝涟漪中轻轻荡漾。在这个远离尘世的地方，人们不急不缓地按着自己的节奏在生活。我想，他们的幸福指数一定会很高。

在铺满金黄落叶的河边小路旁，立着一个旧旧的木制小信箱，不知它属于哪

静静流淌的伏尔塔瓦河

一家。如果要给我写信的话，就寄到这个小信箱里吧，我会抽时间来取的。

捷克首都布拉格的英文是 Prague。但在捷克的路牌上，你绝对看不到 Prague 这个单词，就像你在奥地利的路牌上绝对看不到维也纳的英文名字 Vienna 而只能看到其德语名字 Wien 一样。

如果到捷克，请一定记住，Praha 这五个字母，才是布拉格的捷克语名字。

从 CK 到布拉格的公路是狭仄的双向两车道，限速 100 公里 / 小时。你可以想象一下，双方车辆都以 100 公里时速（即相对时速 200 公里）会车时的那种呼啸而过的感觉。如果是卡车与你交会，你会明显感觉自己的车在晃。底盘不扎实的车在这种路上会车，一准儿会被气浪掀翻。

在欧洲，碰见修路限行，会是什么样子？还真就碰见了。走着走着，就看到前面的车乖乖地排起了队，我当然也跟着排队。对面车道上，一会儿有车一会儿又没有。凭经验我知道，双方车道都被限制放行了。但是，我们这边排队的车，却没有任何一辆超车！大家都跟着队伍走走停停。很快就到了堵车点，原来在修路。

轮到我时，临时交通灯从绿变红，于是，我就排在了整个车队的最前面，静静地停在那里，我的后面是长长的车龙，没有任何一辆车试图插队加塞！这边长长的车队就这样在红灯面前等了约 5 分钟，而对方车辆则鱼贯而来。随后，绿灯亮起。我们这边出发，而对方车辆又乖乖地排起了长队。这么繁忙的路段，那么多车，虽然单边放行，但我却感觉并没堵多久。大家都按规矩办事，反而整体效率得到极大提高。

在那个深秋的夜晚，顺着捷克链条一般顺滑的公路，我驾着那辆 Opel 柴油旅行轿车，期期然就进了美丽的布拉格。跟着 GPS，没费什么周章就找到了预订的那家酒店。

▶ 2. 歌德如是道："布拉格是欧洲最美丽的城市。"

去过布拉格的中国游客，都喜欢将大把的形容词堆砌在这座城市身上：优美，苍老，深邃，宁静，魔幻，浪漫，或者种种。而尼采则说："当我想以一个词来表达音乐时，我找到了维也纳；而当我想以一个词来表达神秘时，我只想到了布拉格。"

等车的时尚中年女子

布拉格神秘吗？在慢慢寻找答案之前，先简单地介绍一下捷克吧。

捷克是中欧地区的内陆国，其前身为捷克斯洛伐克（1993 年捷克和斯洛伐克两国和平分离）。捷克共和国东连斯洛伐克，南接奥地利，北邻波兰，西与德国相邻，面积 78866 平方公里，人口 1050 万。捷克的货币是捷克克朗（KC）。当时的汇率，1 元人民币大约等于 3 克朗，1 欧元大约等于 25.5 克朗。

捷克的英文名称为 Czech Republic。

在布拉格，计划是把车停在酒店，乘巴士或地铁到市中心，然后，交通基本靠走。布拉格的观光点十分集中，步行半天之内就可逛完它们。但是，面对这座具有上千年历史的城市，面对这座即使在口味甚高、喜欢挑剔的欧洲人眼中也是最美丽、最有韵味的城市，你怎么可能、怎么忍心只为它付出半天的时光呢？

车站就在宾馆门口，公交车顺着伏尔塔瓦河边行驶十分钟后，就到地铁站。地铁的自动售票机上全是捷克语，害得我站在售票机前着实研究了好一会儿，才敢往里投硬币。

地铁票价每人 24 克朗。进站和上车都没人验你的票。

啊？没人验票？那咱干脆逃票咋样？有人也许会这样想。

进去时是没人验票，但人家经常会流动查票。一旦查到逃票，那就惨了——罚款金额高得足以让你乘坐几年的地铁了！怎么样，还敢说逃票不？小样儿！

我乘坐地铁 A 线到 Staromestska（旧市政厅）站下车。只要找到这个地铁站，就算找到布拉格的心脏了。血液从这里开始，流向布拉格的每一个角落。

Staromestska 地铁站外面，波希米亚之风迎面扑来。紧挨着这个地铁站的广场曾经叫作红军士兵广场，那是为了纪念 1945 年 5 月在攻占布拉格期间阵亡的苏联士兵。不过它现在的名字是杨帕拉广场（Jana Palacha Square）。杨帕拉是 1969 年 1 月 16 日在布拉格的瓦茨拉夫广场（Václavské Square）为抗议苏联军队

。布拉格秋色

对捷克民主运动的镇压而自焚的一位青年学生。

前面介绍过，苏军曾经镇压了爆发于 1956 年 10 月 23 日的匈牙利民主革命，并杀害了两千多匈牙利人。12 年后的 1968 年，苏军再次出动，对当时的捷克斯洛伐克共和国实施雷霆一击。这么说吧，在 1956 年和 1968 年，匈牙利人和捷克斯洛伐克人分别在苏联人的刺刀下，被迫又都回到了社会主义道路，这一局面一直维持到 1990 年前后的苏联、东欧剧变。米兰·昆德拉荣获诺贝尔奖的小说《生命不能承受之轻》便是以当年苏军进占布拉格、捷克知识分子大量逃亡西欧为背景，讲述的一男两女的爱情故事，并在他们的情感交织中带出了作者对政治、文化、人类生命的反思与嘲讽。

杨帕拉广场的西侧毗邻伏尔塔瓦河。马内斯桥将杨帕拉广场与对岸的布拉格小城连接起来。从广场这边看过去，对岸佩特任山上的布拉格城堡就像一艘航行在一片由红色屋顶构成的海洋中的巨舰。

200 年前，德国诗人歌德如是道："布拉格是欧洲最美丽的城市。"

布拉格素有"百塔之城"的美称。市区内,高高低低的塔尖,毗连成一片塔林。如果有阳光,众多的塔尖就会显得金碧辉煌,因此人们又将这座美丽的城市叫作"金色布拉格"。市区那些带有尖塔或圆顶的古老建筑物,无论是罗马式、哥特式、巴洛克式,还是文艺复兴式,都完好地保存着。这是一座虽然略显破旧,却总能让人一眼就识别出其高贵出身的城市。

我在布拉格的第一天天空没有太阳。但是,密布的阴云依然无法抹去布拉格柔美的身姿。并非所有的阴天都令人郁闷,大美如布拉格这样的城市,不同的天气和不同的日子仅仅意味着它向人们展现魅力的侧重点有所不同而已。

像欧洲其他著名城市一样,旧城区才是布拉格的精华。据说,在布拉格的旧城,不分白天黑夜,总是游荡着数以万计的外国游客。旧城区的北部是布拉格著名的犹太区。我对犹太文化没什么了解,所以没去这个区域。

但是!布拉格犹太区却有一个人像一座高山似的横亘在所有人眼前,让全世界都无法忽略他的存在,他就是现代主义文学的三大鼻祖之一弗兰茨·卡夫卡(Franz Kafka)。

对于布拉格,卡夫卡意味着什么呢?就世界文学来说,奥地利作家约翰内斯·乌兹迪尔(Johannes Urzidil)绝对渺小到可以忽略不计,但他关于卡夫卡的一句判断,却令其名垂青史:"卡夫卡就是布拉格,布拉格就是卡夫卡。"这也是今天布拉格打造其城市名片时,用得最多的一句话。

布拉格是一座阴柔的城市。地处欧洲中心的位置,让它很难得到安宁。瑞典人来洗过劫;拿破仑带领法国人来扫过荡;希特勒的纳粹来施过暴;而当捷克人希望决定自己的命运时,苏联军队从天而降,控制了整个国家。在所有的侵略者面前,波希米亚人(后来他们的学名叫捷克)从来没做过认真的抵抗,他们总是稍摆姿态就急匆匆地投降了。

捷克曾经有着极其发达的军火工业,但他们设计和生产武器的目的是用它来卖钱,而不是拿它来直接杀人。孔子曾经曰:你可以吃肉,但"君子远庖厨"。捷克人生产了很多的杀人武器,但他们极少亲自用这些武器去侵略他国土地、虐杀他国人民。波希米亚的后裔以某种迂回的方式,完美地演绎了孔夫子的观点。

捷克人的阴柔,就体现在这里。他可以不怎么抵抗,也可以不怎么流血,却在弱肉强食的欧洲始终保持住了自己民族和国家的完整性。其以柔克刚的段位,当在九段以上。

马内斯大桥西侧桥头边上的小树林里有这么一道墙，上面满是涂鸦，很有味道。从前，我中学的英文老师 一直让我对英文有一个误解，觉得西方的字母文字基本上谈不上什么书法艺术——就那么弯弯扭扭整几下所谓的花体，难道还敢叫书法不成？后来真到了西方，真就看到了字母所构成的图案，这才意识到，简单的字母实际上也可以达成不那么简单的艺术表现力。文字或字母能否构成艺术的关键，不在文字或字母本身，而在于焕发出奇思妙想的那颗脑袋。

布拉格城堡山脚下，红顶黄墙的房子，再配上绿色的小草、金黄的树叶，简直就是一顿视觉大餐。深邃又平静的小巷里还有一家瓷器店。花花绿绿的，煞是好看。不过对于中国人来说，还会有什么瓷器能给我们惊喜之感呢？从瓷器店出来，我的目光像被某种神奇的力量抓住，一下就转向了不远处的另一条小巷。在那里，路两边的墙上分别挂着牌子，让人无法忽视。

左边便是传说中的好兵帅克餐厅。而在餐厅的对面，则是布拉格的城市名片所在地：卡夫卡博物馆（KAFKA Museum）。

卡夫卡博物馆门前的喷水塑像

进了博物馆小院，首先看到的是两个站着撒尿的塑像。这两尊胯部能旋转的撒尿塑像，在网络上赫赫有名。遗憾的是，很多人注意到了他们，却忽略了在他俩后面的卡夫卡。

这个博物馆于 2005 年建立。这意味着布拉格已经彻底地接纳了这位实际上属于奥匈帝国的犹太人，也意味着布拉格赋予了一直陷于身份危机中的卡夫卡以布拉格市民的身份——但这是卡夫卡所愿吗？

3. 波希米亚的性格中没有阳刚二字

捷克和斯洛伐克曾经分分合合，有着一部极为复杂的"婚姻史"。先是它俩都呆在同一个帝国（奥匈帝国）里；一战之后帝国分崩离析，它俩自由组合在一起，成立了捷克斯洛伐克国。二战中，纳粹德国将其分开。战后它俩又结合在一起，直到 1993 年再次分开。

。布拉格的红色屋顶

　　占着中欧地区黄金地段的捷克与斯洛伐克这哥儿俩可以说是一对传统的难兄难弟。《左传》曾云："匹夫无罪，怀璧其罪。"意思就是你要当一个小老百姓是没问题的，但是，你不该既当老百姓，又在兜儿里揣着金银财宝——那不是勾引人家找茬儿抢你吗？

　　历史上的欧洲是个什么样的地方？

　　当时，在今天捷克和斯洛伐克这块地盘的周围都是些什么人？南边有罗马人，西边有日耳曼人，北边有维京海盗和瑞典人，东边先是有来自亚洲的游牧民族如匈奴（被汉武帝刘彻打过去的）、突厥（被唐太宗李世民打过去的）、蒙古（自发过去的）等，后来则有日益崛起的俄罗斯。这里我还没提来自东南方向的奥斯曼土耳其人和西南方向的法兰克人呢。

　　捷克这块地方，欧洲人最先给它的乳名是 Bohemia，也就是波希米亚。欧洲的历史非常复杂。简单点儿说，历史上，难弟斯洛伐克不断被匈牙利人蹂躏与霸占，而难兄波希米亚则常常被来自西方的日耳曼人饱以老拳。

　　我朝着查理大桥西桥头的大致方向慢慢而去。这时，就听见前方传来"得得得"的清脆声响。

秋日下的布拉格

布拉格街景

是谁说布拉格神秘来着？哦，是尼采。可不是咋的！这不，两个骑着高头大马的布拉格女巡警，面带神秘的微笑，在最意想不到的时候，翩翩然就来到了我眼前。

转过街角来到查理大桥桥头，吃了一惊。俩黑人水手站在街边，露出两口大白牙，灿烂地笑着。不会吧？美国海军都开到伏尔塔瓦河上来了？这两个黑人"水手"，实际上是 Boat Trip（游船）业务的招徕员。

接着回来说捷克和斯洛伐克的故事。

后来，波希米亚、匈牙利、斯洛伐克等殊途同归，居然就都走进同一间包房去了。当然，它们能坐在同一间包房的同一桌宴席上喝酒吃饭，多半非本意，而是因为请客的那位名叫奥地利的主儿肌肉太强、势力太大，哥儿几个不敢不给面子。

以奥地利为首的那间包房，名叫奥匈帝国。关于它的业务，我在前面的匈牙利和奥地利部分已经唠过不少。这里，咱就单表表包房里的几位主要人物。

请客的奥地利并不是出钱的主儿。奥地利的哈布斯堡家族是欧洲最古老、最正宗的皇族，从来都是它找别人拿钱，哪儿有它往外掏钱的事儿？凭着高贵的出身和丰富的营运经验，它负责召集大家坐在一起、在一个锅里吃饭。简单来说，它是老大。

匈牙利也不愿掏钱。前面说过，不管是传说中的匈奴人还是其官方所说的马扎尔人，反正匈牙利人的祖宗是从亚洲过来的游牧民族。你想找它拿钱？那真是老鼠给猫拜年。

这么说吧，在这桌宴席上，奥匈这哥儿俩就没打算过要掏一分钱——他俩是来融资的而不是来投资的。

这桌上有两个姓斯的，一个叫斯洛伐克，一个叫斯洛文尼亚。斯家这两位都是苦主啊。斯洛伐克是跟着匈牙利嫁过去的，连直接跟老大奥地利对话的权利都没有。斯洛文尼亚情况稍好，因为有了它和它南边的克罗地亚与黑山，奥匈帝国才成为一个临海的、有海军的帝国。一战之后，奥地利失去了包括斯洛文尼亚在内的巴尔干地盘，从此彻底沦为内陆国家。

奥匈帝国的包房里面，还有一位客人，名叫波希米亚，也就是后来的捷克。波希米亚不是来融资的，它也没长那块用来融资的肌肉。这么说吧，波希米亚的性格特征中，从来就没有阳刚二字。它展示给世人的是一种摄人魂魄的、阴柔的美。但它也不是像两斯那样的苦主，因为在这桌酒席上，它所握有的经济实力占所有出席国家经济力量总和的 70%。

好吧，我相信各位看官都瞅明白了：波希米亚就是这一群白吃白喝的家伙所依赖的金主。

啊？波希米亚这些钱是哪儿来的？

在 19 世纪上半期，工业革命在以布拉格为中心的波希米亚蓬勃推进。在很短的时间内，由于布拉格旁边有着铁矿和煤矿，更由于波希米亚地区高度发达的教育，波希米亚就成了欧洲最重要的工业中心之一。

奥匈帝国敢于举国投入那场最终让自己分崩离析的第一次世界大战，是因为它觉得自己是综合实力很强的国家，尤其是与当时其主要对手俄国相比。这个信心，很大程度上是由帝国境内的波希米亚给它的。波希米亚有着即使是在世界范围来看也是非常发达的工业，特别是军事工业。

但是，虽然奥匈帝国有了足以自傲的工业，但它却没有伟大的毛泽东。茜茜公主的老公弗兰茨·约瑟夫皇帝恐怕根本不会理解毛泽东的名言："决定战争胜负的最主要因素是人，而不是一两件武器。"所以帝国失败了。

一战之后，波希米亚独立了。那一刻，它还顺带把斯洛伐克揽入怀中，新的国家叫捷克斯洛伐克。波希米亚终于可以当自己的家、作自己的主了！而且这个家还是那么的殷实。要知道，当时的捷克轻轻松松就跻身于世界工业强国前十名之内。一时之间，捷克的前途变得既绚丽又多彩。

那个时代的中国人，对捷克并不陌生。

举两个例子。第一个，中国内战时期，国共双方的军队大量使用捷克造枪械，譬如捷克式轻机枪，就是当时中国军队的制式装备之一；另一个例了，二战中的德军，在侵略并攻占法国的战役中，其三分之一的坦克产自先前已被德国侵占的捷克斯洛伐克。世人都知道纳粹德国靠着闪电战横扫西欧，但是你可能不了解的是，德军中相当一部分军人使用的是捷克造武器。

曾经的捷克很发达，那么现在呢？再举一个今天的例子吧。据主流媒体报道，捷克科学家首先发明了能探测美国隐形飞机的雷达。

捷克，一个曾经创造过辉煌工业文明的国家，一个诞生过德沃夏克、斯美塔那等音乐巨匠，卡夫卡、米兰·昆德拉等文学大师的国家，是绝对值得我们细细品味的。

▶ 4. 捷克的卡夫卡气质

从查理大桥桥头往城堡方向，是布拉格小城区广场。这一路，都是那种碗口大小的石块铺成的路，石块与石块之间露着稀稀的缝。路边的建筑具有某种明显的奢华气氛。远远地可以看到小城区广场上方有两个绿色尖顶的建筑，那是把广场一分为二的圣尼古拉教堂。广场四周那些不同风格的建筑居然能够在如此狭小的空间里和谐相处，令人不由得对布拉格的设计师充满想象力的创意大加赞赏。

小城区广场是有轨电车的主要停靠点，交通极为方便。熙熙攘攘的游客汇集

布拉格 怀旧

于此，煞是热闹。从小区广场到布拉格城堡那个坡道，两边是密密的古典风格的建筑。在这里，恍恍惚惚你会产生一种错觉，觉得自己正漫步在鼎盛时期的波希米亚的首都布拉格。

城堡外面，是一个游人如织的观景平台，在那里可以远看布拉格。

这绝对是一个谋杀相机胶片和数码内存的地方。山下的布拉格，红色的屋顶和山丘上的金黄树叶交相辉映，构成了秋日最绚烂的图画。从屋顶上的各式小天窗，大致可以看出它是哥特式、巴洛克式或文艺复兴式。观景台旁边，有一家在秋景映衬下的露天咖啡馆，里面坐满了人，其中大部分都是一对对的情侣。在这

。布拉格街头艺人

。布拉格美女

种地方，品的不是咖啡，而是一份心情。

布拉格城堡主要由圣维特大教堂和大小宫殿组成。

圣维特大教堂是布拉格的地标性建筑，关于它，有着许多的传说和故事。这个教堂的建筑非常有特色，对欧洲后来的教堂建筑产生了很大的影响。此前在维也纳参观过的圣斯蒂芬大教堂，就从圣维特大教堂获取过设计灵感。圣维特大教堂的彩窗玻璃是一大看点，如果进去参观，万万不可错过。

圣维特大教堂旁边的建筑，是总统府，这里是总统办公室与国家机关所在地。总统府门前是一水儿的斯柯达明锐轿车，在中国市场上也就卖 10 多万人民币吧。

圣维特大教堂内部

斯柯达原是捷克品牌，它历史悠久、身世显赫。100 年前，当斯柯达轿车广泛作为欧洲最显赫的哈布斯堡皇族的皇家用车之时，英国的劳斯莱斯还只是一刚起步不久的小铁盒子而已。现在斯柯达品牌已经卖给德国大众公司，被当成低端品牌。

圣维特的后面，是一个大院子，院子里有圣乔治女修道院，这是波希米亚的第一座女修道院。旁边是圣伊日教堂，这个教堂是布拉格之春国际音乐节的演出场地之一。据说，它的音响效果居布拉格所有教堂之冠。

这个院子的背后，就是著名的黄金巷。

一说到黄金巷，就不能不提卡夫卡了。

"卡夫卡就是布拉格，布拉格就是卡夫卡。"这是今日布拉格的城市名片。卡夫卡 1883 年生于布拉格，1924 年卒于维也纳，终年 41 岁。但是，1989 年以前，

圣维特大教堂

布拉格人几乎从来没听说过卡夫卡。卡夫卡出生并成长于布拉格，但布拉格却在将近100年的时间里没有承认卡夫卡是布拉格人。卡夫卡是那种典型的生前潦倒、死后成名的伟人。在世的时候，卡夫卡寂寂无名，不值得布拉格专门向他投去关注的目光。

卡夫卡去世20年后，浸透在他作品中的那份孤独、无助、彷徨、绝望才激起了西方读者的极大共鸣。于是，九泉之下的卡夫卡成名了，他一跃成为现代文学巨匠，他的文学地位与日俱增。

奥地利人坚持认为卡夫卡是自己的同胞，因为他是奥匈帝国的臣民，且他成年后主要在维也纳工作。甚至德国人也将卡夫卡引为同胞，因为他用的是德语来写作。然而，卡夫卡的真正故乡布拉格却不承认他。这就是卡夫卡的悲剧：在这个世界上，他是一个漂浮的、没有身份的人。

直到1989年东欧剧变之后，许多布拉格人才首次听到卡夫卡的名字。

变天之后的布拉格终于承认世界级文学大师卡夫卡是布拉格人，虽然这个承认显得那么的功利、甚至势利——正如在布拉格当过外交官的德国人高尔德所说："卡夫卡在布拉格不是作为作家出名，而是作为旅游业的一个吸引点，沦落为一件可以用来赚钱的物品。"

黄金巷

黄金巷是布拉格最著名的景点之一，观光客的拥挤程度与查理大桥不相上下。这条小屋林立的巷子在圣乔治女修道院与玩具博物馆之间。据说这里是布拉格最具诗情画意的街道。

黄金巷的卡夫卡故居

黄金巷原本是仆人工匠居住之处，后来因为聚集不少为国王炼金的术士，因而得名。19世纪之后，曾经是黄金工匠云集的这条小巷逐渐变成贫民窟。20世纪中期重新规划，将原本的房舍改为小店家，现在每家商店内可看到不同种类的纪念品和手工艺品。例如16号的木制玩具、20号的锡制小兵、21号的手绘衣服。19号的外观最漂亮，是花木扶疏的可爱花园小屋。

但是，黄金巷最有名的是22号的小书屋。这间狭仄的小屋，是卡夫卡曾经住过的地方。这间房子原本属于卡夫卡的妹妹所有。后来他的妹妹为了让他潜心写作，而把此处让给他住了一段时间。22号现在专门出售卡夫卡的作品，尤其是卡夫卡在黄金巷的这间小屋中写成的作品，如《乡村医生》。在这间多进来几个人就转不开身的小屋里，我无法抑制内心的酸楚。这个简陋的小屋，竟是诞生文学大师的所在！

不知为何，黄金巷22号的外墙现在居然被涂上了一层亮丽的蓝色。蓝色是忧郁的颜色，而忧郁是伴随卡夫卡终身的特质。只不过，这22号的蓝色来得太明快了点，不知九泉之下的卡夫卡是否会喜欢？

让我们返回来接着说布拉格的卡夫卡气质。

要理解这座城市的气质，首先就要试着去贴近卡夫卡的心，去感触他的无望、孤独、阴郁与无奈。

要追随卡夫卡的心路历程和情感跌宕，你可以尝试先去做一个保险经纪人。与此同时，你再花五年的时间潜心钻研法律。这还不够，你还得染上肺结核、抑郁症、偏头疼、失眠和便秘。这也还不够，你还不能组成自己的家庭，你要终身不娶……

什么？你说你不能承受卡夫卡所承受过的这一切？

好吧好吧，不勉强。

不管怎么说，现在你总算是能够勉强窥见和布拉格联系在一起的卡夫卡的背影了。这种联系并不仅仅体现在表面，而是一座城市和一个作家所共同具有的某种内在的、气质性的特质。

卡夫卡是一个充满才华而又缺乏自信、天性懦弱且逆来顺受的人。

而这也正是波希米亚的布拉格所拥有的特质——它天资聪颖，能创造出灿烂的工业文明，却又软弱可欺，所以，它的历史，就是被别人折腾过去折腾过来的历史。

5. 布拉格虽历经沧桑，却仍留着一分清丽

布拉格的红瓦底下，有过多少精彩的故事？不得而知。米兰·昆德拉的《生命不能承受之轻》中那些绚丽的篇章，就发生在这座古老而浪漫的城市里的某个角落。这让我们深深地体味到了布拉格深邃的忧郁、唯美的神秘。

布拉格就如一位天生丽质的女子，虽沦落风尘，历经沧桑，却仍留着一分清丽，一分绰约，让人一见之下，便生出一分怜爱，一分呵护。

从城堡山下来，在路边的小店买了两根布拉格式热狗，就是一条面包中间夹一根大大的香肠，上面再浇点番茄汁儿之类的，40克朗一根。那香肠可是货真价实的净肉肠，一根起码要一斤猪肉才灌得下来。

再看看街边的露天餐厅里，坐着不少吃饭的老外——瑟瑟秋风中，老外们在外吃饭，就不怕冷吗？要说咱这些年虽然也不宽裕，可是咱也没少吃肉啊？咋就比不上老外抗冻呢？

等凑过去一看，一股热浪扑面而来。哎呀，敢情人家桌子边上支着的伞状玩意儿，往外呼呼地喷着热气。

慢慢地就来到了布拉格著名的地标查理大桥。桥头塔楼下，立着穿了古代欧洲骑士服装的卫兵。引桥下面，浪漫的气息弥漫在充满异国情调的小巷。我趴在查理大桥桥头的栏杆上，居高临下，看到了下面小餐馆里有位大嫂正在做着中欧地区著名的小吃烤面包圈。

布拉格小吃摊

程序是这样的：先把面搓成食指粗细的条状，再把面条子卷在筒上，拿到炭火上去烤。一边烤一边加糖或加碎杏仁或别的什么。

从查理大桥上看出去，水边的布拉格充满灵气。蓝天时不时地会露一小脸儿。

观光的热气球，在空中缓缓飘着。露天餐馆花团簇拥，满是客人。不远处是在查理大桥下游的马内斯桥，早上我就是从那座桥过河的。伏尔塔瓦河两岸的秋日风光，即使在阴天也那么灿烂。

人们喜欢捷克，喜欢布拉格，还需要什么理由吗？

从音乐家斯美塔那的《我的祖国》、音乐大师德沃夏克的《自新大陆》，到电影《好兵帅克》、动画片《鼹鼠的故事》，再到卡夫卡的《变形记》、米兰·昆德拉的《生命不能承受之轻》，以及后来根据昆德拉小说改编的电影《布拉格之恋》——这些世界级的文艺作品，从不同侧面展示着波希米亚、展示着伏尔塔瓦河、展示着一个民族的悲伤和喜悦。

查理大桥的桥面上热闹得很，就像一个波希米亚大集市，有出售波希米亚风格的女性饰件的、有替游客画像的、卖唱的、卖衣服的、卖帽子的、有吉卜赛老太太拿着一个水晶球替人算命的……

大桥正中有个小乐队，正在演奏乐曲，乐曲就像亮丽的蓝色，忧郁中带着明快。波希米亚的民族音乐，在伏尔塔瓦河上这座有着将近 700 年历史的查理大桥上空飘扬。这乐、这水、这桥、这人，构成了布拉格最魅丽的画面。

很多年前，卡夫卡在给女友米莲娜的信中这样写道："我最喜欢划着我的小船沿伏尔塔瓦河逆流而上，然后仰卧在船中顺流而下，欣赏不同形式的桥。"伏

伏尔塔瓦河

尔塔瓦河基本上是一条温顺的河，它就像波希米亚人一样，很少暴虐，从不怒吼。卡夫卡就是一位出生在查理大桥桥墩边上的犹太人。1924年5月，静静地躺在维也纳郊外疗养院里的卡夫卡，让守候在他身旁的好朋友雅努斯记下了他生命中的最后一句话："我的生命和灵感全部来自伟大的查理大桥。"

查理大桥上的民间艺人

布拉格街头艺术家

你一定为我总是提到卡夫卡而奇怪吧？好吧，我坦白，我的书柜里，收集有卡夫卡的几乎全部作品，以及许多与他相关的评论。其中也包括在下的拙著，一本以卡夫卡为主题的书。

卡夫卡是我最喜爱的作家之一。面对卡夫卡深邃的作品，我时常感觉自己灵魂的每一个角落都被照亮。

1990年，布拉格旧城广场见证了捷克斯洛伐克的"天鹅绒革命"。所谓天鹅绒革命，是指在那场引发国家剧变的运动中，没有人流血、也没有人牺牲，一切都进行得像天鹅绒般顺滑。

黄昏时分，我跟着熙熙攘攘的人流，向旧城广场走去。

远远就能看到提恩教堂的尖顶，这是布拉格的另一个地标性建筑。由于教堂外形酷似童话中的魔鬼城堡，它还被人们形象地称作"魔鬼教堂"。这座教堂是布拉格哥特式建筑的代表，位于旧城广场的东侧，建于1135年。1365年教堂改建为哥特式的双塔，顶端装饰着纯金的圆棒，高80米，是旧城广场上最老的建筑。

走到旧城广场，首先注意到的就是旧市政厅了。旧市政厅之所以出名，在于它外墙上面著名的天文钟。天文钟的设计者在1410年设计完这口钟后就被弄瞎了双眼，因为当权的议员们不愿看到他再为这个世界设计出一个同样精美的作品。

　　天文钟上部有耶稣十二门徒的机械木偶。每到正点时，象征时光消逝的骷髅首先拉响铃铛并不断点头，十二门徒从打开的大窗相继出场，鞠躬而过。当最后一个圣徒走过并把天窗关上时，天窗上面的金鸡扇动两翼后鸣啼，宣告报时结束。

　　旧城广场是布拉格著名的景点，也是人们集会的场所。人们喜欢这里活泼的气氛、充满波希米亚风格的街头表演、热络的露天咖啡馆，以及广场四周风格各异的缤纷建筑物。在这里，我和来自世界各地的游客挤成一团，大伙儿一起聆听和观看旧城市政厅上的天文钟敲钟仪式。然后人们在一片欢声笑语中，操着不同的语言，游荡在布拉格旧城区的大街小巷，尽情地享受着这个注定要被每一个身在其中的人牢牢记住的美妙过程。

　　在晚上，布拉格旧城广场周边可以说是声色犬马之地，这一带不分白天黑夜总是游荡着数以万计精力过剩的外国游客。这种事在布拉格是很平常的。前几年，布拉格甚至还准备为拉动捷克经济的妓女立碑，后因群众反对才作罢。

旧城广场天文钟

　　布拉格到底有多大的吸引力？温柔、浪漫、精致、艳丽、深邃、神秘……如果你没去过，那么布拉格的魅力，你真的很难想象。充满了中世纪味道的广场，古朴而俊美的查理大桥，还有无数像我一样漂泊的人们，一起构成了布拉格美丽画卷的一部分。

　　那天晚上，在布拉格的大街小巷逛到深夜才归。

　　我住的酒店外不远处就是悠悠的伏尔塔瓦河，潺潺水流声把美丽的布拉格的心跳送进了我的房间，彻夜不断。

04

法国普罗旺斯:
最无虞的生活方式

对绝大多数第一次去欧洲的中国游客来说，法国具有某种标志性意义。在他们中的大多数人眼中，法国似乎已经浓缩为两个地方：一为巴黎，因为那里堆砌了一大票充满异域情调和浪漫色彩的地名，如枫丹白露、埃菲尔铁塔、香榭丽舍大道、卢浮宫，还因为那里有老佛爷百货可供大伙儿血拼购物；另一个则是法国南部地中海边上的普罗旺斯。一提到法国的普罗旺斯，在追求浪漫的中国人的脑海里第一个出现的便会是漫山遍野的代表甜美爱情的薰衣草。

然而，普罗旺斯本初的含义，却不是浪漫，而是一种简单、无虞、慵懒的生活方式。

1. 彼得·梅尔（Peter Mayle）将深藏闺中的普罗旺斯推向世界

著名的英国籍作家彼得·梅尔（Peter Mayle）在他的 Expensive Habits（中文版译名为《有关品味》）一书中，专有一篇介绍鱼子酱的美文。

当你获得了一瓶最为昂贵、最为美味的鲟鱼鱼子酱后，最应该做些什么事情呢？彼得·梅尔问道。

为了让鱼子酱成为名至实归的飨宴，你有必要做出决定，该选谁与你共享这人间美味。首先，你身边的那些吃什么都如同猪嚼牛饮一般的饮食大老粗是必须

普罗旺斯秋实

马上剔除的，那种人，就别让他们来糟蹋你
奢侈的美味了。请老板一起分享呢？这也不
是一个好主意，老板吃了之后说不定会以为
你赚得未免太多，从而降低你加薪的频率。
那么，邀请亲戚如何？彼得·梅尔断然否定
道：不值得。

可是，到底应该选谁呢？彼得·梅尔郑
重其事地向你建议，你选来分享鱼子酱的那
个人，一定要是一位特别亲密的朋友，一位
你爱得比谁都多的人。而这人，非阁下您自
己莫属啊！

《有关品味》是一本关于西方贵族——
不是土豪！不是劣绅！——的生活方式的
书。作者致力于讲述西方超级富豪到底是怎
么个活法，西方上层社会的价值观念到底如
何表达，各种昂贵的嗜好有多奢侈，而这样
的昂贵究竟又是如何被赋予的。不过，这本
非常畅销的小书，却不是他的代表作。

彼得·梅尔，生性恬淡，文字优美，谈
吐幽默。他在纽约麦迪逊大街的广告业打拼
了 15 年之后，于 1975 年开始淡出喧嚣，携
妻子和爱犬隐居于法国南部的普罗旺斯地
区，潜心笔耕，写下系列散文《山居岁月》，
散文《普罗旺斯的一年》、《永远的普罗旺
斯》、《重返普罗旺斯》，小说《茴香酒店》
和《追踪塞尚》，以及美食散文集《吃懂法
兰西》，当然，也包括上面我提到的他那本
《有关品味》。

彼得·梅尔揭开了深藏闺中的普罗旺斯
的神秘面纱，将她推向世人的面前。对厌倦
了都市繁杂的彼得·梅尔来说，普罗旺斯已

普罗旺斯之秋

不再是一个单纯的地域名称，而是代表一种无忧无虑、简单朴实、轻松慵懒的生活方式。而正是他笔下的这种生活方式，吸引着我在 2011 年深秋驱车来到已经没有薰衣草的普罗旺斯。

那是 2011 年秋天一个普通的日子，我驾车从瑞士南下，直驱法国东南部普罗旺斯地区的古城亚维农。中午，在瑞士南部的高速路边找了一个休息站停下来吃午餐。这个服务区比较大，除了有加油站、快餐店和小超市之外，甚至还有一家旅馆。啃着热狗，左右无事，就溜达到旅馆看了一下。门脸很小，陈设简陋，小小的前台后面坐着一位老爷子。看来，这种旅馆条件不太好，也就是凑合事儿的档次吧。见我进去，老爷子抬头看我，嘴里咕哝了一句什么。正在犹豫是否聊聊，从里面出来一个白胖的中年秃顶男。这男子下着背带裤，上穿白色 T 恤，从我旁边经过时，一股浓烈的酒气熏过来，差点没让我把刚吃的午餐吐出来。旅馆门厅的空间狭小，呆不下人了，赶紧跟着那男子出来。他轻飘飘地向咖啡馆走去，我则径直回到车上，继续南下。

驾车从阳光明媚的瑞士一进入法国，天一下子就阴了下来，不时还飘起几粒雨点。法国的高速和中国的一样，进口处取卡，下高速时交费。这一带的高速路，路况好，车不多，可以看到云遮雾罩的群山一直伴随左右。这里是法国东北部的山区。由此往西，便是二战前法国修筑的那道著名的马其诺防线。当时，法国人期待纳粹德国从这里的山区进攻，然后法军就可以舒舒服服地在预设的坚固工事中痛击德军。但历史却没按法国人的算盘珠子在拨动，德军从更西边的比利时和荷兰绕过了马其诺防线。

还没到里昂，天就完全黑了下来。黑暗中，我基本没有方向感，在疲惫和恍惚中，只知道跟着 GPS 的指引，从一条高速转到另一条高速，一次又一次地交费。快到亚维农时，又上了另一小段高速，在出口的自动收费站面前，我把卡插进收费机，显示应交 1.5 欧元。在口袋里一阵乱摸后，发现只剩下 0.5 欧元硬币了！一进法国，就在不停地交高速路费。碰巧这天我的硬币又不多，到这会儿也该所剩无几了。这可咋办呢？焦虑之中，看了看后视镜，吓了一跳，后面居然已经排起了长长的车队，大家都安安静静地等在那里。

正不知所措，后面噔噔噔跑过来一个 40 来岁的先生，看了看收费机，二话不说，掏出硬币投了进去。栏杆打开了，我可以出去了！我赶紧摸出一张 10 欧元的纸币，递给那位先生。他微笑着摆了摆手，又向前挥了挥手，然后转身回到自己的车上。

抵达亚维农时，已是晚上9点。GPS准确地找到了旅馆所在街区，却无法具体确定其位置，饥肠辘辘、睡眼惺忪的我只得在那方圆一两公里之内转来转去。其间还给旅馆前台去了电话。电话那边的女士说半天也没说清楚，只是一个劲催促我赶紧过去，因为她要下班了。这是我给她打的国际长途，忙半天就听她抱怨说她下不了班。要能过去我早过去了，都开一天车了，她以为我喜欢在亚维农郊外的小巷子里这么转悠？在这一片灯火昏暗的地区，唯一闪烁的亮点是一家夜总会的霓虹灯。在夜总会门前停车场上，终于找到正准备上车离去的一对年轻人。小伙子挺热心，用笔给我画下了非常详尽的街道路线图。照着这个图，又费了老鼻子劲，才在一大堆矮小的房子里面找到了那家不显眼的旅馆。结果令人大失所望——某订房网广告里那幢古朴的法式小洋楼只是这家旅店的门脸，它的房间都在后院里一种集装箱式的两层小建筑里面。房间里面，也不像图片上那么漂亮。风格呢？真没有，唯有简陋。

2. 亚维农，往日的繁华如黑白电影般无声闪过

秋天的普罗旺斯，薰衣草已经没有了。好在虽然没有薰衣草，至少还有亚维农的少女。亚维农（Avignon）是位于普罗旺斯地区的一座古城，也是14世纪罗马教皇的居所。从1793年开始，该城就成为普罗旺斯省沃克吕兹地区的首府。《亚维农的少女》是毕加索在1907年绘下的一幅代表性名画。在画里，少女正面脸上画着侧面的鼻子，而侧面脸上倒画着正面的眼睛。对此，毕加索自己评论道，"我把鼻子画歪了，归根到底，我是想迫使人们去注意鼻子。"这是一个很现代主义的话语。你的鼻子长什么样，我不关心；我表现的是我心中的你的鼻子。所以，毕加索笔下的人物，从来都不是写实的。

抵达普罗旺斯地区的第二天早上，我离开那家位于亚维农城乡结合部的简陋旅馆，开车直驱由4.5公里长的城墙完整地围起来的亚维农老城。

进城后，在狭窄的街道上一番转悠，好不容易把车停好，舒了一口气，一扭头，看到车外人行道旁低矮的半月墙根上，坐着一排正在抽烟的十七八岁的少年，其中还有几个黑人。隔着车窗玻璃，我与他们面面相觑。少年的眼里是冷漠，但更多的是好奇。就这么愣了一会儿，才想起我应该冲他们笑笑，以示友好。关好门下车，顺着街边没走几步就看到原来半月墙里面围着的是一所中学。敢情那群少年是溜出来抽烟的学生啊。

毕加索笔下的亚维农少女没看到，倒先看到了这么一群少年。

亚维农传承自中古时期的历史积淀，在灿烂的秋色中，显得深沉而厚重。在老城沧桑的宽窄巷子里，往日的繁华如黑白电影似的在眼前一幕一幕无声地闪过。我在脑海里试着给那些攒动的人头配上中世纪的法语，虽然我自己也不知该是一种什么样的语言，但仍然固执地认为，这座曾经是教皇驻地的小城应该配上某种久远的声音，才会显得韵味绵长、富有生机。

老城里的主街不宽，有两排梧桐相夹。商铺一个挨着一个，觥筹交错之声不时会从某个貌似不起眼、却颇有些年代的餐馆或酒吧飘出。城里几乎没有什么高大的建筑。细细观看，会发现某些房屋的墙上竟然画着假窗。据说，从前亚维农征税，是按市民家的房子所开窗户的大小和多少来计算的。上有政策，下有对策，于是，有的人家为了少纳税，建房时就少开窗，房子建好后在外面画上假窗。

老城的许多街道都还保留着从中世纪流传下来的名称，譬如铁匠街、染匠街、木工街等。这些充满古韵的街名的背后，活生生地灵动着一个又一个的小人物。几百年前，这些不同行业的匠人聚集在一起，为了生活而努力打拼。今天，穿梭

亚维农街角

在这些宁静的细弄窄巷，似乎仍能听到打铁的叮叮当当、锯木的扑哧扑哧和染料锅里的沸腾声。街道非常狭仄，刚好能过一辆车，外加一个人。路面由圆乎乎的石块稀稀地铺就而成。

这一天的阳光很好。梧桐树下，摆着桌椅。三三两两的男女围坐在一起，品着咖啡，抽着香烟，喁喁私语，聊着小天。偶尔会有一片金黄的梧桐树叶飘飘而

下，停在咖啡杯旁边。主人不经意地瞟上一眼，取过落叶，轻轻把玩，嘴里继续聊着漫无边际的闲篇。这心情，是悠闲的，无虞的。

阳光斜斜投下，深深小巷里，一半亮得炫目，一半暗得阴森。恍惚之间，感觉过去、现在与未来在亚维农纯净的空气中交织在一起，让人分不清今夕何夕。条石砌起的楼房，墙面侵蚀严重。雨水冲刷的痕迹凸显它的沧桑，默默地向人们讲述着久远的故事。

亚维农以南 85 公里，是法国著名的海港城市马赛。中古时期，亚维农扼守在法国南北交通的咽喉上。从陆路往来于亚平宁半岛的意大利和伊比利亚半岛的西班牙，也要经过亚维农。但亚维农之所以出名，并不完全在于它的地理位置。在 14 世纪时，它曾经是罗马教皇的驻地。1309–1378 年，亚维农共有七任教皇驻守。正是这一段历史，铸就了今日亚维农梦幻般的辉煌。1995 年，亚维农老城区被联合国列入世界文化遗产。

。亚维农

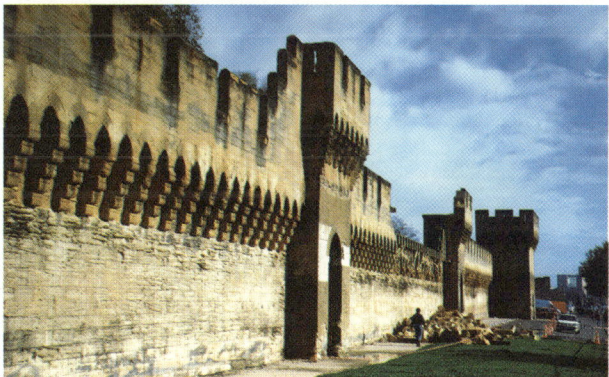

亚维农教皇宫位于老城城内的北边，当地人把它叫作"世界上最美丽、最坚固的房子"。坚固倒真是坚固，但它的外观和内饰都相当简朴。考虑到教皇驻守于此也仅是权宜之计，且当时法国国王腓力四世把教皇弄到此地的动机也相当不纯，朴实一点，倒也在情理之中。

教皇宫前面是一个大广场，游客不少。在教皇宫旁的山坡上可以俯瞰绕城的城墙。城墙外面是环绕古城的隆河（Rhone River）。河面不宽，河堤满地黄叶，岸边停靠着不少造型优美的船只。河上面静静矗立着亚维农的地标——圣贝内泽桥（Pont St-Bénézet），又叫亚维农断桥。

从教皇宫慢悠悠地逛过来，快回到停车处时，远远地就看到街边石台上坐着一群少女。虽然在亚维农是不可能看到毕加索的《亚维农的少女》，但看到这么一群生活中的邻家小姑娘，倒也不虚此行了。

向丫头们打听了一下，断桥就在不远处。

亚维农的这座断桥建于800多年前，是欧洲中世纪建筑的杰作。桥身本来长900多米，有22个拱孔，但大桥建成后曾多次被洪水冲垮，又多次重修。到17世纪，修桥修到手软的人们终于决定放弃这种努力，让这座仅余4个拱孔的断桥就这么残缺地矗立在河边。古老的法国童谣简单而又重复的调子，在秋日之下，

亚维农

似乎依然若隐若现："在亚维农桥上，人们在跳舞；在亚维农桥上，人们围成圆圈跳舞跳舞跳舞……"

▷ 3.勾禾德，凡尘的局促烟消云散

从亚维农出来后，径直驱车前往位于吕贝隆山谷高崖之上的小镇勾禾德（Gordes）。这个山顶小镇是改编自彼得·梅尔《山居岁月》的法国电影《美好的一年》的拍摄地。

亚维农到勾禾德只有几十公里。我开着从 Gyula 那里租来的这辆蓝色旅行轿

勾禾德小镇

勾禾德小镇全景

车在普罗旺斯黄叶与绿草间搭的原野上穿行。和煦的秋日下，一种混着阳光味道的青草芬芳，不时从车窗外飘进来。这一带的乡村建筑很多都是用灰白色的石头砌成，风格简约，实用大方。

公路很窄，刚好只能容两车紧挨着通过。但当地的车都开得很快，会车时很是让人心惊肉跳。忽然想起了彼得·梅尔归纳的普罗旺斯人的特点：在机械方面，"他们极力让自己看起来像个专家"，即使他们不是。今天总算是领教了这些普罗旺斯"专家"的风采了。可是，他们这种驾车的方式，完全就是对自己、对家庭、对他人不负责任的表现。从平原到山区，海拔越走越高，山路越走越陡峭。经常都是一边山壁，一边陡崖，而对面的来车依然如狂风般猛烈。

终于，转过一个山角之后，前方山顶上一座灰白色的小镇豁然出现，这就是被誉为"高悬的村子"的勾禾德。

进镇的小石路夹在两道高高的石墙之间，很是逼仄。一辆卡车停在中间，车

头对着我，把路塞得死死的。一胖一瘦两个工人拿着铁锹正在把墙根处的泥土装上车厢。看那架势，一时半会儿怕是完不了。于是下车，满脸堆笑，冲其中那位胖哥说哈罗，指了指我的车，又指了指他们的车，一边用英语冲着他们嘀咕。胖哥乐呵呵地双手挂在铁锹柄上，也叽哩咕噜地用法语热热闹闹地说起来，就是不动车。这就僵在那里了。咱到勾禾德来，要真是与当地人聊聊天什么的，也是不错的选择。可眼前这情形，完全就是鸡同鸭讲，谁也不懂谁嘛。

"你能说英语吗？"我一字一顿地用英语问。

胖哥笑嘻嘻地吐了一串法语出来。

"我听不懂你的法语！"我摊摊手说。也许他可能真不懂英语，但我除了对他说英语之外，还能说什么呢？

他眼睛小小的，脸蛋上顶着两朵红晕，笑起来很乖。他咕哝了一句，见我满脸无助的困惑，他又重复了两次。终于我听懂了，这次他说的是英语，普罗旺斯口音的英语："That's your problem！"那意思就是，听不懂法语，那是你的问题，跟我无关！

我不由得大笑，胖哥还有点东西嘛，看来他是懂点儿英语，不屑于说而已。他俩看我开心，怔了一下，也大笑起来。瘦子爬上驾驶台，慢慢地把车倒到后面宽敞一点的地方，腾出了道。

法国人对法语的那份执著，真是名不虚传啊。不过，语言是交流的工具，本身没有高低贵贱的区别。如果交流不能达成，那么单单固守着那个工具又有什么意义呢？

勾禾德的房屋依山而建，层层叠叠，看着古朴简单，实则十分精致，在蓝天白云的衬托下，在金黄秋林的掩映中，显得淡雅无比。整个小镇的建筑几乎就没有除了灰白之外的其他色彩。也许，正是因为在浓墨重彩的普罗旺斯中独树一帜，

。勾禾德

勾禾德才得以成为普罗旺斯最具诗意的小城，成为众多艺术家的情致缠绵之地。

最早在 16 世纪，人们便开始因地制宜，就地取材，顺手取过山里盛产的石头，建起了这座素雅的小城。城里所有的房屋、围墙、道路由石头建造，因此勾禾德又被叫作石头城。随着彼得·梅尔的普罗旺斯系列散文的畅销，随着改编自彼得·梅尔《山居岁月》的电影在此拍摄，曾经是偏僻山区的勾禾德，声名远播，房价飞涨。许多非富即贵之人，在此购有别墅，一有闲暇，便来此享受难得的怡然与自在。在薰衣草繁茂的时刻，在向日葵盛开的季节，这里游客如织。小小的镇上有许多宾馆，竟然还有一家五星级酒店。

在小镇里，循着九重葛和野蔷薇的香气随性地走在洒满阳光的小路上，体验一种曲径探幽的新奇乐趣。登高远眺，通透湛蓝的天空下，吕贝隆山区景色一览无遗。连绵的葡萄园一片金黄，成畦的薰衣草田现在已成绿茵，零零星星的农舍精巧秀美。在轻缓惰懒的秋风中，一颗逃离都市喧嚣的灵魂，独享着那份自得、那种轻松、那份快乐。

这个季节，不再有漫山遍野的紫色薰衣草，也没有烂漫多情的向日葵。秋天的普罗旺斯，便如卸了妆的美女，素面朝天，少了一些艳丽与妖冶，却多了几分优雅与淡定。时间老人往前走的时候，似乎常常忘了带上普罗旺斯。来到这里，仿佛便来到了时间之外，凡尘的局促烟消云散。

无论有没有薰衣草，普罗旺斯地区带给人们的是远离俗世的从容。

> 4. 法国东南海滩，对小资们来说，夫复何求呢？

离开勾禾德后，顺法国东南海岸的戛纳、尼斯、摩纳哥，直到北边的海滨小镇芒通（Menton）住宿。其实在法国东南沿海，还有一座具有世界声誉的城市——海港马赛。很多年前，随着那首荡气回肠的《马赛曲》的传入，中国人便知道了它。但那次没去马赛，留一点儿遗憾，下次再来才不会感觉枯燥。

夜幕降临时，到了海滨城市戛纳。这是一个凭着戛纳国际电影节而名震江湖的美丽小城。因为大海、性爱和阳光（Sea，Sex，Sun），此节又被称为 3S 电影节。我仅是到此一游，在灯火璀璨的戛纳海滨大道上逛了一下，便回到高速，北上芒通。

这一线的高速路，每个城市都有一个收费站。不需要拿卡，直接交费 1~2 欧元。

收费站里，基本上都配置了专门人员负责收费。但也有收费口无人值守，挂着一个半圆形的篮筐，过往的驾驶员直接把硬币投进筐里就行了，很是方便。

到芒通，住进了预订的旅馆。楼下是餐厅，楼上住宿。房间里其他倒没什么，就是临街的、宽度仅容一人的狭小阳台，风情万种。在电影里，这种阳台的栏杆上通常会倚着一个略显轻佻的18世纪的女子，摇着扇子，对着楼下街上的某位男子打着媚眼。在这样的房间里住着，难免想入非非。

第二天天刚蒙蒙亮，就被下面街道上过往的车辆声音惊醒，索性起床，站到小阳台上去感受风情。一阵凉风过来，光着膀子的我禁不住打了一个喷嚏。再一看，原本在晨曦中睡眼惺忪的芒通，老屋的窗户竟渐次亮起。难道我这一喷嚏，竟然把芒通都震醒了？

从北边的芒通到南边的尼斯，只有几十公里路程。其间有两条路。一条就是昨晚我走过来的高速，另一条则是在海边悬崖峭壁上的老路。今天计划先沿海边的老路到尼斯，下午从尼斯走高速北上，直奔意大利的佛罗伦萨。

清晨，太阳刚刚升起的时候，便驾车离开了以盛产柠檬而闻名的

芒通

摩纳哥

芒通。在这个小镇有一样小小的纪念品是值得购买的，那就是柠檬香皂。据说，这种香皂的柠檬香气之芬芳，满世界无出其右者。但我等不及店家开门了。

沿着从芒通到尼斯的那条悬崖上美丽的海滨公路，不一会儿就到了摩纳哥。

○艾日村

行驶在摩纳哥 S 形的 F1 赛道上，抑制不住地便会感到某种血性冲动。虽然这是中国旅游者趋之若鹜之地，却不在我的重点关注范围内。实际上，凡是人头攒动的热门景点，我都不是特别有兴趣。对我来说，喧嚣是旅行的大敌，我更希望在一种宁静而又淡雅的从容中，捕捉内心深处的本真。

这是一个富豪云集的地方，你要开一辆奔驰宝马什么的，都不好意思跟人打招呼。这就是欲望之地摩纳哥——拥有 F1 赛道、赌场、游艇、豪车等所有豪华元素的弹丸小国。

艾日村（Eze）位于摩纳哥与尼斯之间的山巅之上。这个中世纪的小村子，旅游团基本上是不去的，除非自己开车，且对当地环境比较熟悉。村里的民居依山而建，形状各异。绿色、黄色、红色的藤蔓层层叠叠爬满了灰白与棕黄的墙面。斑驳的石墙，凹凸的石道，古朴的路灯，半圆形的阳台，迷宫般的曲径，令人顿觉时空交错，怅然自失，无由解脱。

在村后悬崖上临海的地方，找到了一个小小的咖啡馆。一杯浓浓的咖啡，几个羊角面包，搁在露天的石桌上，便是早餐。石栏下面是波光粼粼的地中海，朝阳温暖而又不刺眼。地中海的风，味道颇为奇妙，混杂着一点海水，一点秋叶，还有一点泥土，空灵惝恍，若隐若显。

从艾日村到尼斯，开车只要 20 分钟。

40 万年前，尼斯便有人类活动的痕迹。现在，这座城市是法国第二大旅游城，仅次于巴黎。尼斯三面环山，一面临海。群山的阻拦，使其免受寒冷的北风侵袭，冬暖夏凉。这里一年四季阳光充沛，天气晴朗，繁花似锦。各式房屋，无论古典或现代，都被鲜花所掩映。延绵 7 公里的漂亮海滩上，灿烂的阳光、悠长的石滩、以及裸晒的美女，一起组成了尼斯著名的黄金海岸。

尼斯老城

我径直来到尼斯的英格兰海滨大道。它之所以得名如斯，乃因它是 1830 年当地的英国侨民捐款所建。这条长达五公里的大道花团簇拥，两侧布满了各种艺术画廊、酒吧商铺、豪华饭店。尼斯嘉年华狂欢节、鲜花游行等一系列节庆活动都在这条魅力非凡的大道上举行。

临海是宽敞的人行道，在浪漫的棕榈树下，是一排排的靠椅。人们在此怡然自得地体验着地中海风情的无忧无虑与时尚浪漫。

旁边不远处一张靠椅上的几个人引起了我的注意。一个男子举着印有 EDJ 电视台的话筒正在采访椅子上一位中年男士，旁边一个女子拿着摄像机对着他们拍。

就餐的餐厅

偷拍的女孩

碰见这种场合，甭说那些八卦达人了，就连我也禁不住想要上去弄点儿料。假装没事人似地凑过去一偷听，人家说的法语，不懂。那就举起相机悄悄地拍，咱用镜头说话。拍完觉得好像有什么不对，一瞧，原来坐在电视采访三人背后的一个金发女孩也正举着相机偷拍我呢。放下相机，我俩愣了一秒钟之后，相视莞尔，尴尬尽释。

我走过去笑道："刚才你拍我是逆光，要不我迎着阳光你再来一个？"

金发女孩显然听懂了英语，笑道："好啊好啊！"

中午时分，开始搜寻尼斯美食。如果仅仅是品尝当地美食，委实犯不上跑那么远，说不定中国也开有尼斯风味的餐厅呢。不光要吃，还要吃出感觉与心情，就不容易了。正好，在滨海大道里侧，迎着绚丽的阳光，就有那么一家色彩斑斓的咖啡餐厅。门前桌椅和二楼的露台上，坐了几个品着咖啡、喝着小酒的老外，他们或聊天、或看书，都是一副爽呆了的样子。

够情调，就它了。于是，在门前小藤椅上坐下，要了热巧克力和拿铁，还点了当地的著名美食 Pan-bagnat，这是一种由法国面包夹洋葱、熟鸡蛋、吞拿鱼和橄榄而成的三明治。

阳光、咖啡、海滩、棕榈树、地中海的绚丽色彩，以及无处不在的优雅的法语，拥有这一切，对小资们来说，夫复何求呢？难怪尼斯的海滩在我们国内颇为有名。但是，还没开始认真品尝咖啡呢，就坐立不安了。日照太强，温度太高，咱伤不起。白种人咬着牙关顶着骄阳暴晒，那是因为他们希望把自己的皮肤晒成漂亮的褐色，有着美学上的追求，所以能忍受牺牲。咱这么晒，为了个啥呀？赶紧地，我换到里面桌子上去吧。旁边一对晒得惬意无比的白人情侣看着我狼狈撤离，不由得嘿嘿地笑出了声。

店里面暗暗的，也挺不错。不一会儿，Pan-bagnat 送上来了。我尝了一口，就不再碰它。什么味道？酸，酸得要倒牙了。出来后，在小店买了两个羊角面包，才算填饱了我的胃。

尼斯号称是富豪云集的地方，它的老城区也由此透着某种雍容华贵的风韵。在这里有着既不同于意大利、也不同于法国的建筑风格。青石铺就的小街宽约3米，两边是接踵比肩的各式小吃摊、餐厅、咖啡馆。还有那些据称是法国最受欢迎的小店，在这些店里，从世界最顶级的奢侈品牌到当地最民俗的纪念品，都有出售。这是一个购物达人绝对不能错过的地方。

漫无目的地闲逛，竟然就走进了尼斯久负盛名的农贸集市。这里主要出售各种蔬菜、各色水果、各款香肠、各类奶酪。但我最感兴趣的还是鲜花的价格。花市上卖的玫瑰，都摆放在非常显眼的位置上，标签上明码实价：6欧元/束。这意味着，在尼斯玩一次浪漫，最低起步价6欧元，约合人民币49元。

　　带着某种浓郁的怀古幽思，在尼斯老城里率性徜徉。和清雅的勾禾德相比，尼斯完全就是一个妖艳的女子。老城的建筑，或橘黄，或亮黄，在地中海纯净的阳光下，热情似火，激情四射。

○玫瑰

05

希腊圣托里尼岛：
中国人心中最浪漫的海岛

其实，在那年秋天驱车离开法国之后，我径直去了意大利。

之所以从 2011 年的普罗旺斯一下子跳到了 2013 年秋天的希腊圣托里尼岛，是因为圣托里尼岛与普罗旺斯一样，在许多中国游客心中，是欧洲的另一个浪漫胜地，但实际上却另有内涵。

今天人们去圣托里尼岛，大致都是因为它那在最近十几年间精心设计、人工建造、以蓝白色相间为主的各式爱琴海风格的建筑。这些建筑，集中在圣托里尼岛主岛的西边悬崖上。某种程度上，圣托里尼岛就是一座建立在湛蓝的爱琴海中充分体现了希腊艺术家设计理念的艺术馆。在这个岛上，所有的房屋、所有的甬道、所有的矮墙，无一例外地都被刷上了各种色彩的涂料。如果这个艺术馆让您感觉到了浪漫，更多的是因为您事先便在自己心底深处某个地方为浪漫预留了一个原点，这个原点在圣托里尼岛这个艺术馆里被点燃、引爆。

> 1.浪漫之地，怎会与爱无关？

在国内，常有朋友问我："你前后去过两次希腊，感觉爱情海怎么样？"

我说："不是爱情海，是爱琴海——一个其名字与爱一点关系也没有的海。"

朋友困惑道："不是说爱琴海很浪漫吗？浪漫之地，怎会与爱无关？"

浪漫是一种内心的感受，这种感受可以在某个地方得到放大，但那个地方本身却不能被当成浪漫的制造者。这就像热恋中男孩给女友送花，我们认为这是浪漫；却不能反过来说，浪漫就是送花。

在当下的中国游客中，认为如果不去爱琴海上的圣托里尼岛就相当于没去希腊的人，不在少数。对中国人此举，希腊的生意人表示热烈欢迎；而普通希腊人则笑而不语。可是，希腊的海岛为何会给中国人一种浪漫的感觉？爱琴海这个名称起了很大的作用，虽然爱琴并非爱情。

关于爱琴海名称的起源有各种说法，但没有一种与汉语"爱琴"的字面意思有关系。最主流的解释，爱琴海一词的词源是 αιγ- ，意即波浪，因此爱琴海（Αιγιαλ）的意思是波浪起伏的海。

目前国内对国外地名的翻译，按相关规定，不得在翻译地名时赋予它任何的含义。譬如，曾经充满诗意的澳大利亚的"雪梨"（Sydney），现在已经变成中性的"悉尼"。因此，爱琴海这个翻译，是很久以前约定俗成留下来的。如果按今

俯瞰爱琴海

游轮

爱琴海中的游轮

骄阳下的圣托里尼岛

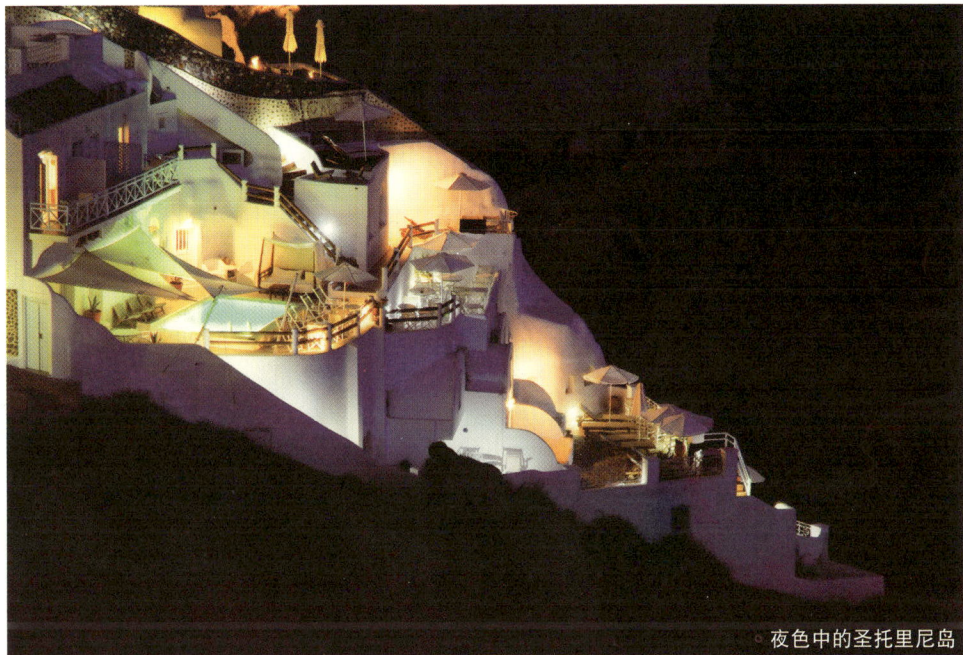

● 夜色中的圣托里尼岛

天的规则，根据它的拼写 Aegean 和读音 [i：'dʒi：ən]，很可能我们会把它翻译成"伊津"，或者近似的东西。

那么，是不是说，爱琴海诸岛就一点也不浪漫呢？

我不是这个意思。浪漫与否，发乎于心，与爱琴海无关，与圣托里尼岛无关。如果您有一颗浪漫的心，哪怕就是在城市昏暗的路灯下，您也能感受到浪漫；要是一个完全不懂浪漫的人呢？那就完了。不管您把他弄到什么地方，在他的眼中，这个世界无外乎就是死气沉沉的几滩水、几座山、几片林而已。

位于碧波荡漾的蓝色爱琴海北边的希腊是西方文明的源头，这个国家从来不是以浪漫而闻名的。对古希腊文明来说，主要发源于两个地方，一个是位于伯罗奔尼撒半岛上、科林斯运河西南的迈锡尼；一个是地中海上的克里特岛，甚至传说万神之王宙斯便是出生在克里特岛。

这时，马上就有人在嘘我了——谁稀罕克里特岛呀？俺们是小资！俺们要去圣托里尼岛，那才是希腊海岛的代表！

这个嘛，圣托里尼岛，怎么说呢？等您旅游的阅历稍微丰富一点，也许就不会把那个岛看成希腊的代表了。

今天，希腊人大多知道，中国人喜欢圣托里尼岛。希腊人对此的感情是复杂的——咱们这儿有的是宝贝好不好！咱们这儿是公认的世界文明古国、西方文明源头好不好！饶是如此，在希腊人看来，如果中国人愿意到圣托里尼岛去花钱，那就把圣托里尼岛当成一个胜地又有何不可？用一个荒岛就能挣到你的钱，那真的是性价比极高的好事。

圣托里尼岛在希腊大陆东南边 200 多公里外的爱琴海上。这里最先是一个圆形小岛。后来火山多次爆发，小岛中间的火山口部分大面积塌陷下去。于是，今天圣托里尼的主岛就变成了一个南北走向的月牙状荒岛。这个荒岛，能成为世界闻名的旅游胜地，大抵是因为美国《国家地理》上的几幅照片。当年，美国《国家地理》摄影师以圣托里尼岛上圣母玛丽亚（Saint Maria）的蓝顶教堂为主题，拍出了今日圣托里尼岛上的地标性景点。

一片美妙绝伦的海，一个荒岛，一番炒作，成就了今日的圣托里尼岛。

2013 年 10 月上旬，我驱车从匈牙利出发，经过罗马尼亚、保加利亚，第二次来到希腊的雅典。

一般来说，从雅典到爱琴海上的圣托里尼岛，有两种方式共三条线路可供选择。第一种方式，飞机。飞行时间不长，但加上机场等待的时间，从圣托里尼岛来回共需要 4-5 个小时。如果没遇到特价，往返票价大概在 250 欧元。第二种方式，海轮。这种方式有两条线可选。其一，快船。从雅典到圣托里尼岛，单程需要 5 小时。但这种船体积较小，稍微遇到一点风浪，就会剧烈颠簸，晕船是肯定的。如果不是专业航海人士或者时间特别紧张，不建议乘坐。其二，也就是我选择的普通海轮。舱内的飞机座单程票价在 42 欧元左右（价格随季节而变）。如要带床、带独立卫生间的标间仓位，票价大概在 65 欧元。这种船单程耗时大约 8 小时。

那天早上，5 点半就起床了。第一件事，是把我的那辆蓝色 Opel 旅行轿车开到酒店旁边一个早就看好了的地下停车场停放好，那里的收费标准是每天 5 欧元，然后再步行回到酒店吃早餐。

6 点半，天还没亮，酒店帮忙预订的出租车就准时来到。把我小小的行李箱扔进后备箱，我们就直奔码头而去。

司机 40 多岁，一头长发，蓄着一腮帮子不算整洁的络腮胡。我刚在副驾驶位上坐好，他一踩油门，车呼地一下就冲了出去。

我急忙说："别着急，我知道从这里到码头只要 20 多分钟。咱们有足够时间。"

他笑呵呵地说:"别担心,我是专业的。"

在问明我要搭乘的那班船之后,他会心而笑,问:"Santorini(圣托里尼岛)?"

我颔首说是。这家伙,英语说得很溜,一看就是一个老油子。此时,雅典的天仍然黑着。凌晨的路灯,明明暗暗,似乎也都还睡眼惺忪。

我问:"你常送客人去码头吗?"

"是呀。"

"那么,中国客人多吗?"

"多,最近几年尤其多。你们中国人都是这样,来了希腊,二话不说,就直奔圣托里尼岛而去。"

"是吗?这个岛子怎么样啊?"

他耸耸肩,说:"怎么说呢,好像还有不少中国年轻人带着婚纱到岛上去结婚呢。你们有钱,你们觉得好,那就一定是好的了。"

"这个答案我不满意哦——你,你们希腊人觉得这个岛子如何呢?"

"我个人觉得还是挺好的。"

得,这老兄还挺世故。我紧追不舍地问道:"怎么个挺好法?"

"这个嘛,有'雷',你可以骑。"

"什么?雷?!"

我被他英语中忽然夹杂的这个"雷"给雷倒了。

他用手比划着说:"雷!雷!这是你们的汉语,你不明白?就是 Donkey,你可以骑 Donkey,非常有趣,好玩得很。"

Donkey?我不由捧腹大笑,说:"Donkey 在汉语里读 lǘ——不是雷。"

他愣了一下,重复读了几次我教给他的这个音 lǘ。这时正好前面红灯,他停下车,赶紧就伸手在下方的储物盒里一阵摸索,掏出一个笔记本和一只笔。旋即绿灯亮起,他慢慢启动车子,把本子搁在方向盘上,一边开车,一边就着明晃晃的路灯,把 lǘ(驴)这个汉语发音记在了本子上。

他这个动作,让我紧张万分,我急忙:"要不这样,我来替你开车,一边教你汉语,你坐到我这里来,也好记录?"

他满不在乎地说道:"放心放心,现在没有警察,而且我是专业的。哦对了,码头,汉语怎么说?"

"No,no,no,我不告诉你了。我跟你说了,你又要弄出小本儿来记,我怕。

你至少要让我活着上岛去玩一圈啊。"

他笑道:"好的,我现在不记了。待会儿下车我再记好不好?你瞧,我会说英语、意大利语,现在正在学汉语。哦,还有机场,汉语怎么说呢?上次有中国人教过我,我没来得及记下来,又忘了。"

因为出租车从酒店送我到码头的价格是提前讲好了的,20 欧元,所以司机也不需要像他的同行惯常热衷于做的那样,拉着我在雅典城里乱逛。大约半个小时,出租车就停在了 Piraeus 码头一艘高大的客轮旁边。这便是我要搭乘的那条去往圣托里尼岛的希腊 Blue Star 公司的客轮了。

付了出租车费,又把司机想要学的那几个汉语词组认认真真地教给了他之后,我拖着行李箱,钻进了这条能载上千客人的大船的"肚子"里。早上 7:20,轮船驶离雅典 Piraeus 码头,那天的第一缕阳光便投射到了甲板上。不一会儿,雅典就被抛在后面,消失在了地平线之下。

船儿在蓝得无以复加的爱琴海上轻快地航行着。在阳光的照射下,海面波光粼粼,美得令人心悸。船艉挂着的那面希腊国旗在风中猎猎作响。海鸥上下翻飞,追逐着船儿。船后方两道长长的白色蕾丝花边,渐行渐远,最后消融在海天一色的最深处。

2013 年那个秋阳明媚的日子里,

游轮入口

远处的圣托里尼岛

游轮

我乘坐的那艘海轮在途中经停了包括米克诺斯岛在内的两个小岛后，下午3点，圣托里尼岛从天际嫣然出现。

随着游客下了船，来到码头上，远远地看到人群中一个中年男子举着一张纸，上面写着我名字的汉语拼音。这应该就是预订的那家家庭宾馆前来接客的人员了。这个基本上不能说英语的男子驾着一辆奔驰商务车，把我和另外一对来自芬兰的夫妇接上之后，爬上码头后面的陡坡，直奔宾馆而去。

刚一下车，一个健硕的金发女子欢欣鼓舞地迎了上来，一把拽住我的手热烈地握了起来，同时用带着浓烈希腊口音的英语说道："Hi——我叫Eva，我是这里的女主人！"

等那对芬兰夫妇下车来，Eva冲了过去，逮着那两位就是一个拥抱贴面礼，嘴里还发出"啵啵啵"的亲吻声。炙热的程度，跟刚才和我见面完全无法相提并论。敢情，这是看人下菜啊。

Eva很健谈，在将几位客人分别带到各自的房间这会儿工夫，她的大致情况，已经给我们介绍了一个七七八八。Eva是镇上小学的英语教师。据说，她是15年前到岛上来的，她的先生——也就是那位开车到码头接送客人的司机——是岛上的土著人。当时，她先生到希腊大陆去读书，然后他们就认识了，Eva就嫁过来了。

2.圣托里尼岛有着一颗不安分的心

Eva家的宾馆位于圣托里尼岛中部的费拉镇，面向东边的大海。在爱琴海饱满的阳光下，整个建筑绚丽异常。圣托里尼岛的房子大都色彩斑斓，在阳光下美到极点。为了发展旅游，圣托里尼岛上的建筑，基本上都做过涂色处理。应该说，希腊人对

家庭宾馆

色彩的感觉很不错，看起来颇为协调。但抵近一看，就会发现，其实也就是刷上了五颜六色的涂料的一般土墙。正如远远地从海轮上看到的，白色的房屋，在岛上只占很小的面积，在其他绝大部分地方都是散发出泥土芳香和牛、驴粪便气味的乡村。

　　入住宾馆之后，便换上夏天的短袖短裤，抹上防晒霜，提着相机，出来溜达。这个下午，我准备先去圣托里尼岛最北边的伊亚镇（Oia）。岛上的出租车，基本上都是老款的奔驰。从费拉镇到伊亚镇，只有 10 公里，出租车要价 15 欧元。

　　一到伊亚镇，发现这里到处都是蓝白色彩的纪念品小店和餐厅。转过街角，定睛一看，餐厅门口立着的牌子上，竟赫然写着中国字。餐厅门口站着一位希腊帅哥，看我过来，大声冲我叫道："羊肉！牛肉！猪肉！"

　　他的吼叫，猛然之间让我不禁愣在了那里——没错，他就是这么叫的！而且，他是用字正腔圆的汉语吆喝的！我哑然失笑，顿时备感亲切，于是便用汉语跟他说道："哥们儿，您这个吆喝法不对，听起来就像肉铺一样。您这是饭馆，得这样叫——葱爆羊肉！酱炒牛柳！回锅肉片！"

他满脸堆笑，茫然地看着我，愣了一下之后，又冲我叫了起来："羊肉！牛肉！猪肉！"

敢情，这哥们儿就会这么一点儿汉语啊。

伊亚镇建立在海边的悬崖上，是圣托里尼岛第二大镇，被认为是世界上观看

落日最美的地方，常年都会有成千上万来自世界各地的游客聚集在这里享受落日余晖。从高高的悬崖上俯瞰下去，是令人陶醉的、蔚蓝的爱琴海，还有精致、漂亮的小船。这是一个与世无争、静谧温馨的世界。时间的流逝、浮世的喧嚣，都与这里无关。

伊亚镇上一步一景，无论向哪个方向望去，都是一幅绝美的图画。虽然已是秋天，这里依然繁花似锦。伊亚小镇上依山而建的白色房屋，蓝色门窗，其间还点缀着红、黄、粉以及无数种渐变的颜色，高高低低，错落有致。而蓝顶教堂，是圣托里尼岛最具概括力的意象。

每一个晴天的傍晚，这里都聚集了大量的游客，等待着夕阳西下。

说到这儿，您一定很想知道，当年《国家地理》在圣托里尼岛上，拍了几张

○ 伊亚镇美景

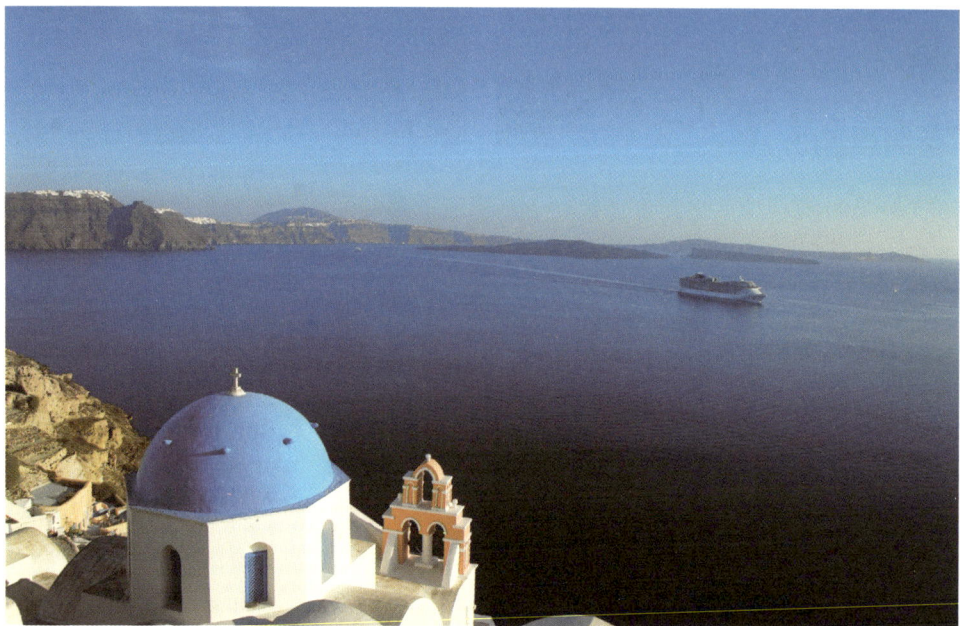

什么样的照片，以致于让这个荒芜而残破的火山岛从此闻名世界？好吧，我就站在当年《国家地理》摄影记者的同一个位置上，拍一张照片来和您一起分享吧。

毫无疑问，在当下小资的心目中，圣托里尼岛就是一个浪漫的胜地。

可是，圣托里尼岛到底算不算是希腊海岛的代表呢？

在《孤独星球》（Lonely Planet）对希腊海岛的陈述中，首先专门提到的就是克里特岛——这是希腊文明的发源地之一。然后才会提到一系列散落在爱琴海上的小岛，其中包括圣托里尼岛。

因此，关于圣托里尼岛，首先应承认的是，它确实是希腊海岛的代表之一，虽然不是最主要的。毫不夸张地说，圣托里尼岛的布局和色彩，充分体现了希腊人火热的想象力和不羁的生命力。

这么说吧，如果您对爱琴海上的海岛情有独钟，如果您倾心于圣托里尼岛美丽的海滩，如果您痴迷于圣托里尼岛独特的建筑方式和色彩，如果您感动于圣托里尼岛蓝得无法用语言来形容的海水，如果您陶醉于圣托里尼岛的伊亚镇上世界最美的落日，如果您浪漫于和您的爱人在圣托里尼岛的夕阳下手牵手的感觉，那

落日下的伊亚镇

么，恭喜您，来到圣托里尼岛，您算是找对了地方！

但是，如果您把这个岛子当成希腊的象征，那就有必要澄清一些东西了。无论什么判断，一旦走向极端，往往就会折向它的反面，这是哲学的基本原理。而两千多年以前的古希腊，就以盛产伟大的哲学家——苏格拉底、柏拉图、亚里士多德等——而著称于世。

这个岛子，在国内各旅游期刊、各旅游论坛上赫赫有名，部分原因是，大凡去过的国人，基本上从来都是报喜不报忧——废话，跑那么远地儿去玩这个岛，要不狠狠地叫个"好"，先别说是否对得起自个儿的劳命伤财，在别人眼中，岂不成傻子了吗？因此，很多中国人去希腊，就是冲着爱琴海上的圣托里尼岛而去，不少人还背着婚纱到岛上去拍照。某种意义上，部分国人将圣托里尼岛摆上了神坛，把它当成了某种标杆性的存在。仿佛圣托里尼岛成了另一种生活的代表；仿佛去了圣托里尼岛，就跨过了一道门槛，在别人的眼中从此不同。

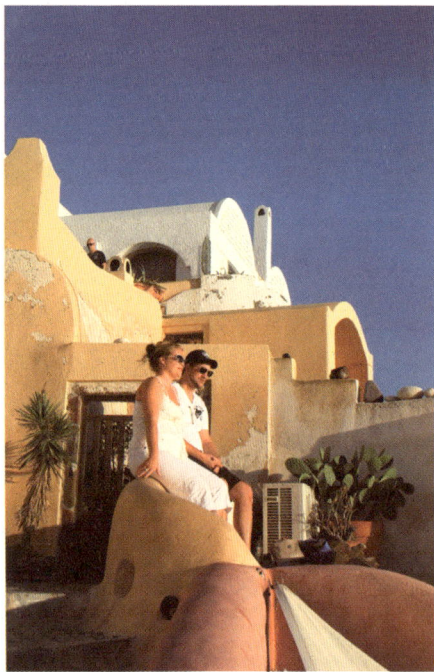

一言以蔽之，到圣托里尼岛，更多的是为别人的目光而去——我要不去圣托里尼岛，回国之后，别人还以为我没去过希腊呢。

那么，圣托里尼岛美吗？

美——谁要说它不美，我跟谁急！但若把它神圣化、标杆化，那就过了。

每个人都会有一个或几个自己喜欢的饮品或别的什么东西，并乐此不疲——这是无可厚非的事情。譬如某些品牌的咖啡，如果某人喜欢细腻的口感和浓郁的芬芳，一点问题也没有，尽情地去享用吧，但是，如果他把喝一口咖啡当成某种标杆，并力图证明他的人生从此与自己从前的不同、与别人的不同，那么，那个时候，他喝的就不再是咖啡，而是咖啡之外的东西了。

因此，去希腊旅游，不认真感受一下它文明古国的风采，而只专注于与爱情无关的"爱琴"，那就相当于入宝山却空手而归，丢了西瓜捡芝麻。

。夜色中的伊亚镇

至于圣托里尼岛，说它是摄影家的天堂也许更为合适。

白天火辣辣的太阳，渐渐落向爱琴海。人们慢慢地开始向着伊亚镇西边的甬道、矮墙和山崖边聚集。在这靓丽而温馨的氛围中，情侣们手拉着手坐在矮墙根儿，眺望着西边海天一线的地方。

这是一个蓝色的世界。代表着宁静、沉着、稳定的蓝色，原本是一种忧郁之色。我们通常欣赏的蓝调布鲁斯（Blues）也强化了这一认识和体验。最早的时候，蓝调只不过是一些松散的叙事歌曲而已，歌唱家藉此诉说在残酷的现实中个人的遭遇——爱情、仇恨、残忍、迫害，还有无力抗拒的命运。在圣托里尼岛，奇妙的是，在蓝色背景下，黄色、红色、褐色、绿色搭配在一起，竟然构成了最典型的浪漫基调。

伊亚镇海岬上残破的小城堡里，挤满游客。已经不会转动的风车，在被夕阳染红了的海风吹拂下，依旧那么引人遐想。人们充满期待，等待着一天最后的大戏的开场。

这里是希腊圣托里尼岛。

这里是伊亚镇。

这里是夕阳。

在游客的掌声中，夕阳期期然就躲进了爱琴海的怀里。薄薄夜色下的伊亚镇开始亮起星星点点的灯火。接踵比肩的纪念品店或珠宝店里可爱的小物件散发出温暖的色泽，令人忍不住想要拥有。

入夜后的圣托里尼岛，有夜店的喧嚣嘈杂，有小店的熙熙攘攘，有暗处的缠绵悱恻，有仄巷里的橐橐脚步……

圣托里尼岛，有着一颗不安分的心。夜晚，一切才刚刚开始。

3. 纯洁的爱琴海让人悄然之间便有几分感动

第二天早上，醒来不久，老板娘Eva就把早餐送到了房间门口外的小石桌上。她说，这是她家宾馆的一个服务内容，就是让客人能够尽情地放松和享受。

坐在阳光下的小院里，享用着还算丰盛的圣托里尼早餐。小院外面，一个村妇隔着铁栅栏正和邻居叽叽咕咕地聊着天，不时发出欢快的笑声。这氛围，是慵懒而无虞的。

Eva家的宾馆，在岛子东边的村子里。相比之下，东岸要更原生态一些。同时，这里的房屋比较疏散，也要安静得多。从宾馆步行大概5分钟，就到了位于圣托里尼岛中部的费拉镇（Fira），这里是全岛的中心。

今天的计划，是在费拉镇和 Firostefani 中间那段海崖的步行道上盘桓一天。然后在晚上 22:30,Eva 将送我到码头，去乘坐晚上 12:30 出发回雅典的夜班海轮。

从费拉到 Firostefani 这段步行道，距离不过三公里，却是圣托里尼岛的精华所在。不必急着赶路，走累了就歇一歇，这是一次心情之旅。步行道的起点，在一个陡峭的悬崖上方。从这里俯瞰下去，远处是被半月状的圣托里尼岛环绕的海水。海水中间的小岛，是曾经的火山陷落之后的残留部分。而起点的下方，是圣托里尼岛的另一个码头，这个码头凭借一条极为险峻的"之"字形步道与上方的费拉镇相接。

要从这个悬崖下的码头上来，骑驴是选择之一。我站的那个地方，就是从码头上来的驴道的顶端。一股浓烈的驴尿膻味弥漫在空气中，与眼前所见的蓝得无以复加的绝世美景格格不入。

看到那些悠闲的驴，我一下想起，昨天早上在雅典送我到码头的出租车司机所说——到了圣托里尼岛，你可以去骑"雷"（驴）——大概就指的是这个了。这个季节，已经不是旅游旺季。在清晨这个时分，更没有几个客人。所以，当我

独自伫立在驴道的口子上时，那些还没招徕到生意的赶驴人，便都用火辣辣的热切目光打量着我，希望我能尝试一下他们那些"雷"（驴）。

　　瞧，那位干巴巴的大爷用混浊的双眼滴溜溜地盯着我，他骑着他那头打扮得跟农村花媳妇一般的小驴儿，在我面前转来转去。

　　唉，今儿个计划的行程一共就三公里步行。我要是照顾老爷子的生意，骑着驴几下就把三公里跑完了，那我在圣托里尼岛上要待一天，还不闷死呀？

　　步行道边上，是密密的小商店和饭馆。菜单都配有中文——不过看中文翻译，还不如直接看英文更清楚呢，譬如 MIX FISH FOR 2 被非常搞笑地翻译成了"混合鱼2"。这让我立马就想起，曾经在马来西亚的关丹，吃饭时看马来语菜单，赫然有一道菜的英文译名就叫 Bird Soup——啥意思？鸟汤？

　　这个时候，游客慢慢地多了起来。店家开着水龙头，哗哗地冲洗着地面。大清早的，这是干吗呢？驴。这一路上驴不停地排泄，搞得这条观光步行小道膻味刺鼻。在这么陡峭的山路上，不时就能看到赶驴人骑着驴"得得得"飞快地冲过。每逢此时，便手忙脚乱地在狭窄的小道边上找寻一点点凹进去的小小空间把自己塞进去躲起来，给驴们让开主路。

　　圣托里尼岛的一切美好，都源自人工。当然，据说这里也有一些考古遗址。

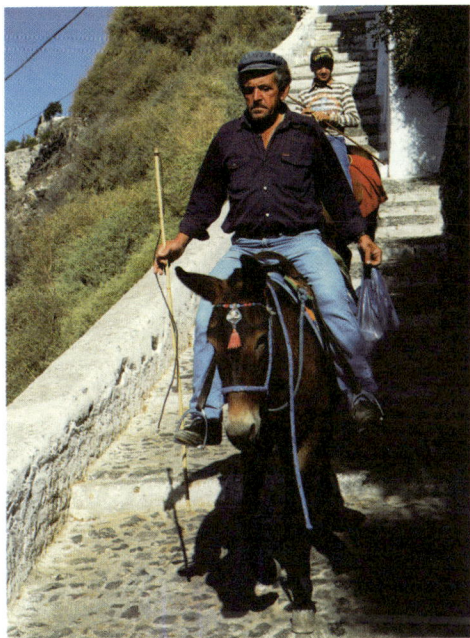

不过，别太把那些古迹当个事儿。这个岛子的规模不足以支撑起一个独立的文明，也就是过往的渔民跑岛上来修一个什么避风场所之类的东西而已。甚至，直到 20 世纪 90 年代，岛上的淡水都只能靠收集雨水而得。20 世纪 90 年代之后，圣托里尼岛修建了海水淡化工厂，才算彻底解决了用水问题，由此也才算真正达到可以大规模接待游客的水平。

而在解决用水问题之前，岛上人甚至连洗澡都不是一件容易的事情。试想一下，那么炎热的气候，淡水匮乏，成天臭汗烘烘的——如果有人告诉你说，圣托里尼岛自古便是浪漫之乡，咱可以肯定地说，您被忽悠了。

在短短的步行道上悠哉游哉，拍片赏景，很快就到了中午。正好，前面有一家位于悬崖边上的饭馆，看起来色彩还不错，就它了。饭馆的餐桌，摆放在一个面向大海的露天平台上。进去后，拣栏杆边上的座位坐下。在那里，可以很方便地眺望湛蓝的海和白净的房。

先来一个冰激凌爽一下口再说。然后咨询店家，他们推荐说，如果不想吃海鲜之类的话，他们的 Santorini Spaghetti（圣托里尼式意粉）也是特色之一，不妨一试。

国外的餐馆，上菜都很慢。我坐在那里，却一点也没有想要催促他们的意思。等待菜品的时候，也是享受饕餮美景大餐的时候。

正午的爱琴海，蓝得很投入，没有一丝杂质，纯洁得让人悄然之间便有了几分感动。极目而眺，一弯新月荒岛环绕着一片湛蓝的海，海水的颜色随着光线的不同而变幻莫测。在这个岛子的西面陡崖边上的小镇一线，甚至就连泥土小路都被刷上了鲜艳的涂料；而岛子的东边，仍然还是圣托里尼岛开发之前的样子，有着大片荒芜的土地。随处可见的蓝顶教堂，已经远远超过了岛上人口所需的数量。在这里，宗教似乎已经成为可供观赏的景点。

等了半天，终于上菜了。一看，也就是番茄和肉酱的调料，外加多一些大蒜

悬崖边上的饭馆

汁儿，就是所谓的圣托里尼式意粉。不过味道不错，很开胃。吃完了意犹未尽，又叫了一小份匹萨，才算填饱肚子。

午餐后，继续在美轮美奂的步行道上逶迤而行。走累了，就找一个墙根儿的阴影处坐下，一边休息，一边欣赏圣托里尼岛语言不能穷尽的美。正在此时，忽然就听下方一个男人粗粗的嗓音愤怒地吼叫起来："Get out！ Fuck！ Get out！"

然后就听到一阵脚步急促地从下而上，一个女孩从矮墙后冒出了脑袋，正好和我面面相觑。也许忍受不了我过分好奇的目光，女孩悻悻地用汉语说道："下面小院里有个老女人在晒太阳，我想进去拍她几张，结果被她男人赶出来了。"

探头出去看了一下，果然有一个欧美中年胖女人正白花花地趴在躺椅上晒太阳，她一胸黑毛的胖老公还在冲着上面挥着手叫嚷着什么，不过声音比刚才要小多了。

我赶紧缩回头，可别让那家伙以为我和这个女孩是一伙的。再次坐回墙根儿，我忍住笑冲那女孩说道："她的身材又不好……"

女孩笑嘻嘻地说："我就喜欢拍身材特别好的，和特别不好的。"

"啊？这有什么讲究呢？"

"艺术啊，不就是要一个极端吗？"

这丫头，倒蛮有想法的呢。我不由莞尔，问："你是台湾的吗？"

"我是马来西亚的。"

"可是，你怎知我能听懂你的中文呢？"

"你的 T 恤啊，上面不是印着大大的中国字吗？"

如此看来，这应该是一个马来西亚华人女孩了。马来西亚，我去过几次。虽然觉得马来风光还不错，人文也很有特色，但它实在算不上是一个大国。然而，和我们相比，马来西亚的护照却能在全世界 100 多个国家免签。

那天，我在三公里的步行道上盘桓了整整一天，直到相机的两张存储卡都被充爆。混到夕阳西下的时候，准备回宾馆了。岛上的出租车相当贵，昨天晚上，从费拉镇打的到北边的伊亚镇，玩到天黑之后又打车回来，单边 10 公里路程收费 15 欧元，来回就 30 欧元，还不能讲价、不打计价表。我不是土豪，要是让出租车这么搞下去，也受不了哇。为了不造成生活水准的急剧下降，我决定乘坐巴士从 Firostefani 返回费拉镇。三公里路程，岛上的公交车票价是 1.2 欧元。

◦ 马来西亚女孩

圣托里尼岛上的情侣

这天下午，海上飘来不少的云，这让聚集在西边准备观赏夕阳的观光客们很是忧心。而我则为自己昨晚趁着天气好拍了不少夕阳片子而暗自得意。

在来圣托里尼岛之前，就已经在雅典买好了这个晚上返回雅典的夜班船票。船票包含一个房间、床，还有单独的卫生间。等到 22：30，Eva 带着 11 岁的女儿 Dora，她先生开着她家的那辆奔驰商务车，送他家的客人下山到码头去搭乘晚上 12：30 的那班夜船。从我们开始搬行李上车，我就注意到，Dora 就躲在妈妈背后，偷偷地打量我。这大概是在一群西洋人中，我的亚洲面孔最扎眼吧。

上了车，Dora 就坐在我旁边，而那一对芬兰夫妻则坐在后面。

在 Eva 的不断鼓励下，Dora 终于用英语怯怯地问："你是中国人吗？"

"是呀。你的英语不错呢。"

Eva 笑道："她的英文在岛上同龄人中，还算不错了。不过，她现在对中文也很感兴趣。"

"是吗？你会说中文？"我吃惊地问。

"谢谢！"Dora 忽然用中文说道。

我也用中文说道："为什么谢呢？"

Dora 盯着我，又看看她母亲，显然听不懂我更多的中文了。

"谢谢，How are you！"须臾，她又说道。

"不对不对，中文'谢谢'不是 How are you 的意思。"

"是吗？那么，请你快教教我，'你好'是 thank you 的意思吗？"

"搞混了，搞混了，中文'你好'是 how are you，而'谢谢'的意思是 thank you！"

Dora 认真地重复着我的中文。

我扭头问前排的 Eva 道："现在希腊好像有不少人对中文感兴趣？"

Eva 笑道："中国也是文明古国呀。"

"就这个原因吗？"

Dora 抢着说道："中国客人很多，所以我们必须学好中文。"

我也认真起来，对她娘俩儿建议道："有机会，不妨送孩子去中国留学吧，这对孩子的前途也许会有一些好处。别的不提，当今世界，要说机会，我相信还是中国最多。"

◦ 艳阳下的圣托里尼岛

这些年，我在欧、亚、美地区多国游荡，要说学习汉语的热情，似乎以希腊为最高。这和最近这些年大批中国游客涌进希腊有关，同时也因为在希腊债务危机中，中国政府借了大量欧元给希腊，帮助他们暂时度过了眼前的破产危机。

这个世界，也许真的在变了。

送到码头之后，分手告别。午夜 12 点，海轮进港，12：30 准时出发，在夜幕中驶向雅典。

06

罗马尼亚和保加利亚:
欧洲最鲜为人知的国家

今天，在欧盟 27 个成员国中，罗马尼亚和保加利亚算是很穷的了。2013 年上半年，罗马尼亚和保加利亚两国再次提出加入申根，但遭到德国和法国的坚决反对。德、法两国给欧盟委员会写信，表示"担心这两个国家还无法有效杜绝腐败和有组织犯罪"。所谓有组织的犯罪，就是黑社会猖獗。这也正是许多人把去罗马尼亚、保加利亚旅游视为畏途的主因。因此，罗马尼亚和保加利亚虽然坐拥绝世美景和众多世界遗产地，却成为欧洲最鲜为人知的国家。

》1. 自驾罗马尼亚，去或者不去？

一般来说，国人到罗马尼亚，基本上都是乘坐公共交通工具进去的。我读到过的唯一一个驾车进入罗马尼亚的中国朋友的文章，说他拿的是捷克护照，开的是捷克牌照的车。捷克属于欧盟，同时也是申根国，它的护照，在罗马尼亚肯定与我们护照所享有的待遇有所不同。与那位自驾到罗马尼亚的中国老兄联系上之后，他很是热情，说："很简单，直接把车开进罗马尼亚就好了。"他提醒道："一定要提防路上的罗马尼亚警察，还有吉卜赛人。他们往往在公共场合东一群西一堆的，伺机对行人下手，您必须对他们严防死守，方可全身而退。"

老兄的一席话，说得我狐疑不已。听他语气，这哪儿是去旅游，简直就是一手榴弹捣蒜——危险哇！

老兄也许是感觉到了我的忧虑，赶紧安慰我："其实去罗马尼亚，没有什么问题真正是问题。一般的事儿，拿美元、欧元都可以搞定。"

我顿时就松了一口气："可不是咋的？在越南、老挝、柬埔寨，我都用钱搞定过当地的警察，这个事儿，咱懂！不过，在罗马尼亚，根据您的经验，一般多少钱可以走人呀？"

"我的经验，5 欧元一张的零钞，先提前准备好了。到时一张一张递过去，总有一张会起作用。"

我心中迅速地换算了一下，问："5 欧元面额的？就这么一点儿？"

"解决超速、过关、停车等一般小问题，多来几张 5 欧元，应该够了。罗马尼亚人收入低，他们的货币列伊（Lei）不值钱，几十欧元对于他们不是小数了。"

好吧，根据老兄的说法，开车进罗马尼亚，入境时如有问题，就拿欧元解决；遇上警察拦路，就拿欧元解决；停车停错地方，就拿欧元解决……反正欧元是万能的。可是，还有一个至关重要的难题：持中国驾照在罗马尼亚开车，相当于无证驾驶！罗马尼亚的政策是这样的——我承认中国驾照，你可以到相关部门，免试将其换成罗马尼亚驾照。但若你仅仅拿着中国驾照上路，那就相当于无照驾驶。

罗马尼亚货币

虽然中国驾照可以直接到当地交通警察部门免试换成罗马尼亚驾照，但由于当地公务人员办事效率低下，而持有申根多次旅游签证最多也就只能在罗马尼亚逗留 5 天，如果去换驾照，也许手续还没办完，就该依法离境了。

那么，去？还是不去？这是一个问题。实在想不出答案，干脆就直接给罗马尼亚驻华大使馆打去一个电话，问问中国护照和中国驾照开匈牙利牌照的车进入罗马尼亚的事宜，看人家官方怎么说。

大使馆的电话，是一个女士接的，听起来年龄应该不是很年轻。她的语速极快，噼噼啪啪的，基本上就不给我留下说话的空隙。只管自个儿说完了，就搁电话，留下一片忙音给我。

怔了一阵，开始回忆她的话。结果才意识到，刚才她说的既非中文，也非英文，应该是罗马尼亚语。她的信息，全然无用。

后来到罗马尼亚，通过和当地人的交流，才直观地感受到，大使馆那位女士的表现，也许正好体现了当下罗马尼亚失落的民族心态的一个侧面。一个在曾经的以苏联为首的社会主义阵营中相对还算不错的国家，虽然经历了 1989 年年底的革命，结束了齐奥塞斯库为首的统治，但在随后的全球化大潮中，却大大地落伍、边缘化了。这么说吧，在 20 世纪 80 年代以前，罗马尼亚的经济、文化状况比中国好得不是一点两点。然而，在今天，在中国经济总量已经达到世界第二的时代，它却沦落到今天这步田地。一些罗马尼亚人心中颇有些忿忿不平。

将前期的准备捋一下，第一个可能的麻烦是罗马尼亚贪腐成风。这其实也没什么大不了的，不就是给钱嘛。其次是治安问题。只要妥善计划，不走夜路，天黑就蜷在宾馆酒店里，你还敢冲进酒店来抢我不成？最后也是最烦人的，就是中国人的驾照不被承认。被警察拦下来检查倒不是什么大问题，解决方案上面已经说了，给钱！怕的是出事故，无照驾驶，全部责任。

那是 2013 年的秋天。如果要经过罗马尼亚南下保加利亚，在巴尔干地区画一个圈，无照驾驶的风险，是必须冒的。冒这个险的逻辑前提在于，虽然罗马尼亚有着种种的问题，但他们驾驶的习惯，肯定会比中国人好。对于我这样一个经历过中国城市道路磨练的、曾经驾驶轿车沿着诡异的川藏南线 318 国道进入过西藏、有着 30 万公里以上安全驾驶经验的行者来说，是没有理由畏惧世界上任何其他公路的。

从匈牙利的德布勒森驱车到匈罗边境，也就是几十公里。车至关口，一个胸前挂着工作牌、面目精瘦的中年男子在通道口拦下我，接过我的护照，让我把车开到通道外面去停着，然后回到办公亭旁来等候。这个男子长得很有斯拉夫人特色，身着便装，目光犀利。犹豫再三，还是没敢掏出相机来偷拍他，还是不惹他们为好。

我站在办公亭旁边。带着寒意的秋风携着雨丝袭过来，我不禁抱着膀子微微发抖。此刻天色尚早，关卡上还没有什么车经过。正抄着手无所事事的那位男子注意到我的哆嗦，他开始上下审视我，问："中国来的？"

"是啊。你是罗马尼亚官员吗？"

"我站这边是匈牙利。你准备去哪儿呢？"

我如实相告道："我打算经过罗马尼亚，去希腊和前南斯拉夫的国家。我有申根多次旅游签证，可以免签进入罗马尼亚，最多达 5 日。"

他一下笑了，说："是的是的，我们知道这个政策。"

不一会儿，罗马尼亚那边的亭子开门了，一位身着制服的女官员出来，手里拿着红褐色封皮的中国护照。接过护照一翻看，已经盖上了罗马尼亚的入境章。我悄悄摸了摸口袋里事先准备好的 5 欧元面值的一叠钞票，一时不敢相信，这就可以搞定了？

"这意思，我可以进入罗马尼亚了？"我问。

"是的。"罗马尼亚女官员面无表情，准备回到亭子里去。

可是不对，汽车手续还没办呢。我急忙把汽车的相关文件递给她，她看了看，让我继续等。几分钟后，她又出来，递还给我车子文件。

"都 OK 了吗？"我不放心地追问。

她挥了挥手，嘴里嘟哝了一句什么，转身离去。她的腰间别着一支手枪。尽管看起来这支枪塑料感挺强，但我知道，那确凿无疑地就是一支真家伙。

◦ 罗马尼亚公路沿途风景

在罗马尼亚边检亭外面，冰凉的秋风中，我拿着一叠文件，不知该怎么办。思索片刻，决定先进去再说。有啥问题，最多不就是给钱吗？天塌不下来。没料到，后来居然是一想成谶，真的遇到麻烦了。

2. 锡比乌的眼睛，神秘、忧郁而又诡异

从边境的奥拉迪亚（Oradea）经阿尔巴尤利亚（Alba Iunia）到锡比乌（Sibiu）这一带，是罗马尼亚西部的山区，古名称为特兰西瓦尼亚（Transilvania）。这一片宁静、美丽而又相对闭塞的土地在历史上曾经多次易手。今天，在这里生活着达契亚人、马扎尔人、吉卜赛人、日耳曼人，等等。

远远地看到小山脚下村子里有一座高高的小教堂，呈现出明显的东正教特征，于是决定进村去近距离地看一看当地农民的原生态状况。

村口的牌子上写着，这个村子叫 Ceica。房屋破旧，路面坑洼，这是一个破落不堪的村子。在村头小杂货铺门前，一个男子用自行车驮着奶酪，在细雨中默默地等待着买家。可是，在这种绵绵秋雨的天气里，哪儿有什么人在外面走呀？中国农贸市场上那种熙熙攘攘的大好形势，您甭想能在这儿看到。

说实话，我瞧着这男子，都忍不住替他着急——我是不吃奶酪，我讨厌奶酪，不然我给您买了得了，大冷的天，您也好回家歇着。

卖奶酪的人

聊天的村民

年老的村民——老大爷

罗马尼亚普通村庄

天道酬勤，过了一阵，有一位老太太终于出现，一下子买了好几块。这时，我才算松了一口气儿。这就对了，人生贵在坚持。跟着咱们中国人学勤劳，一定能有所收获。

村子里面，偶尔有几家人的门口，会停着一辆老旧的达契亚（Dacia）轿车。这个达契亚品牌，曾经是罗马尼亚汽车工业的骄傲。20 世纪 90 年代上半期，中国还进口过不少达契亚皮卡。今天的达契亚已经被法国雷诺控股，不再属于罗马尼亚。几十年革命的折腾，罗马尼亚差不多又回到了原点。

正在我近距离观察达契亚车子时，房子里出来了一位老大爷，热情地冲我招手道："阔费！阔费！"

达契亚轿车

这个我能听懂，大致是请我进屋喝一杯咖啡的意思。可惜没多余的时间在此盘桓，更重要的是与罗马尼亚村民之间语言不通，我不得不驾车离开。

历史上，罗马尼亚从来就不是一块安宁的地方。这块地方最早的土著居民是达契亚人，而后古罗马大军从亚平宁半岛打到这里。罗马人与达契亚人融合，造就了今日的罗马尼亚人——这也是 Romania（罗马尼亚）一词中包含有 Roman（罗马人）这个词根的原因。后来，罗马帝国分裂，罗马尼亚归属信奉东正教的东罗马。从 15 世纪开始，奥斯曼土耳其统治了此地。罗马尼亚面积 23 万多平方公里，基本上相当于中国的广西壮族自治区；人口 1900 万人，约为广西壮族自治区人口的 40%。

抵达锡比乌的第二天早上，秋雨绵绵。酒店位于市区内一个公共花园的旁边，很安静。服务与设施都很不错，位置较幽静，如果不是开车去，交通可能显得不太方便。

在酒店吃完早餐后，冒雨前往锡比乌老城。出了酒店，拐过一个街角，就看到不少出租车等在那里。随便找了一辆上去。细密的雨丝悄无声息地飘到玻璃上，美丽的古城锡比乌的老街房屋在车窗外如溪水般缓缓而来，又轻轻而去。

我跟司机说："到老城中心去。"

那位帅哥瞟了我一眼，问："怎么走？"

"照直走！"我立马回答。心想，即便从酒店走路到老城，最多也不过就15分钟，你再能绕，能把我绕到哪儿去？还怎么走呢。

他说："老城里面车子不能进去。"

"那就找一个最近的、可以停车的地方去。"

"可是，谎言桥，你去过吗？"

"什么意思？"

"老城边上的谎言桥，也是咱们罗马尼亚的第一座铁桥；站在桥上的人说谎话的话，桥就会塌。"

锡比乌老城中心广场

我好奇心一下就上来了，说："有这么古怪？那就去看看。"

得，这下好了，预期中本来很短的一段路，现在咱是心甘情愿地、活生生地被司机围着老城绕了一大圈，晃晃悠悠地把车开到老城的另一边才算了事。

锡比乌是 2007 年当选的欧洲文化之都，它的日耳曼军事防御要塞是联合国教科文组织评定的世界文化遗产，同时这里也是罗马尼亚爵士之都，每年都会举办国际性的爵士音乐节。锡比乌老城建于 800 多年以前，是罗马尼亚西部特兰西瓦尼亚地区日耳曼民族最集中的地方。这一带曾经是奥地利（奥匈）帝国和奥斯曼土耳其帝国的战场，随着奥匈的阶段性胜利，大量的日耳曼人和匈牙利人来此定居，直至今日。

但是，对观光客来说，锡比乌最吸引人的是眼睛。

是的，眼睛。Eyes of Sibiu——锡比乌的眼睛。欧洲的传统房屋，有着在屋顶开天窗的习惯。匈牙利布达佩斯附近的著名小镇山丹丹（Szendetre）把他们的天窗称为"山丹丹之眼"。但实际上它并不为山丹丹所独有。在整个欧洲地区，到处都可见它的身影。譬如，德国名镇罗腾堡（Rothenburg Ob Der Tauber）。如果说，山丹丹那形状相对比较内敛的弧形天窗像秋水盈盈的丹凤眼的话，那么德

◦ 锡比乌的眼睛

国罗腾堡的那种弧形天窗，线条更为饱满圆润，活脱脱就是明眸剪水的杏眼。

来到罗马尼亚的锡比乌才发现，什么山丹丹、罗腾堡，和锡比乌比起来，都弱爆了。在锡比乌几乎每一幢老屋的红瓦顶上，都睁着一只或几只有如眼睛一样的天窗，栩栩如生。无论何时，只要一抬头，你就能感觉到锡比乌的眼睛正笑盈盈地看着你，在阴湿的秋季，显得神秘、忧郁而又诡异。

这个季节，这种天气，使得锡比乌几乎没有什么游客。但忧郁的秋雨，掩不去锡比乌的美丽。街道古老，小巷深邃，红墙神秘，秋雨霏霏，行人寥寥，脚步橐橐。漫步其中，抑制不住地就想到了戴望舒那首《雨巷》，静谧而安详的雨巷。

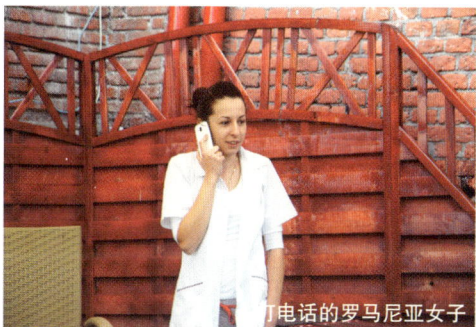
打电话的罗马尼亚女子

街巷

老房子

保存完好的老城，虽显破旧，却韵味无穷。站在锡比乌空无一人的老街街头，我不由得生出万千感慨。不经意间，一辆香槟金颜色的出租车轻轻地滑停在我面前。过了好一阵，我才注意到，出租车女司机竟然一直笑眯眯地看着我。敢情，她是因为看到我伫立街头，料定我会打的，专门过来候着的。

离开这座古城之前，提供一点关于锡比乌的旅游攻略信息吧——锡比乌的老城中心就是 Piata Mare，即锡比乌大广场。到了那里，可以到市政大厅一层免费索取英文地图等信息。地图上标有 11 处主要景点并且有简单介绍，借此您可以很方便地游览所有景点，步行足矣。

3. 锡吉什瓦拉，洞穿了浓雾般的时空

锡比乌东北 90 公里处，有罗马尼亚另一个著名古城锡吉什瓦拉（Sigishoara），这座老城在 1999 年入选联合国教科文组织《世界遗产名录》。

清晨，从锡比乌出来，绵绵秋雨淅淅沥沥地下着。一路空气清新，原野肥沃。这一带的村子，以吉卜赛人为主，村舍五颜六色很是喜庆。在村里把车停下，打算找几位吉卜赛老乡唠唠嗑儿，结果竟无一人懂得英文。

年轻的吉卜赛人

裴多菲塑像

我最初的吉卜赛印象，来自《巴黎圣母院》中那位美貌倾城而又心地善良的吉卜赛姑娘埃斯米拉达。扮演那位吉卜赛女郎的意大利演员吉娜·劳洛勃丽吉达在很长时间里都是我心中不可替代的美女的代名词。理想虽然丰满，现实却往往骨感；电影虽然好看，生活中的吉卜赛人却常常让人避之唯恐不及。作为一个最早从印度走出来的流浪民族，在上千年的历史中，虽然也积淀出了狂放不羁、蔑

锡吉什瓦拉街景

视主流、浪漫多情的民族文化，但却将自己的民族希望寄托在如歌舞、算命、诈骗、偷盗等旁门左道之上，整个民族无心向学，崇尚取巧。

穆列什河支流大特尔纳瓦河畔的锡吉什瓦拉位于罗马尼亚中北部。这座古老的特兰西瓦尼亚小城的历史，最早可以追溯到 12 世纪。14 世纪成为著名的手工业城市，20 世纪以后成为罗马尼亚重要的铁路枢纽之一，有纺织和服装、玻璃、瓷器、食品加工、机械等工业。

新城的道路，是黑色沥青路；到了老城，就变成传统的石头路。这座老城，是曾经的军事要塞。城门高大而结实。老城的地面，虽凹凸不平，但在阴霾的天空下，倒很有感觉。恍惚之间，就把人拉回到了中世纪的欧洲。

漫步在位于小山上的锡吉什瓦拉老城中，竟意外地在一座哥特式教堂门前看到了匈牙利著名诗人裴多菲·桑德拉的雕像——就是那位写下千古绝句"生命诚可贵，爱情价更高，若为自由故，二者皆可抛"的诗人。

匈牙利诗人怎么跑这里来了？罗马尼亚西部地区，曾经是奥地利帝国的地盘，而匈牙利在相当长时间里属于奥地利。所以，匈牙利人裴多菲来这里，合情合理。

但是，老城中的裴多菲雕像，却是为了纪念这位战死在锡吉什瓦拉附近的阿尔贝什蒂的伟大诗人。1848-1849 年，不甘寄人篱下的匈牙利人掀起了独立运动。

裴多菲投身于独立战争中，并战死疆场，卒年 26 岁。由于匈牙利人不断的反抗斗争，奥地利帝国被迫在 1867 年同匈牙利签订协定，商定在承认奥地利皇帝为统一元首的前提下，建立二元化的联合国家政体，并给予匈牙利很大的独立自主权利，国名也改称奥匈帝国。

作为世界文化遗产地，这座古城是拍电影的理想之地。欧洲很多的电影、电视剧剧组都来此取景。在老城的墙上，经常贴有招募临时演员的海报广告。如果您长得有那么一点儿像欧洲人，又或者剧组正好需要亚洲面孔以便拍摄中世纪蒙古人的话，那么，建议您一定要抓住机会，毛遂自荐，过把戏瘾。

锡吉什瓦拉教堂

锡吉什瓦拉有 850 多年历史。在中世纪时，现在罗马尼亚西部的特兰西瓦尼亚地区是当时雄踞中欧的匈牙利的地盘。12 世纪时，为了保卫边疆，匈牙利国王征召居住在日耳曼地区的工匠和商人前往特兰西瓦尼亚。这些日耳曼人在罗马尼亚西北部修建了 7 座城堡，以抵御来自东方游牧民族和奥斯曼土耳其的侵略。锡比乌和锡吉什瓦拉都属于这 7 座防御性城堡。

可是，这座古城是日耳曼人修建的，那么，当地的罗马尼亚人干吗去了呢？

在漫长的历史演进过程中，罗马尼亚人的血统相当不纯。这里最早的居民是达契亚人，然后罗马帝国打过来，和当地人混血之后，产生了一个新的民族罗马尼亚族。随后，匈牙利人来过，奥斯曼土耳其人来过，奥地利的日耳曼人来过，俄罗斯人也来过。甚至亚洲的蒙古人也跑来和他们混过血——据记载，成吉思汗曾经就率领横扫欧亚的蒙古大军打到罗马尼亚西北部一带。

历史上，罗马尼亚本土人至少雄起过两次——一次是 15 世纪的"吸血鬼"德古拉（Dracula）伯爵时代，一次是 20 世纪的共产党总书记齐奥塞斯库时代。

吸血鬼？您的脑海里也许立马就显现出汤姆·克鲁斯和布拉特·皮特两大帅哥主演的《夜访吸血鬼》，或者更近一些的《暮光之城》等等。不过，罗马尼亚具有

吸血鬼德古拉伯爵出生地

世界声誉的吸血鬼德古拉却是在 1431 年出生于锡吉什瓦拉老城内的一幢三层楼黄色房子里。这所房子现在是一个旅游餐厅，主要提供以德古拉命名的、充满噱头却又令中国人难以下咽的各式罗马尼亚菜肴。

曾经的那些日耳曼人非常富有建设性。在他们手中，锡吉什瓦拉很快就成了

屠夫楼

锡吉什瓦拉街头

街头绚烂的色彩

钟楼

锡吉什瓦拉的孩子

锡吉什瓦拉的美女

锡吉什瓦拉的美女

重要的手工业城市。当时，各种手工业行会出资在城内大兴土木，修建了大量的建筑，其中有皮革匠楼、理发师楼、锡匠楼、首饰匠楼、搓绳匠楼、皮袄匠楼、织布匠楼、裁缝匠楼、鞋匠楼、制锁匠楼、箍桶匠楼、铁匠楼，等等。

古城最重要的、设计最精湛、也是最有气魄的建筑，当然是它的钟楼。钟楼建于 14 世纪，楼高达 64 米。悠悠的岁月，将高大古朴的墙面褪色得斑斑驳驳。钟楼上方有一只大钟，钟旁边小龛内有 7 个铜人，代表每周的 7 天。现在钟楼大厅是锡吉什瓦拉市博物馆。

总之，锡吉什瓦拉是欧洲著名的古城，位列欧洲三大城堡之一。从 13 世纪以来，它没有受到任何损坏被完整地保留了下来，因此也当仁不让地成为世界文化遗产。

老城街头上，不时会出现几个吉卜赛人打扮的当地人。其中有一个男孩，看起来挺有特色的。见我举起相机对准他，他立即摆出非常配合的 pose。等我一拍完，他马上就大吼大叫起来。定睛一看，原来他是在叫躲在墙根儿的妈妈过来找我要钱。

空中时不时会飘洒下一些雨丝。锡吉什瓦拉的街道，色彩绚丽。我坐在一个广场边的椅子上，依稀之间，仿佛洞穿了浓雾般的时空，来到往昔人声鼎沸的老城市集，在那里聚集了特兰西瓦尼亚最优秀的工匠的作品，这些作品遗留至今，成为罗马尼亚的传世之宝。而那些权倾一时的王侯、道貌岸然的贵族、贪冒官荣的奸佞、忸怩作态的命妇、蝇营狗苟的众生，当命运之手如潇潇秋风涤荡世间尘埃之后，他们在九泉之下，是否能够明白，人生最重要的到底是什么？

4. 罗马尼亚中部山区，2013年秋的第一场雪

喀尔巴阡山脉像一弯月牙蜿蜒于罗马尼亚的中部。山脉的西边，是曾经属于

匈牙利和奥地利、现在属于罗马尼亚的特兰西瓦尼亚地区。

我从西边的匈牙利而来，逶迤而下东南，到达布拉索夫（Brasov）时，竟意外地碰到下雪。驾车在城市道路上一番转悠，终于在老城的边上找到一个露天停车场。停车费每小时 3 列伊，相当于人民币 6.75 元。

布拉索夫，这座罗马尼亚中部的重要城市，1950–1960 年曾经又名"斯大林"。

布拉索夫议会广场，位于老城中心。这里的黑色教堂是闻名全国的古建筑，为特兰西瓦尼亚地区的最大天主教堂，建于 14~15 世纪，具有晚期哥特式建筑风格。1689 年被焚毁，石墙被烟熏黑。重建后，外墙仍呈黑色，黑色教堂由此得名。

细密的雨雪中，我踅进了一家水果小店。正在挑选水果时，门外又进来两三

布拉索夫街头女郎

布拉索夫街头

布拉索夫黑色教堂

个皮肤黝黑、内穿鲜艳袍子、外披黑色斗篷、裹着厚厚的头巾的女人。女店员轻轻地嘀咕道："Rom（罗姆人，亦即吉卜赛人）！"一时之间，店里所有人一下子都安静下来。看得出来，店员和逛店的客人都对这些吉卜赛人充满戒心。好在这几个吉卜赛女人在店内晃了一圈就出去了。然后，就像定格的电影被重新播放，挑水果的、收银的，又都鲜活地动了起来。一切恢复正常。

从水果店出来，一抬头忽然看到前面街边杵着两个警察，心中一惊，赶紧在口袋一阵乱摸，检查是否将租车合同、保险单、驾驶证、护照等准备完好。

还好，这些东西都在。我摸了摸额头的冷汗，蓦地想起，此刻我又没开车，我怕警察干吗呀？虽然我的驾照在罗马尼亚不合法，但此刻我是合情合法的旅游者。结果，这俩警察连正眼都没瞧我一下。

雪花轻轻地飘，街道很安静，能听到自己脚步的橐橐声在颇有历史感的墙壁之间回荡。白雪在年代久远的屋顶和城后的山顶上积起，古旧的房屋，多姿多彩，点缀着城市的梦。既然到了布拉索夫，那就推荐一部电影吧:《奇普里安·波隆贝斯库》。波隆贝斯库（Ciprian Porumbescu，1853 — 1883）是罗马尼亚伟大的作曲家、小提琴家，年轻时赴维也纳学习音乐，回国后在布拉索夫的中学任音乐教员，1883 年在贫病中去世，年仅 30 岁。他的作品具有浓郁的罗马尼亚民间风格和深刻的内容。他也是罗马尼亚现代音乐的奠基人之一，罗马尼亚新国歌就出自他的手笔。

从旅游角度来说，布拉索夫不是一个值得推荐的地方，这里已经变得相当商业化了。与我此前游览过的锡比乌、锡吉什瓦拉相比，在布拉索夫老城中心一带，几乎已经没有原住民了。所有临街的房屋，基本上都改成了饭馆和商店。

在布拉索夫老城广场边上的各色纪念品商店和餐馆里盘桓到天黑，去停车场交费取车，顶着忽然大了起来的鹅毛大雪，在黑夜中直奔南边 25 公里处的布朗（Bran）镇而去。

抵达布朗镇之后，GPS 把我指向了旁边一条小土路，这条路折向镇背后的山坡。夜幕下，看不真切周边的环境，但觉车窗外白茫茫一片，在前车灯的两条光柱中，满是纷飞的雪花。我一边遵从 GPS 的指令，专注而机械地轰油、刹车，转动方向盘，一边暗自思忖，要是这台已经有 20 万公里里程的 Opel 老车在这个地方抛锚，那就惨了。车外的温度，很显然在零度以下。山坡上，既没有车辆经过，也看不到人影。这是 2013 年 9 月的最后一个晚上，在吸血鬼布朗镇的山间，万籁俱寂，只有我控制的那台柴油发动机在旷野中发出惊心动魄的轰鸣……

好吧，我承认，我相信人品这个东西，在某些神秘的时刻，是会起作用的，虽然我不知道它为什么、以什么方式、在什么时候起作用。我虽有几十万公里的自驾经历，却很少在雪地里驾驶过。但在布朗那个风雪交加的晚上，顺着山坡雪地上两条深深的车辙印，跌跌撞撞地总算是找到了预订的那家酒店。一走进酒店温暖的大堂，听到前台男孩流利的英文，我一下就跌坐在大堂壁炉前软乎乎的沙发里。

第二天清晨，早早醒来。透过窗户和阳台，远远地可以看到镇上阑珊的灯火。

这一天，是 2013 年 10 月 1 日，国内国庆长假的第一天。早上 7 点，来到餐厅用早餐。刚坐下，伴随爽朗的笑声，又来了一对搂搂抱抱、不时还交换一个热

◦ 喀尔巴阡山雪景

吻的男人。据前台那位英文超级流利的男孩说，这一黑一白两个男人，是除我之外仅有的两位客人。这个季节，不是旅游旺季。酒店所在的这个位置，也很不当道。如果不是自己驾车，要住到这里来的可能性是相当的低。也许，这正是那两位客人能够在此无拘无束地当众开怀大笑的原因吧。

餐厅朝向山谷的阳台非常宽敞，在那里，可以俯瞰那山、那镇、那雪。白雪之下，彩色的房屋和金黄的树叶，让我忘掉了喀尔巴阡山清晨的凛冽。

这是罗马尼亚中部山区 2013 年秋的第一场雪。酒店位于喀尔巴阡山北坡的一个小山村里，清晨的空气凛冽而清新。我想，上帝对我也许并不薄，能让我在这样一个早上，徜徉在这样一个童话般的小村。

5. 吸血鬼城堡德古拉，冷峻、苍凉、凄美

在酒店退房之后，开车下山，直奔两公里外的布朗城堡。虽然昨晚还是大雪迷漫，这个时候的道路，已经有铲雪车先期清理过了，正常行驶毫无问题。

没走几步，遥遥地就看到对面地势险峻的山梁上出现了一座巨大的建筑。在阴霾的背景下，这个银装素裹的建筑显得冷峻、苍凉、凄美而又充满富贵之气。它就是全世界最著名的吸血鬼城堡——又名布朗城堡、德古拉城堡。

中世纪时，从亚洲迁移到欧洲立国的匈牙利成为中欧地区最强大的国家。随着 13 世纪奥斯曼土耳其帝国的崛起，匈牙利国王于 1377 年开始在今天的布朗兴建城堡，目的是抵御来自东南方向土耳其人的进攻。

德古拉 1431 年出生在锡吉什瓦拉。他很不幸，出生在一个混乱的时代。那时奥斯曼土耳其人从东南方不断侵蚀、吞并巴尔干地区。在欧洲人眼中，信奉伊斯兰教的土耳其人是不折不扣的异教徒。

其实，德古拉真正的名字是弗拉德三世（Vlad III）。他的父亲弗拉德二世是受封于神圣罗马帝国皇帝的骑士，是效忠于基督教、发誓要与土耳其人战斗到底的皇家龙骑士团的一员。在罗马尼亚语中，德古拉（Dracul）便是来自"龙"（Dragon）这个单词。所以，当人们叫他德古拉的时候，实际上是尊称他为"龙"，或表明他是声名显赫的皇家龙骑士团的成员。

虽然德古拉的父亲以反奥斯曼为己任，但他也不是一点谋略都没有的赳赳武夫。为了维持和土耳其的关系，1442 年，11 岁的德古拉与其年幼的弟弟被送往

德古拉城堡

土耳其的首都君士坦丁堡，作为人质在那里待了六年。

德古拉在周遭充满敌意的土耳其首都待了几年后，国内传来其父与兄长被叛变贵族暗杀的消息。17岁那年，他在土耳其苏丹的支持下，率军打回瓦拉西亚公国（当时的罗马尼亚三大公国之一）并夺回政权。这个家伙，跟所有独裁者一样，上台之后第一件事便是整肃异己。其手段之苛酷，欧洲历史上几乎无有出其右者。

德古拉有一个外号，叫作"穿刺公"（Tepes）。意思就是用一根大木棍，从人的下体刺入，头部穿出，是为穿刺——说实话，打下上面这行字，我感觉阵阵心悸。这就是历史上真实的德古拉，亦即弗拉德三世，或者"穿刺公"。谁要是敢于反对他的统治，不管他是罗马尼亚人或是土耳其人，德古拉就会想方设法地把他抓回来穿刺，并挂在城门外示众。

摊上这么一个君主，不知是罗马尼亚人的福气呢，还是灾难？

在德古拉稳定了内部政权之后，便与扶他上台的土耳其决裂了。说实话，作为一个亘古少见的暴君，德古拉在军事上还是有两把刷子的。他曾在多瑙河畔多次打败数倍于罗马尼亚军团的土耳其大军，将当时如日中天的土耳其人挡在罗马尼亚之外。由此，他也成为罗马尼亚的民族英雄。

德古拉城堡近景

但是，有一点必须要说明白的是，古代人是没有现代民族国家的概念的。意思就是，人们处于一个国家之内，并认同这个国家，不是因为他们都是同一个民族，很大程度上是由于他们认同同一个君主（如奥匈帝国皇帝），或认同同一种文化（如中华儒家文化）。所以，对当时罗马尼亚人来说，也许谁

德古拉城堡远景

统治他们并非是一个最重要的考虑；相反，谁最能让他们有比较安宁的日子过，谁才算是好君主。如是观之，罗马尼亚人对残暴的德古拉，是怀着一种复杂心态的。

讲一件德古拉臭名昭著的事情吧。1462年，由于被盟友出卖，德古拉败退到他的首府。乘胜追击的土耳其大军抵达城下时，赫然见到开战时被俘虏的两万多名土耳其士兵，都被剥光了衣服示众，并被活活地穿插于木桩上。那些从土耳其俘虏嘴部或臀部刺进的棒子四处林立，环绕着城池达一公里长。乌鸦和秃鹰不断地啄食这些死尸，浓烈的腐臭味弥漫不散。前来进攻的土耳其军队目睹这令人毛骨悚然的情景，莫不为之心胆俱裂，了无战意，只得撤离。从此，德古拉公爵见血发狂、嗜血如命之名不胫而走，"吸血鬼"的称号逐渐传遍欧洲。

德古拉时代的罗马尼亚，东拒奥斯曼土耳其，西抗中欧霸主匈牙利，一时之间，成为一方诸侯，周旋于欧洲强国之间，令人不敢小觑。1476年冬，德古拉战死于布加勒斯特近郊战场上。土耳其军队后来将德古拉的尸体四分五裂，首级被远送至君士坦丁堡。从这以后，罗马尼亚又陷入沉沦。

1897年，爱尔兰作家Bram Stoker以德古拉为原型，创作了以吸血鬼为题材的哥特式小说——《德古拉》。这本小说大获成功，牢牢地坐实了德古拉的吸血鬼之名，德古拉从此成为吸血鬼的代名词。

德古拉的一生，是战斗的一生，是英雄的一生，同时也是作孽的一生。在他的统治下，他的百姓和他的敌人一样，苦不堪言、生不如死。今天，在德古拉的故乡特兰西瓦尼亚地区，这位昔日的暴君成了当地的一张喜闻乐见的旅游牌，为地方收入的大幅增加做出了他曾经应该做而没有做的贡献。

那个早上，由于下雪，整个城堡里除我之外，只有一对情侣。雪中的小花，傲然怒放。在一片寂静之中，在世界闻名的吸血鬼城堡里，听得最多的声音，是自己的呼吸声和轻轻的脚步声。从前，德古拉深知自己树敌过多，所以在他的时代，他将城堡的大门封闭起来，以防敌人进来暗害于他。现在，游客可以顺着步行道，很轻松地到达城堡。

离开布朗城堡后，前往北边10公里处的另一个小镇——拉斯诺夫（Rasnov）。在媒体各式报道中，它被称作中世纪的吸血鬼小镇。

今日的罗马尼亚人将他们中部地区的一系列精美绝伦的古堡、古镇、古要塞冠上不伦不类的吸血鬼之名。可是，要说德古拉曾经居住过的布朗城堡跟吸血鬼有一腿也就罢了，把拉斯诺夫也当成吸血鬼小镇而津津乐道，似乎就有点哗众取宠了。像罗马尼亚这样一个在历史上不断地被折腾、很少有机会自己作主的民族，

。拉斯诺夫要塞

是很难树立民族自信心的。也许，在他们看来，他们那些可怜的被虐经历毫无价值与意义，在外国人眼中完全不值一提，以致于他们必须给自己弄一些荒诞不经的东西，才能引起别人的注意。更有甚者，从心理学角度来看，既往的苦难，对他们来说，有可能已经沉淀为某种不可愈合的心理创伤。这个创伤是如此之深，以致于他们宁愿选择假装忘掉，也不愿当众提及。

拉斯诺夫最早的官方记载是 1331 年，它最初是由匈牙利治下的日耳曼骑士修建的用以防御鞑靼人的一座要塞。

1989 年的民主革命后，罗马尼亚试图融入西方体系，却一直不那么成功。历史上的失败、现实中的挫折，使他们越来越像一个希望吸引大人注意、却又不得要领的孩子。在这个时候，某些外国人对吸血鬼的追捧，也起了推波助澜的作用。这让罗马尼亚人慢慢开始相信，外国人都喜欢吸血鬼故事，于是，罗马尼亚的本土文化，就变成了吸血鬼文化。吸血鬼这个噱头，逐渐地就成了他们用以向世人展现自己的一个窗口。

散发出迷人的中世纪魅力的拉斯诺夫要塞，位于风光秀丽的雪坡之上。在她的周围，是原始自然的森林、田野和山脉。美国的经典电影、讲述南北战争时期一段情感的《冷山》(Cold Mountain) 便在此地取的外景。这是一个美得令人心悸的小镇，它完全不需要拉上吸血鬼来帮自己招徕游客。

与一般城堡、要塞和堡垒不同，扼守要地的拉斯诺夫同时还是个避难所 (refuge)，有住宅有学校有教堂，更像中国古代的一个小型城池。这种规模比较大的要塞，在防守上有着城堡所不能比拟的优势。但固若金汤的拉斯诺夫在历史上还是失陷过一次——唯一的一次！

那是在 1612 年，由于进攻方找到了供应山上饮用水的秘密通道，并切断之，从而使得要塞无法继续坚守而沦陷。唯一的一次沦陷，给了驻守此地的日耳曼人极大的刺激。

显然，以前的取水通道已经不再是秘密，不能再用了。那咋办？打井呗。于是让两个奥斯曼土耳其的俘虏去挖井，答应挖成就释放他们。这两个可怜的家伙，一挖就是 15 年，最后居然真的就挖出水了！不过，这两个不幸的俘虏最后还是被杀了。

位于山顶的拉斯诺夫要塞扼守着此地的咽喉。从要塞破旧的老城墙看出去，山下是白雪皑皑的肥沃平原。凛凛的风儿倏忽而至，带来了某种难以言状的感觉。在罗马尼亚那 23 万多平方公里的疆域里，要山有山，要海有海，要平原有平原，要资源有资源，地理位置又好。遗憾的是，罗马尼亚虽然具备一切能让它成为强国的因素，但她却几乎一直是个非主流国家。

6. 女孩抿嘴笑道，Why not？只要有感觉

　　喀尔巴阡山山脉被称作"罗马尼亚的脊梁"。在山区，幽林茂密，山间峡谷纵横，风景如画。冰川时代留下的湖泊及瀑布随处可见。原始森林的原生状态保持完好，吸引了大批稀有的野生动物来此定居，数量之多居全欧之首。地下蕴藏着丰富的煤、铁和黄金等矿产。

◎佩列什城堡

　　某种意义上，喀尔巴阡山就是上帝送给罗马尼亚的礼物。

　　雪山上的公路，崎岖而陡峭。一路风景如画，途中不断停车拍照。顺道就去了锡纳亚（Sinaia），那是一座有着 300 年历史的童话般的城市，位于布加勒斯特以北约 130 公里的南喀尔巴阡山中段。

　　在锡纳亚，有罗马尼亚最宏伟的宫殿——Castelul Peles。Castelul 意为城堡，Castelul Peles 连在一起，就是佩列什城堡的意思。而国内各种资料一般都把它不恰当地叫作佩列什皇宫。

这个城堡是罗马尼亚国王卡罗尔一世（Carol I）在1872年请德国建筑师设计和建造的。19世纪时，罗马尼亚是附属于奥匈帝国的一个王国。在奥匈帝国内，只有一个人有资格被叫作皇帝，那就是茜茜公主的老公约瑟夫皇帝。同时，罗马尼亚还深受奥斯曼土耳其帝国的掣肘。为了争取国家独立，罗马尼亚人跑到德国去，把当时的德国亲王卡罗尔请过来当国王。这个德国人卡罗尔一世倒是为罗马尼亚人做了不少好事。譬如，以德国为学习榜样，力争让罗马尼亚成为地区性强国，以及欧洲列强不可或缺的盟国。卡罗尔一世还修建了不朽的传世之作佩列什城堡——或者如果您非要给它一点帝王之气，也可称之为佩列什王宫。

依山而建的佩列什城堡四周满是茂密的树木，环境幽雅，隽永清秀，有如世外桃源。这是一幢庄严华贵的哥特式建筑，外观体现了德国文艺复兴时期的风格。皇宫前的小广场有喷泉和主人卡罗尔一世（Carol I）的雕像，宫殿前面有一大理石平台，平台上可以看到水池和千姿百态的石雕。皇宫内部全部由木头建成，富丽堂皇，陈设优雅，展现了德、意、英等不同国家的风格。

过了锡纳亚，就进入罗马尼亚南方的平原地区。平原的中心，就是首都布加勒斯特。

还没进布加勒斯特，就遭遇到拥堵。看起来，这似乎不是因为这座城市的车子多得了不得，而是因为这里没有立交桥，基本上所有的交叉路口都是靠红绿灯控制。这里建筑陈旧，式样千篇一律，和帝王气质、古韵遗风的维也纳、布达佩斯和布拉格相比，完全不在一个层面上。

在蛇行斗折的小街中钻来钻去，终于找到躲在巷子深处的那家酒店。经理是一位中年男子，名叫Nita。从我驾驶的那辆老爷车一开进酒店院子里起，他便忙上忙下地给我做Check in、拎行李、打开房门、提供一切必要的相关信息，等等。这是一个非常热情、非常乐于助人的罗马尼亚绅士。

到房间安顿下来之后，左右无事，便来到他办公室聊天。这个季节基本上没什么客人，员工们都被暂时放回去休息了，现在

酒店经理Nita和他的员工

酒店里就 Nita 和另外一个小伙子。

在 Nita 小公室天南海北胡侃一番，看看天色尚早，便决定出去逛逛。顺手从 Nita 那里拿了几张免费的布加勒斯特旅游地图，准备出门找出租车。我给 Nita 的理由是，我不熟悉布加勒斯特的路，所以不自己开车出去，实际上是怕在布加勒斯特的街道上被警察拦住。中国驾照在罗马尼亚不能直接使用，从匈牙利过来这一路上，一看到警察我就免不了有点肝儿颤。

Nita 说："要不这样，我帮你叫一辆出租，省得你麻烦，也免得你被人敲竹杠。10 列伊吧，送你到就近的凯旋门一带。"

布加勒斯特凯旋门

心里悄悄一算，10 列伊，折合 22.5 元人民币，挺便宜。于是 Nita 拿起电话就是一番拨打，结果却是他想找的那位出租车司机，眼下正被一个业务缠住，无法过来。

我说："那就算了，我自个儿出去找车去。"

Nita 忙拉住我说："那哪儿行呢？这样吧，我开车送你过去。"

"那也行，还是 10 列伊吗？"

Nita 连连摇头："我免费送你过去。"

于是就上了他那辆红色福克斯两厢轿车，汇入茫茫车流之中。一路聊着，不一会儿就看到了布加勒斯特凯旋门高大雄壮的身姿。四下一瞧，这个地方，地处大道中央，车辆川流不息，怎能停车呢？

Nita 笑道："别担心。我带你去一个好地方，就在旁边。"

三分钟后，他把车停在一所白色建筑面前。下来一看，Muzeul Satului——这不就是传说中的罗马尼亚乡村博物馆吗？

Nita 说："逛完乡村博物馆出来，凯旋门就在旁边 5 分钟步行路程的地方。"交待完毕，他驾车离去。

在有着众多博物馆的罗马尼亚首都布加勒斯特，位于海勒斯特勒乌公园内著名的乡村博物馆显得极为与众不同。这是一座介绍罗马尼亚农村建筑艺术、民间艺术和农民生活习俗的露天博物馆。博物馆占地 10 公顷，它的展厅就是散布在其中 40 个院落中的 66 座乡村建筑。乡村博物馆不仅是参观游览的好地方，也是民间歌舞演出和手工艺表演的好场所。博物馆每年都举办民间歌舞比赛和手工艺品制作比赛。看到这里，大致你就知道了地道的罗马尼亚人的生活方式了。

在博物馆的院子里走走逛逛，蓦地发现一所老木屋的旁边，立有三个女孩，正笑吟吟地看着我。

于是，便微笑着报以一声 Hello。

乡村博物馆大门

外语

穿民族服饰的女孩

其中一个黑发女孩问："你是日本人吗？"

"我？日本人？不是不是。"我连连摇头。

"韩国人？"

"No no no no no……我看着像日本人和韩国人吗？他们都很丑的！我是中国人。"

"丑吗？韩剧里的演员，都很漂亮呢。"

我不由莞尔，道："那是从几千万人口中选出来几个底子稍微好点的，然后再人工整容，削出来的。"

也许是我这句话的英文稍微难了一点点，以致于这个女孩不得不扭头叽叽叽地翻译给其他两个。然后她们奇怪地笑着看我，露出一丝不太相信的神情。

这三个女孩都是布加勒斯特大学外国语学院的学生，她们是到这里来找外国人练习各自的口语的。刚才和我说话的是英语系的，另外两个分别是德语系和俄语系的学生。

我问："学外语的话，干嘛不直接出国学呢？你们离德国、俄国、英国都很近。"

英语系女生答道："出国留学很贵的。罗马尼亚工作不好找，挣钱不易。"

德语系女生用结结巴巴的英语问："你们中国人的英语，说得都和你一样快吗？"

"这个嘛，应该都差不多吧？"

英语系女生插嘴："布加勒斯特很少有中国游客。不过在这里做生意的中国人还是不少。"

我问："你们当地人觉得在这里做生意的那些中国人怎么样呢？"

旁边的俄语系女生嘀嘀咕咕地说了几句本地话，英语系女生翻译道："她说她表姐就嫁给了在他们城市开超市的中国人。"

"是吗？那小日子过得如何啊？"

英语系女生接着翻译说："过得挺好啊。她的中国表姐夫脾气好，很勤劳，爱老婆，不酗酒。"

我大笑："这么高的评价？让你们也嫁中国人，行不行？"

她们一起抿嘴笑，说："Why not？只要有感觉。"

和三个女生天南海北地唠了一阵嗑儿，告别出来。从乡村博物馆只需步行5分钟，就能到凯旋门脚下。位于布加勒斯特中心偏北位置的凯旋门，建于1936年，旨在纪念第一次世界大战之后罗马尼亚的再次统一。凯旋门旁边，是希腊大使馆。正打量间，一个军人不知从哪儿钻出来，指着我的相机，非常严肃地说："No photo！"

我瞅瞅军人腰间挂着的那支大号手枪，赶紧把相机塞进相机包里，摊开双手，做出无辜、无害的表示。在他的注视下，我来到街边，拦下出租车，准备离去。

一上出租车，发现留着小胡子的司机特别诡异。不知您看过法国电影《虎口脱险》没有？里面有一个德军士兵，长着一双斗鸡眼，用机枪打飞机时，竟把枪口对准自己的长官。这个司机就像那个德军士兵，唯一不同的是他不是斗鸡眼而已。

一上车，我就把 Nita 的酒店名片给司机看。他瞟了一眼，一声不吭，启动就走。这时，天空下起了雨，我不得不把车窗玻璃摇上。司机叼着香烟，却丝毫也没有停止抽烟的意思。

在没有立交桥的布加勒斯特堵堵停停，好不容易熬到酒店附近，我赶紧叫停，付钱、下车，然后冒雨找寻吃的。布加勒斯特的第一天，本来心情不错，不料却在最后时刻，让这个家伙给败兴不少。

7. 布加勒斯特，残破的"欢乐之城"

布加勒斯特，在罗马尼亚语意为"欢乐之城"。相传 13 世纪，有一个名叫布库尔的牧羊人从边远山区赶着羊群来到登博维察河边，发现这里水草肥美，气候温和，因而定居下来。此后，来此定居的人逐渐增多，商业贸易也日益兴隆，这块定居地逐渐发展成为城镇。

19 世纪下半叶卡罗尔一世时期，布加勒斯特的建设取得了长足进步，当时这座城市被誉为巴尔干的"小巴黎"。20 世纪前期，卡罗尔二世时期，布加勒斯特建起大量按巴尔干标准来说十分时髦的摩天大楼，一度以"小纽约"自负。1945 年苏联红军占领罗马尼亚以后，该城的建筑又经历了一次斯大林主义风格的洗礼。

罗马尼亚的经济，在曾经的社会主义集团中，还算相对不错。1989 年民主革命之后，也经历过一段快速发展期。但在 2008 年金融风暴之后，遭受到沉重打击，以至一蹶不振。

值得一提的是，罗马尼亚的国旗和非洲国家乍得的国旗一模一样。这哥儿俩，共同享有着这个世界上唯一一面完全相同的国旗。

早上，Nita 平常联系的出租车驾驶员还是有事来不了。这似乎令 Nita 感到很没有面子，所以他决定还是亲自开车把我送到市中心的某个景点上。

我今天的第一站，是议会宫，又叫人民宫（Palace of Parliament）。一路上走街过巷，沿街的建筑看起来都颇为陈旧。

Nita 问："感觉咱们布加勒斯特怎么样？"

"挺好啊，就是交通太拥堵了。"

他呵呵地笑，无奈中又带着自豪，说道："没办法，我们车子太多了。"

我张了张口，硬生生地吞了一句话回去，没说出口——咱们那儿车子也多，但咱有立交桥，不像你们这儿交通基本靠挤。于是我建议道："有机会你可以去中国旅游一下。"

"我倒是想去中国旅游，可没有空啊，老板不给我时间。"

"要是来中国，记得告诉我。我开车带你去玩，看看我们的城市。"

不一会儿，到了人民宫面前的大广场。Nita 放下我之后，告别而去。

今天，曾经的人民宫是罗马尼亚国会的所在地，也是一处观光景点。根据吉尼斯世界纪录，人民宫是全世界仅次于五角大楼的第二大建筑物，也是最大的民用建筑。当年，人民宫的原址上是一个有着悠久历史的修道院。齐奥塞斯库强拆了这座修道院，并于 1984 年开始建设人民宫。1989 年罗马尼亚革命爆发时，人民宫的建设计划完成了 70%，之后建设一度中断。后又复工，现已基本完工。

在齐奥塞斯库时代，它叫人民宫，后来才改名为议会宫。齐奥塞斯库时代，罗马尼亚奉行相对比较独立自主的外交政策，不顾苏联反对，与西方、中国、以

议会宫

色列建立和保持了良好的关系，同时对美国和西欧奉行开放政策，在华约组织国家中率先承认西德，加入国际货币基金组织和关贸总协定。这么说吧，罗马尼亚和南斯拉夫是仅有的两个与欧洲经济共同体签署贸易协定的东方集团国家。

可是，这有什么特别的呢？太特别了！南斯拉夫敢于不听苏联的话，那是因为它是欧洲唯一一个不依靠苏联就驱逐了德军、解放了自己的社会主义国家。而罗马尼亚则不同，它的政权是苏军抢过来之后交给罗马尼亚工人党（后来改名共产党）的。由此可见，齐奥塞斯库敢于顶住苏联压力，还算是比较有骨气的。

齐奥塞斯库时代的罗马尼亚积极参与国际事务和调解国际冲突，在中苏关系、中美关系、中东和平进程中扮演了重要角色，并是世界上唯一一个与以色列和巴勒斯坦都保持正常关系的国家。齐奥塞斯库的一系列令世人瞩目的外交举措，为罗马尼亚赢得了广阔的国际活动空间，大大提高了罗马尼亚的国际地位和声誉。齐奥塞斯库由于捍卫民族独立和国家主权的立场，颇得人心，在国内外的威望日益升高。他长期活跃于国际政治舞台，出访过许多国家。历史上，罗马尼亚还从来没有像齐奥塞斯库时代那样，成为一个具有相当影响力的地区性强国。

◎ 革命广场

离开人民宫广场，上了一辆出租车，在布加勒斯特的小巷子里钻来钻去。我严重怀疑司机在拉着我胡乱绕圈，不过，转念一想，反正这儿的出租车也不贵，绕就绕吧，就权当坐着车观市容、看街景了。谁让咱是老外呢，不宰你老外宰谁呀？

革命纪念碑

不一会儿，就到了革命广场。这个地方，具有非常明显的地标——就是那座看起来好像一把刺破了一个黑色鸟巢的利剑的纪念碑，这是为了纪念发生在1989年12月的罗马尼亚革命而修建的。

在这个广场上，曾经发生过罗马尼亚历史上两次具有重要意义的事件。

第一件，20世纪40年代，为了迎接兵临城下的苏联红军，罗马尼亚共产党发动起义，从此取得了国家政权。

第二件，1989年12月，也是在革命广场，罗马尼亚人民10万人集会。齐奥塞斯库下令开枪镇压群众，引发了罗马尼亚革命，最终大部分军人倒向群众一边，推翻了齐氏的统治。最后，下令开枪射击群众的齐奥塞斯库被枪决。

必须要承认的是，在齐奥塞斯库统治时期，罗马尼亚的人均寿命、工农业经济指标、文化教育等方面较之以前有了巨大的进步。然而，从古至今的历史表明，独裁者带来的幸福，永远都是短暂的。

广场旁边中央大学图书馆的背后、前罗马尼亚共产党总部大楼旁边，有一栋结构奇怪、满身枪眼的建筑。在1989年年底之前，这里是齐奥塞斯库最亲信的安全部队驻守的楼房。在革命中，这也是齐氏团伙所固守的最后一个据点。今天看到的这个一半古典、一半现代的造型，是2003-2007年间重新改建的。

离开革命广场后，我没再试图去看什么景点，而是漫步于布加勒斯特街头。中午时分，拐进了我看到的第一家快餐店。这里出售的不外乎就是土司里面夹上各种香肠、粉肠、蔬菜。好吃吗？罗马尼亚的吃的，除了肉比较多，味道什么的，您就当吃药好了，反正热量足够就行。

走在布加勒斯特的大街上，虽然在老式古典建筑和苏式楼房之间，偶尔也能看到一栋比较现代的高楼，但你会深深地意识到，残破是形容布加勒斯特市容最贴切的词之一。来到布加勒斯特，不用刻意地去往任何一个目的地，在市内自由自在地转一圈，便会拥有最奇妙的体验。据说，布加勒斯特的夜生活也很丰富，但治安相当不好，所以，你胆子不够大的话，还是最好不要在天黑之后独行于市。

8. 罗马尼亚官员："把钱直接给我，你就能走了。"

离开布加勒斯特那天，厚厚的云层渐渐开始显现出层次，阳光间或也会从云缝中穿刺而下。看起来，在南方的保加利亚，有很大可能会重新见到已阔别好几日的晴天。

出城之后，一路狂奔。偶尔会遇到警察的流动巡逻车。饶是像我这种有着与世界上几十个国家交通警察作斗争的丰富经验的旅行志士，看到传说中凶悍的罗马尼亚警察，也不免会有一丝小小的紧张。

从布加勒斯特到罗保边境的小城 Giurgiu 只有 62 公里，须臾

罗保边境

即至。到了后，找了一个加油站，将所剩的罗马尼亚货币列伊全部买了柴油加进油箱。再往前走，就看到路边立着一块醒目的牌子，那就是 Giurgiu 的海关检查站了。此刻冷冷清清，无人过关。检查站前面，有一块给等候过关的车辆准备的很大的空地，我把车停在那里，感觉不甚笃定。

接下来该怎么办？从匈牙利进入罗马尼亚以来，总的来说，还算顺利，顺利得有些让我不敢相信这一切会是真的。正狐疑间，过来了一辆挂着德国牌照的白色宝马车，车上是一对金发青年男女，他们径直驱车直奔检查站而去。

我观察到前面车上的德国小伙子将疑是欧元纸币的东西递进了窗口；几秒钟后，手再度伸出，这次递出的是一张 A4 大小的白纸，上面似乎印着一些什么。我心中不由自主地咯噔了一下，禁不住就想起了臭名昭著的"墨菲定律"中的两条判断——（1）会出错的事总会出错；（2）如果你担心某种情况发生，那么它就更有可能发生。

德国青年递了一张纸进去，那是什么手续呢？我记得很清楚，几天前从匈牙利进入罗马尼亚时，在将这辆 Opel 老爷车的所有相关手续递交给匈罗边境那位腰间挎着小手枪的罗马尼亚女官员检查时，我连比带划地用英文反复追问过，是否还需办理什么别的手续？也不知她当时是否真的明白我的意思，反正女官员颇为不耐烦地挥着胖乎乎的手，让我赶紧离去。

难道真的有什么手续漏办了？这时，又回想了一下来罗马尼亚前，那位五年前持捷克护照、开捷克牌照轿车进罗马尼亚的中国老兄给我的建议——准备一些 5 欧元纸币，遇到麻烦，一张一张抽出来，直到解决问题为止……悄悄地检查了一下，一叠 5 欧元面值的纸币正静静地蜷缩在我口袋里，随时准备出击。

好，这下稍微感觉踏实一点了。是福不是祸，是祸躲不过。

到了检查站的票房窗口，里面一个戴着小毡帽的农民模样的老爷子嘟哝了一句带着大舌弹音的英文："6 欧元。"

给他 6 欧元之后，他递了一张小票收据给我，但就是不起杆放我走，嘴里冲着我嘀嘀咕咕地不断说着什么。

他拼命地说，我压根不懂，就这么僵持着。过了一阵，从后面的房子里出来一个 50 来岁的便衣男子。老爷子耸耸肩，指着这个中等身材的消瘦男子说："老板"。那么，这应该就是管事的了。

听了老爷子的汇报，男子从票房里面朝我说起了罗马尼亚语。能感觉到，他的话语中，间或也会夹杂一两个带着弹音的英文单词。许是看我实在不懂他的话，他指了指前面的空地，说："Park！ Come！"

停下车后，他领我向后面的办公室走去。在那里，除了有两三套办公桌椅之外，空无一人。在这个时候，我能不能不理他，直接开车走掉呢？不行。因为现在他手上握着我的护照，所以我只能乖乖地跟着他来到墙上挂着的一张罗马尼亚地图面前。他表情十分严峻，一边用手在罗马尼亚国家地图上的匈牙利边境到保加利亚边境这一线反复比划着，一边嘴里巴拉巴拉地说着什么。

我搞不清楚他具体想表达什么。他说的是罗马尼亚语，偶尔间杂着几个英文单词。也许，他真的不会英文？又或者，他故意不想让我整得太明白？不知道，在这个神奇的国家，一切皆有可能。反正听不懂，索性就不再试图去弄明白他的意思。根据经验，他把我带到这个除了我俩之外没有外人的办公室里，大抵应该是有猫腻的。就这么耗下去，迟早他得亮出么蛾子。

要不要拍他几张照片呢？仔细一观察，眼前这个男子身着便衣，形象也还算不错。但在这间办公室之外，时不时的就有身着制服、带着手枪的汉子在晃悠，那些家伙可都是他的人。在这个孤立无援的地方，我看还是算了吧，别惹事了。

过了一会儿，也许是看我始终一脸茫然，他又从抽屉里拿出几张票单。虽然上面是罗马尼亚语，但我还是看明白了——每张票单上都有车号，另外赫然还有一个 150 欧元的标志。

他指了指 150 欧元标志，然后说 bank，bank。意思是让我去城里的什么银行交钱。

现在，看起来情势比较明确了。前几天开车进入罗马尼亚时，我多半是少买了什么，譬如公路使用税之类的，所以 Giurgiu 这边的海关才会拦下我。在我之前过关的那个德国车，交给检查站看的那张纸，也许就是这个税单。但这个税费是不是150欧元那么多呢？我猜多半不是。150欧元，尤论是对过境罗马尼亚5天来说，还是相对于欧洲其他国家的过境路费来说，都是一个高得离谱的数字。也许，男子拿给我看的那一叠单据，是大货车交的公路税费也未可知。反正我也不懂罗马尼亚语，随便他怎么蒙。

终于，图穷匕见，他掏出手机，先按下数字150，说："City，bank！"然后又按下数字100，说："To me，you go！"意思就是——把钱直接交给我，你就能走了。

他这么一弄，我反而笑了。交钱是吧？早说嘛。

我拿过他那个老式翻盖手机，按下一个50给他。他一看，小脑袋摇得跟拨浪鼓似的，说："No！ No！ No！"他消掉我那个50，又按下了80。

瞧他那意思，这就是打完折了，再也不能讲价了。

事到如今，只能认倒霉了。

原来还说5欧元一张的，递几张就ok了，没想到这老小子胃口不小呢。给他80欧元之后，他把我的护照还给了我，满脸堆笑，挥手让我离去。

出了海关检查站，就是罗马尼亚和保加利亚之间的多瑙河大桥。这个时

多瑙河大桥

候，在这座边境大桥上，没什么车辆。到了大桥正中，看到钢梁上悬挂着
BULGARIA（保加利亚）的蓝底黄字大牌子。过了这块牌子，就进入保加利亚了。

别了，美丽的、热情的、多彩的、友好的罗马尼亚！

9. Hello，保加利亚！

一下多瑙河大桥，就到了保加利亚的边境检查关口。此时，没有几个车在过
关。看起来似乎罗、保两国之间的走动算不上很频繁。这也难怪，毕竟这哥儿俩
的经济都混得比较惨，家里都不宽裕，拿不出多少余粮来彼此交换。

等排到窗口前，把护照和汽车行驶证、保险、租车合同等递进去，就在一边
站着等候。闲着无事，四下一瞅，好像没有官员出没，他们都呆在屋子里呢。那
就赶紧地，拿起相机到处拍。令人欣喜的是，此刻虽然仍是漫天乌云，但久违的
太阳从云缝洒下了明亮的光柱。

正在此时，从保加利亚检查站出来一个男性官员，正好看到我举着相机拍得
欢，他马上就指着我说："No！No！"

我立马便候地一下把相机收了起来——虽然才来巴尔干地区没多久，但我收
相机这个动作，已经练得相当娴熟，完全达到专业教授级别的水平了。

也许是我的态度感动了他，他犹豫了一下，便没有再追究下去。这位保加利
亚官员的手上，拿着我的护照和车辆手续。接过来一看，护照上罗马尼亚的出境
章和保加利亚的入境章都敲上了。

根据保加利亚外交部和移民局的规定，持有申根多次入境签证的外国人，可
以免签进入保加利亚 90 天。对比一下罗马尼亚的 5 天免签，就知道罗马尼亚是
多么吝啬了。

我拿着汽车手续，拉着那位欲转身离去的官员，反复追问，我是否还需要为
汽车入境保加利亚办一些什么手续？或者交什么费？

他头也不回地说："不需要！"

"可是，罗马尼亚那边好像是要让我交一个什么费，难道保加利亚不需要吗？"

他困惑地看着我，加重语气说道："你不用交钱，直接开进去就行了。"

说完他转身进了检查站小小的票房中。看这意思，也许保加利亚真的不需要
交什么行车税费。我仰头看了看天空，虽然乌云满天，缕缕阳光仍顽强而固执地

间或破云而下。好吧，就看在这几缕阳光的份上，我就相信那位官员。

还有一个问题——我的中国驾照在保加利亚合法吗？但我最终还是没敢问。我怕从官员那里得到一个否定答案，他们当场把我的车挡在保加利亚国门之外，那就麻烦大了。

通常的建议是，去国外租车自驾，为你的中国驾照在国内办一个外文公证，似乎这样就可以让你的驾照得到国外的承认。错！公证的目的是证明你持有的是由中国相关机构颁发的、在中国合法的驾照，而不是使你的中国驾照在外国合法。之所以用英文、法文、德文等进行公证，是为了让别人能看懂你的驾照而已。如果他国不认可你的中国驾照，你就是把世界十大公证机构的章全部盖到你的公证书上，你的驾照在他国仍然还是不合法。驾照公证的关键是，人家首先要认可中国驾照在他们国家的合法性。离开这一前提，任何公证都没用。

保加利亚的国土面积 11 万多平方公里（7380 万人口的江苏省面积 10 万平方公里），人口 800 万左右（相当于海南省人口），首都索菲亚。宗教以东正教为主，货币为列弗（BGN），1 欧元≈1.96 列弗≈8 元人民币。

在保加利亚自驾，要说有什么担心的，第一条也许就是它的文字。保加利亚语属于斯拉夫语的一支，而斯拉夫语使用的西里尔字母，与我们熟悉的拉丁语系、日耳曼语系字母完全不同。如果不翻译成拉丁字母，那就看不懂路牌。

路上，驾车随机地钻进一个村庄。这个村子，看起来不小，但却看不到人。从房屋状况来看，各家条件似乎也参差不齐。很明显，这是一个从不期待有外国人来访的村子。

保加利亚是一个传统的农业国。在 1945-1990 年的社会主义时期，在苏联等社会主义国家的帮助下，它也发展了一些工业——今天，它的工业产品因质量低下、技术落后而无法出口。但在当年的东欧社会主义集团计划经济体系下，苏联分配给它的任务就是提供农产品。

据说，保加利亚人的祖先保加尔人就是匈奴的一个分支，他们在不断西迁的过程中，定居到了保加利亚，并接受了斯拉夫文化。某种程度上，保加利亚人就是斯拉夫化的匈奴人。

12 世纪，奥斯曼帝国崛起。在它征服巴尔干的路途上，主要遇到过两个劲敌。第一个就是保加利亚。经过多年的拉锯之后，1393 年（中国明朝早期），奥斯曼帝国派大军围攻大特尔诺沃（Veliko Tarnovo，以下简称大特）。经过 3 个月激战，东正教的保加利亚王国不敌伊斯兰教的奥斯曼帝国，大特陷落。它周边的城镇、乡村和修道院大都被付之一炬。虽然后来在 16、17 世纪，大特人民曾两度爆发反对奥斯曼帝国的起义，但都以失败告终。此后，保加利亚一直受奥斯曼帝国统治，至 19 世纪后期才获独立。

奥斯曼帝国征服巴尔干的第二个劲敌是匈牙利。保加利亚陷落后，奥斯曼北上到今日的罗马尼亚，与当时的中欧霸主匈牙利长期对峙。后来匈牙利并入奥地利，又变成奥斯曼帝国与奥地利 / 奥匈帝国在巴尔干地区长期争夺。

19 世纪后期的奥斯曼土耳其，已经成为人见人欺的西亚病夫。1877 年，俄国南下，与土耳其爆发大战，俄国取得胜利。从此，保加利亚才正式摆脱奥斯曼帝国长达 480 年的统治，成为一个独立的国家。

10. 大特尔诺沃默默讲述着往日的故事

大特尔诺沃，保加利亚三大古都之一，位于保加利亚中北部。城中现保存有多处古迹和名胜，旧城区已辟为重点保护区、旅游地。古城坐落在查雷维茨山和特拉佩济察山两座山上，Yantra 河蜿蜒其间。

2013 年 10 月 4 日下午，到大特时，强烈的阳光倏忽而至。直接驱车进入老城那个斜坡上的广场——它是如此陡斜，以致于我停车时拼着命拉上手刹，都还感觉车子好像在倒退——还好，很顺利就找到了预订的那个家庭酒店。

老板的女儿给我办理 Check in。她一边登记，一边用不高但清晰的声音说道："60 Euro, please（请付 60 欧元）"。

我有点不相信自己的耳朵，问："你的意思，我现在就要付房费？"

她赧颜一笑，点头说："Yes。"

"为什么？我不是用信用卡抵押了吗？"

她耸耸肩，固执地看着我，说："Please！"

这一下我就有点不舒服了。从某订房网上订房时，房客是要用自己的信用卡作抵押的，酒店可以不经房客许可，直接从信用卡上扣钱。这就是国外很多酒店不会找你要钱的原因。如果它直接找客人要求提前付钱，要么是不信任客人的信用卡，要么就是不信任客人本身。

我思忖了一下，问："你们店里，来过中国客人吗？"

她说："没有。"

我一下笑了，说："了解都是从互动开始的。好的，付现金。"

说完，我掏出一张 500 欧元面值的纸币递给她。

她一看到 500 面值的欧元，立马就皱起了眉头。500 欧元相当于 4000 元人民币，在信用卡业务非常发达的欧洲，基本上不会有人拿着 500 欧元来零花——如果需要用到 500 欧元那么多的钱，人家就刷卡了。

她犹豫了一下，问："我可以补给你保加利亚列弗吗？"

"对不起，我付的欧元，只要欧元。"

街头艺术品

"好吧，那你退房时再付吧。"她只好把 500 欧元又递还给我。保加利亚并不是欧元国，要让这么一个家庭酒店一下子拿出 400 多欧元现金，它要能拿出来才怪呢——除非她兼带着做外汇生意。

大特现在的居民只有七八万人，完全配不上"大"的称号。它的荣光，是在 100 年以前。这座宁静的老城，很有几分米兰·昆德拉笔下的感觉。老城房舍依山而建，层层叠叠，错落有致。在红色的尖顶小楼和密密麻麻的烟囱中，遥遥地可以看到高耸的教堂和宏伟的宫殿，那是大特往日的辉煌。

在老城小广场的街角上，有一家小小的面包甜点店。在各色糕点之外，这里居然还有酸奶，令我颇为欣喜。作为一个传统的农业国，保加利亚最著名的特产，一是玫瑰系列产品，二是它的酸奶——这两者都具有国际声誉。

虽然才下午两三点钟，离吃饭还早，可是馋虫却很没有骨气地被小店里天然的面点醇香勾起来了。好吧，那就来一块蛋糕，外加一瓶酸奶。

从店家小妹手中接过纸盒包装的酸奶，轻轻一摇，似乎并不是咱们平常熟悉的那种黏稠的感觉。于是，我困惑地问："是否给我拿成牛奶了？我要的是 Yoghourt（酸奶）噢。"

小妹露出小虎牙笑道："是的，这是液态酸奶。"

好吧，那就喝吧。一口入嘴，当场就僵在那里了——这个味儿，太不酸奶了！

忍不住问："你确定没有弄错，这就是酸奶？"

"是的。正宗的、传统的保加利亚酸奶！"怕我不相信，她转身又朝坐在她身后的另一个女孩说："你跟他说，这是不是正宗酸奶呀？"

那女孩连声说道："是是是！"

唉，看来，我的味觉已经被那些含着各种各样莫名其妙的明胶的伪酸奶破坏了，以至于到了酸奶之乡保加利亚，反倒吃不惯最正宗的酸奶了。

吃饱喝足，起身顺坡而下，不远处就是大特著名的老王宫。这所老王宫，在

大特尔诺沃王宫

社会主义时代，是保加利亚共产党总书记日夫科夫独享的行宫，现在真正对人民开放了。

大特的山上，老城墙的残垣断壁，仍在默默地倾诉着往日故事。古皇宫依山而建，厚实的城墙和塔楼鳞次栉比。如今，很多建筑已成残垣，但曾经的辉煌仍隐隐地从石缝中透出。

在保加利亚的商店里，玫瑰精油和玫瑰衍生产品绝对是游客最主要关注的纪念品。对这个国家，你可以不用了解很多，但请一定记住它的三大特产——玫瑰精油、酸奶、葡萄酒。

老街上的小店，接踵比肩，具有浓郁的地方特色。下午的阳光若隐若现，人

们的脸上，都挂着慵懒的表情。这里的建筑，很难用一种尺度准确地归纳它到底属于拜占庭式、哥特式，还是奥斯曼式。多元的文化，给了这座古城某种难以名状的活力。作为一个古都、一座老城，整个大特合在一起，就是一幅活生生的保加利亚民生、民俗场景。

正走着，忽然背后有人招呼道："是日本人吗？"

转身一看，是一群白人男士，年龄都不小了。刚才问我的那个，是一位五六十岁的高个男子，他脑门基本秃光，眼睛稍作斗鸡状。看起来，他是这群人

大特尔诺沃

大特尔诺沃女子

大特尔诺沃美女游客

的头儿。

对这种问题，我照例一口回答："我是中国人！"

他略略感到吃惊的样子，双手抄在裤袋里耸了耸肩，对他身边的伙伴嘀咕了一句什么，后转头对我说："和日本人与韩国人相比，中国人，穷。"

他的英文很流利，但调子总是感觉有点什么不对。在该快的地方，他说得慢；该慢一点时，又说得很快。这让人听起来颇不得劲，感觉他就像随时准备要挑人刺儿、找人别扭似的。

我问："你是哪国人呢？"

"罗马尼亚。"

"你的同伴都是吗？"我指了指他身边的那群爷们儿。

"是呀。我们来度假的。"

"你去过中国？"

"我在上海待过两年。"

"哦，你在上海做生意吗？"一边问，我一边就在脑子里搜索，除了矿产资源也许会在中国畅销之外，罗马尼亚人还能卖一些什么给中国？

他笑道："不是做生意。我在一家机构工作，为政府。"

"是这样。"我心中释然，接着说："上海是世界最繁华的城市之一，今天的亚洲，没有一个城市可以和上海比肩。"

"也许。不过，你看，你们卖到罗马尼亚和保加利亚的那些商品，质量很一般。"说罢他扭头和身边的同伴说了一番罗马尼亚语，他们在小街中心围着我，爆发出愉悦的笑声："当年我们卖给中国的汽车、机械等可不是这种质量。"

我笑道："一分钱一分货。就你们平常看到的生活用品来说，如果你们付得起日本产品 60% 的价钱、韩国产品 75% 的价钱，一定会得到比它们质量更好的中国货。"

他愣了一下之后，又和他那群同伴嘀嘀咕咕。他那疑似轻微斗鸡眼的眼神，飘移不定，不知在看哪里，让我很烦恼。

罗马尼亚这个国家，在曾经的社会主义经济集团中，由于苏联的支持和集团的分工，混得相对还算不错。而现在？比较惨。但某些罗马尼亚人的心态似乎

街头商店

大特尔诺沃街头

跟我打招呼的罗马尼亚人

还没调整过来，对以美国为首的西方，卑躬屈膝；对从前比它差一些的中国等，却又常常倨傲不逊。

刚才跟罗马尼亚人讨论了一番之后，无心再在街上瞎逛，便钻进了一家保加利亚传统餐厅。

第一个菜，保加利亚王宫烤鱼。服务生介绍说，这道鱼是他们餐厅的招牌菜。端上来一看，也就是把鱼先烤熟了，再拿半个柠檬捏巴捏巴浇淋上。如果你需要胡椒和盐巴，桌上有两个瓶子候着呢。唯一可取之处，食材还算新鲜。

第二道，猪肉。先烤熟，配上洋葱，再盖上一块小面饼，就齐活了。这玩意儿吃起来肉很老，味道呢？基本没有想象空间。

在餐馆吃了一个多小时出来，已近黄昏，天空布满了彩霞。看来，明天一定会是大晴天了！

卖苹果的老人

翌日清晨起来，来到阳台，久违的阳光慢慢在大特的红色屋顶上蔓延。远处，有一只花猫在烟囱间轻盈地跳来跳去。从酒店 check out 后，驱车来到老城的袖珍小广场。广场边上的那家小小的面包甜点店已经开了，里面还是昨天那个有着小虎牙的妹子。街边坐着几个睡不着觉早早跑出来晒太阳的老人，一切都是静悄悄的。虽然历史的沧桑已将大特昔日的王宫金殿毁坏殆尽，当初升的太阳照耀着这座有千年悠久历史的古城时，它仍然显得是那么的静美、慵懒和悠然。

去往索菲亚的公路不宽，但路面状况很好。一路上，看到不少村民在停车区摆摊出售水果之类的农产品。趁着停车休息，也去买一点水果。可是，和卖苹果的老爷子交流半天，也说不清楚价格。就随便挑选了几个红一些的，然后把身上一把保加利亚硬币伸给他，随便老爷子拿。

虽然什么话都交流不通，至少有一个词他是懂的——Китай，保加利亚语中的中国，读音"齐纳"。买完后正准备上车离去，老爷子又叫住我，从他箱子里又选了四只大大的红苹果给我，嘴里不停地说："齐纳！齐纳！"

我又从口袋里掏出钱来，准备付给他。老爷子一边冲着我挥摆着双手，一边大声嚷嚷着。嗯，我明白了，这四只苹果是他送给我这个中国人的。

> 11. 首都索菲亚，至少还有玫瑰和美女

位于保加利亚中西部的首都索菲亚（Sofia）以花园城市而著称。干净整洁、规划有致的街道、广场、住宅区掩映在一片葱绿之中，市区有多处林荫大道、草坪和花园。建筑物大都为白色或浅黄色，与缤纷的花木相映，显得格外恬静洁雅。

入住酒店之后，本来打算第一站就到索菲亚的城市地标亚历山大·涅夫斯基大教堂（Aleksander Nevski Church）去，但一早就从大特赶过来，还没吃午饭呢。

于是，就问出租车司机，大教堂附近有没有吃饭的地方？

他告诉我，旁边索菲亚大学的地下商场里面有麦当劳。

好吧，那就先去那里，填饱肚子再说。

地下商场的旁边，是气势恢宏、古朴典雅的索菲亚大学大楼，再走几步，便是保加利亚庄严的国家议会大厦。索菲亚的建筑，显然比布加勒斯特的要漂亮得多。但这并不意味着，保加利亚就比罗马尼亚更富足。这种现象表明，在曾经的社会主义时代，保加利亚没有罗马尼亚那么多闲钱来把以前的老建筑大量推平，然后再搞

街头美女

当时社会主义流行的那一套枯燥乏味的火柴盒式改造。现在，保加利亚只需要给老房子的外观重新整一个低成本的拉皮，立马就透出古香古色的范儿，惠而不费，多划算！

从国家议会大厦一转角，就看到了那座传说中金色和绿色圆顶的索菲亚最具代表性的地标——亚历山大·涅夫斯基大教堂。这座具有洋葱头式圆顶的大教堂

◇ 国家议会

◇ 教堂路边的女孩

◇ 索菲亚大学

◇ 亚历山大·涅夫斯基大教堂

占地面积为 3170 平方米，能容纳 1 万人。大教堂是保加利亚东正教主教的主座教堂，也是东正教在世界上最大的教堂之一。那么，东正教是什么意思？它的英文为 Eastern Orthodox Church，全译为：东方的正统教会，简称东正教。基督教下面，分为三个分支：东正教、天主教、新教。其中东正教号称是最正统的一支，意思就是，它对基督教教义最为恪守，因此也最为正宗。

一般来说，欧洲城市的古典景点，都比较集中。哪怕是在罗马、维也纳、巴黎、伦敦、雅典这样的地方，其景点大致也分布在步行可以承受的范围之内。原因无它，古代时，这些城市中大部分的人，交通还是基本靠走。城市建筑要分得太开，老百姓要是一天都走不到，这个城市的内部交流就成了问题。所以，欣赏完亚历山大·涅夫斯基大教堂，一扭头，便看到圣索菲亚教堂（Church of Sveta Sofia）。14 世纪，整个城市就是因为这个教堂而得名为索菲亚的。

向西几百米，是俄罗斯东正教堂，它的正式称谓是圣尼古拉斯奇迹教堂（Sveti Nikolai Russian Church）。教堂是建造在 1882 年保加利亚解放之后被毁坏的 Saray 清真寺的原址上的，作为俄罗斯驻保加利亚使馆官方教堂，并以当时俄国君主尼古拉斯二世的名字命名。

位于同一条大街西头的保加利亚

圣索菲亚教堂

原党部大楼

总统府前卫兵换岗

街头美女

总统府，每到整点时分，卫兵就要换岗。为了观赏这个仪式，专门提前了大概 15 分钟在那里等候。下午三点整，卫兵从总统府旁边一个侧门里面出来了。一步一步的，有板有眼，领头的那个小伙子特别帅。如果他们穿的是保加利亚在 19 世纪后半叶独立时期的传统军装的话，那么我必须得承认，他们比同时期的晚清八旗兵、绿营兵和湘军、淮军之流要精神得多。

在总统府的后面，与喜来登酒店之间，是一座红砖圆形教堂。这便是索菲亚最古老的建筑圣乔治教堂了。它最早是在公元 4 世纪由罗马人修建。教堂中央穹顶下 12~14 世纪的壁画十分著名。

总统府斜对面是曾经的党部大楼（Party House），它是社会主义时期保加利亚的权力中枢。党部大楼隔着一个狭长的广场面对的是索菲亚市中心的地标——高高的索菲亚女神像。找到她，你就找到了索菲亚市的圆心。几乎所有重要的大道，都是以这里为中心延伸出去的。

女神像的南边 200 米，是位于道路中间的圣礼拜日教堂。圣礼拜日教堂再往南，是最高法院（Court of Justice）。紧接法院，就是索菲亚的步行商业街了。在这里，潮男潮女不少。世界一二线品牌都在这里开店，不过好像都不算很前卫。

溜了一圈，又回到索菲亚女神像下面的小广场上，买了冰激淋，找椅子坐下休息。国外就是这点好，人家甭管男女，都挺率性。想吃什么，就拿着在街头吃了。

在社会主义时期，女神像的位置上是列宁塑像。1990 年民主革命后，换上了这座城市的守护神索菲亚的雕像。小广场的椅子上，有一对给孩子喂食的夫妻。老公一扭头，注意到了正用长焦镜头拍他们的我。我的偷拍让人当场"抓"住了，索性朝着他们笑嘻嘻地走了过去。招呼之下，发现那位老公能说英文，就是带着很重的口音——他发英语的音时，夹杂大量斯拉夫式的大舌弹音，让人听起来感觉怪怪的。

"喜欢索菲亚吗？"他问。

女神塑像

和我聊天的夫妇

党部大楼前吹泡泡的女孩

我坦诚地回答："不错不错，比我想象的要好得多。"

他一挥手，巴拉巴拉地就开始说了起来。我虽然无法从他满是口音的英文中完全识别出他的意味，但大致还是知道，他在骂他们的政府。

他老婆在旁边似乎看不下去了，一直在试图用眼神制止他。最后实在没办法了，干脆就直接打断老公的话，对我笑道："如果喜欢的话，你可以买一些玫瑰产品，譬如玫瑰精油，那是我们最有名的特产。"

正说话间，我注意到，旁边另一张条椅上，一个女孩嘟着嘴儿，吹起了泡泡。阳光下，五颜六色的泡泡在曾经的党部大楼前，缥缈起伏，随风而去……

这意境，赶紧抬起相机拍！拍完回头，那两口子正笑嘻嘻地看着我。

抱着孩子的老公以自我解嘲的口吻笑道："你瞧，至少我们还有玫瑰和美女！"

从索菲亚女神像向北，建筑物不高，但端庄大方。大道旁边，古迹的发掘和修复现场，就裸露在外面，供人参观。废墟尽头，有一根高高的宣礼柱，那是建于 1576 年的班亚巴什（Banya Bashi）清真寺，也是目前索菲亚唯一在使用的清真寺。在某种意义上，这座清真寺就是奥斯曼土耳其帝国在保加利亚数百年统治的见证者。

班亚巴什清真寺的对面，是中央市场大厅（the Central Market Hall）。在那里可以吃饭，还可以选购各种纪念品。班亚巴什清真寺的背后，是索菲亚另一个标志性建筑——索菲亚公共矿物浴场。这个浴室在 1986 年时，由于有坍塌的危险而停用。现在正进行必须的修葺和清理，不久的将来，有可能会成为索菲亚一座相关的博物馆。

◦ 班亚巴什清真寺

吸烟的妇女

夕阳西下的时候，走累了的我坐在街边看风景。一个教士与一位女士并排坐在我右边不远处。基督教人员可以结婚吗？东正教的主教以下神职人员可以结婚，但结婚之后就再无可能升任主教；天主教禁止所有神职人员结婚；新教允许所有神职人员结婚。

在我的左边石椅上，是一个默默吸烟的索菲亚妇女。在她凝重的脸上，是疲惫、茫然和麻木。

12. 里拉修道院宛若一个藏在深山的小家碧玉，楚楚动人

离开索菲亚的那天是 2013 年 10 月 6 日。早上气温很低，秋叶在略带凛冽的晨风中微微颤动。这座不算发达的城市汽车本来就不多，早上更无拥堵，很快就出城了，直奔今天的第一站——联合国评选的世界文化遗产里拉修道院而去。

里拉修道院位于索菲亚南边 120 公里的一条深深的峡谷里。在狭窄而崎岖的峡谷公路驱车一个半小时后，就到了修道院的停车场。扭头一看，注意到有三个保加利亚警察正在修道院大门口旁边谈笑风生。这一路每次碰到流动警察检查站，我都会心跳加快，非常紧张。在罗马尼亚我属于无证驾驶，而在保加利亚尽管没得到明确答复，但中国驾照多半是不会允许直接在当地使用的，因此也基本上算无证驾驶。幸好今天就要出保加利亚到希腊了——中国驾照在申根国家希腊是合法的。

在离那三个警察最远的停车场角落里，把车停好，马上就有人过来收费。停车费 4 列弗（将近 2 欧元，或 15 元人民币），里拉修道院免费参观。

参观免费？这我倒不吃惊。全世界范围来看，景点收费，以中国最贵。里拉修道院位于巴尔干半岛最高山峰里拉山的里奥斯卡山谷中，是保加利亚乃至巴尔干半岛最大的修道院。这座新拜占庭式建筑是 10 世纪中期由隐士圣胡安·德里拉建造的。里拉修道院设计巧妙，布局严谨，看起来很像一座中世纪的城堡。整个建筑都在一条溪流之上，海拔 1200 米，占地 8800 平方米。修道院的修道士最

○ 不同视角下的里拉修道院

○ 不同视角下的里拉修道院

多时上万人，据说如今里面只剩下十来个修道士了。

教堂和修道院，两者有区别吗？有。教堂是向教民传道、布道的地方；而修道院是修士清修之处，有时也翻译为神学院。

哪怕您不是一个东正教徒，来到里拉修道院，也不禁会被它精致而深邃的建筑风格所折服。清晨阳光下的走廊，幽深、静穆、神秘。从修道院后门出去，是另一番风景。在峡谷中，能听到小溪潺潺的水声。深深地吸一口，憋在胸中，闭上眼睛，静静地享受大自然赐予我的礼物——清新到极点的空气。由于外墙上画的条纹的视觉修饰，里拉修道院显得娟秀、清新，宛若一个藏在深山的小家碧玉，楚楚动人，我见犹怜。这个地方，是一个非常适合清修的所在。

这时，大院另一侧朝我走过来两位大妈和一个大哥。大妈手上拿着面包，非要塞给我。这三位应该是虔诚的信徒，他们所发，是修道院的圣餐。

圣餐？那好啊，就赶紧接过来大快朵颐。

离开里拉修道院，一路上基本没再停留，径直南下，直奔希腊而去。很快就到了边境，找地方停好车，拿着文件走向边检窗口，心中颇为忐忑，不知在入境保加利亚时，是否又有什么费没交？伸手悄悄摸了摸口袋里早已准备好的那叠 5 欧元、10 欧元的零钞——待会儿我过关进入希腊时，这些钞票是否也会跟着我一起全身而进呢？

里拉修道院

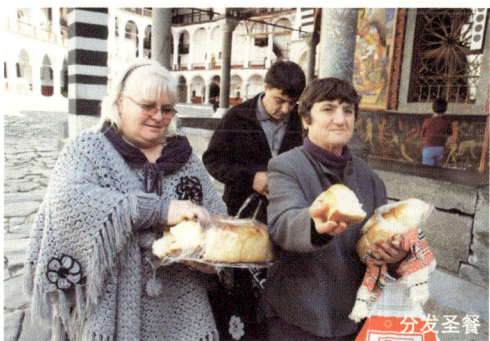
分发圣餐

把相关手续递进保加利亚窗口，然后按规矩站到旁边去等候。保加利亚官员一声不吭挨个审查我的资料，然后提起公章，咔嚓就盖了上去。接下来资料传到希腊官员手里。这位官员麻溜地一翻我的护照，二话不说，盖章，叫我名字，递还护照和汽车文件给我。

我兀自还不放心，问道："我开的汽车，还需要办什么手续吗？"

官员一摆手说："不需要。你有申根多次旅游签证，这里是申根国！"

07

阿尔巴尼亚和科索沃：
欧洲最贫穷的角落

世事变幻，沧海桑田，今日的阿尔巴尼亚早已脱下社会主义的外衣，接受了伊斯兰教。在现如今的欧洲，严格说来，伊斯兰教占据主导地位的地方，只有一国一区。这一国，就是阿尔巴尼亚；那一区，便是科索沃地区。

在过去的日子里，由于长期的封闭和不断的战乱，拥有旖旎风光和众多文化遗产的阿尔巴尼亚和科索沃成为今日欧洲最贫穷的地方……

1. 络腮胡说，中阿是兄弟？

2013 年金秋的一个阳光明媚的早上，我驾车从希腊北部进入阿尔巴尼亚共和国。根据阿尔巴尼亚相关政策，如果持有申根多次入境签证，就可以免签进入阿尔巴尼亚 7 天。

入境关口上，我把车停在一边，取出所有相关手续，递进窗口。关卡上，一个白发老爷子在办公亭里面，负责检查护照、汽车手续等，并最后盖入境章；一个年轻一些的络腮胡男子在外面，负责检查车内行李。

络腮胡面无表情地检查我的车尾行李箱，看我是否悄悄带了违禁品。简单地与他交流了几句，发现络腮胡的英语挺不错。于是，笑眯眯地对他说："咱们中国，和你们阿尔巴尼亚，是兄弟！兄弟！"

他矜持地微微一笑，示意我关上后尾箱，说："中阿是兄弟？那是很久以前的事情了！"

没错，他就是这么说的。话虽如此，他的态度已经明显缓和。

办公亭里那位老爷子，逮着我的护照和汽车文件左看右看，一会儿又在电脑上敲来敲去。这搞的什么玩意儿呢？我心里暗暗打鼓。于是，回到车上把我从国内带来的那些包装漂亮的小袋绿茶拿了一些出来，分别给络腮胡和老爷子塞上了几袋。

"中国茶，兄弟们都尝尝！"

左一个"兄弟"，右一个"兄弟"，络腮胡终于不再绷住了，悄悄告诉我说："别担心，老爷子别看他年龄大，其实是新来的，业务不熟悉。"

"我的手续没什么问题吧？"

"应该没什么。你是第一次来阿尔巴尼亚吧？要在电脑上录入一些信息。老爷子不熟悉，搞得慢。"

阿国络腮胡官员

阿尔巴尼亚货币

这时，后面又来了几辆车，静静地排在关口前等候。络腮胡现在已经和我聊得比较熟了，见我着急，他说："我们这边，基本上没有中国人来过，所以手续会慢一些。你下次再来，电脑上就有你的资料了。"

"可是，根据贵国政策，我的申根多次签证入境，是免签的哦？"

"知道！你的签证没问题。"他笑，转身进了办公亭，从桌上拿起我的文件，帮着老爷子审核、核查、录入。

终于，老爷子提起那柄硕大的公章，咔嚓一下冲着我的护照摁了下去。

得，搞定！临走前，掏出手机，请人给我和络腮胡拍了一个合影。我注意到，他的腰间别着一把小小的手枪。我暗暗提醒自己，挨着拍合影时，可千万别碰到那把枪，以免引起不必要的误会。

从边检出来，第一个事情，就是换钱。边检关卡外面是一块空地，旁边一大溜平房，开着鸡毛小旅店、小餐馆，当然，还有换汇小店。

到了那里，我冲房子前坐着的几个人嚷道："Euro！Money！"这么一说，他们就懂了。其中一个敦实的汉子把我带到他的办公室，掏出计算器，按了一个130给我。

哦，这意思，就是1欧元换130列克（Leke，阿尔巴尼亚货币）。可是，昨晚在希腊的酒店，我查了官方牌价，是1：146。于是，在计算器上按了140，给那汉子看，一边嘴里嚷嚷着brother、brother。一番僵持之后，也许是被我的brother给吵晕了，但更可能的是他130的价格本来就不合理，反正，虽然他满脸的不乐意，但还是按我的报价交易了。

一切办妥，这就算顺利进入阿尔巴尼亚了。这一天，秋高气爽，蓝天如洗。深深地呼吸一口，立即便有融入净洁的空气中去的感觉。

阿尔巴尼亚南边的地形，山脉呈南北延伸，土少而贫瘠。峡谷中间的平地，是农业用地；山村和城镇，都依山而建。从边境北上，几公里后便进入平缓的峡谷地带。西边的山脉那边，是亚得里亚海。驾着车没走多远，就沮丧地发现，我的 GPS 没有信息了。敢情，我用的这个还是号称世界最大品牌之一的 GPS，并且出发前还专门配齐了巴尔干诸国的导航地图，没想到在阿尔巴尼亚竟然不能用！

看看时间尚早，决定随便选一个村子，进去参观一下。一抖方向盘，驶进一条岔路，向山脚处一个小村驶去。

村子边上的房屋，看起来挺新，但似乎无人居住。在欧洲经济一体化的大背景下，阿尔巴尼亚是欧洲最主要的劳务输出国，该国常年有 100 万人在外打工。每年，外出务工人员会寄回国内大概 4 亿~6 亿美元，他们在国内的亲人便用这钱修建了不少无人居住的房子。

路上，一头牛悠哉游哉地迎面而来。也没看到有谁在管

乡村

它，乡村的牲畜就自由自在地敞放着。在这里，天空是湛蓝的，空气是清新的。安静、祥和、与世无争，这就是它给我的第一印象。村口有一座小教堂，看样子应该属于东正教。我在教堂门口的斜坡上停下车，正好碰到两位老太太从里面出来。看到我，她们都是一脸的惊讶。大家咿咿呀呀地一番交流，谁也不懂谁。但友好的笑容，挂在彼此的脸上——这是全世界认可的通行证。

这时，教堂里面一位老爷子背着手踱了出来。当场就把我惊呆了——他那是典型的中国乡村干部范儿啊！

老爷子来到我面前，颔首道："Kınë（阿语，中国）！"

我点点头，坚定地说："Kınë！"

他忽然说了一句什么，让我愣了一下。

他重复道："毛泽东！"

毛泽东？是的，他真就是用中文说的"毛泽东"！

这让我又惊呆了。老爷子指了指我的车，又指了指山坡上面。这个动作反复数次，我就明白了，他是让我开上车，拉着他一起到上面去。

上面有什么呢？我心里一面嘀咕，一面就请老爷子上车。顺着狭窄的砾石小道到上面一看，是一个小坝子。在村公所模样的房子前，或站或坐有好几位老人。带我上来的那位老爷子，一下车就指着我给其他老爷子大声用中文发音介绍道："毛泽东！"

◦ 村里的老人

我赶紧摆手否认。他这么指着我叫"毛泽东"，我可担待不起，折寿哇。于是，我故伎重演，拍着自个儿的胸口，大声说："Kinë（中国）！"

稍远处的墙根下坐着一个晒太阳的老爷子，招着手让我过去。他瘪瘪的嘴里，口齿不清地反复吐噜着几个汉语的读音："毛泽东！林彪！"

"林彪？"我扑噤一下就笑了出来——这都是什么时候的事儿了啊，真是难为老人家还记得。等我到了他面前，他不知从哪儿弄出一个老款的胶片照相机来，竟然冲着我咔咔咔地摁了起来！您老人家要搞这个的话，就别怪我也不客气了哦？我赶紧举着数码单反，和老爷子对掐起来，留下了极为生动有趣的一组照片。

看到那位大爷说出"林彪"，门边那位老汉不甘落后，笑眯眯地冲着我大叫"周恩来"——不过，这位的中文发音有点诡异，我听了两三次才辨识出来。

最边上那位也过来了，他的抢答内容是——邓小平！

我不由得哈哈大笑。看来当年咱中国的援助也不完全是白给呀。如此友好的氛围，在国外走了那么多地方，还真是第一次碰见。出于外交对等原则，我也立马大声喊出两个阿尔巴尼亚名字——Enver Hoxha（恩维尔·霍查，当年的阿尔巴尼亚共产党总书记）、Mehmet Shehu（穆罕默德·谢胡，曾经坐阿共第二把交椅）。

2. 布特林特，阿尔巴尼亚的民族认同之地

离开那个我至今都叫不上名字的小山村之后，驱车翻越西边的大山，前往海边的布特林特（Butrinti）。

阿尔巴尼亚的国土面积约 2.8 万平方公里，相当于北京市和天津市合在一起；人口约 300 万，相当于西藏自治区人口；首都地拉那（Tirana）。

最早生活在阿尔巴尼亚这块地方的，是伊利里亚人（Illyrians）。公元前 2 世纪（中国西汉时期），罗马人占领了现在的阿尔巴尼亚这块地盘。公元 395 年，罗马帝国分为东、西两个部分，阿尔巴尼亚在东罗马帝国的疆界内。以君士坦丁堡（今天土耳其的伊斯坦布尔）为首都的东罗马，信奉的是东正教。所以，直到今日，阿国人口的 20% 依然是东正教徒。

然而，给阿尔巴尼亚留下最深远影响的，是开始于 15 世纪的奥斯曼土耳其帝国的统治。虽然当地的伊利里亚人很彪悍，无奈这个民族的体量太小，有心杀贼，无力回天。但是，明知不敌，勇敢的阿尔巴尼亚人仍然挺身亮剑。在土耳其人占领该国的早期，斯坎德培（Skenderbeg）将军率领当地人发起了反抗奥斯曼土耳其帝国的正义战争。斯坎德培去世之后，奥斯曼帝国终于才在 1501 年（中国明朝中期）彻底征服了阿尔巴尼亚。今天，首都地拉那市中心最重要的那个广场，就是以民族英雄斯坎德培的名字命名的。而阿尔巴尼亚国旗上面的双头鹰图案，则是源自

布特林特路上的英雄纪念碑

斯坎德培个人印章的标志——这也是阿尔巴尼亚被称作"山鹰之国"的缘由了。

将近 500 年的土耳其伊斯兰统治，给阿尔巴尼亚社会的方方面面都带来了深刻的后果。在今天的阿尔巴尼亚，有大约 70% 的人信奉伊斯兰教。

中午时分，到海边的城市萨兰达吃完午餐，沿着海岸线，直奔南边十来公里处的世界文化遗产地布特林特。一路上，风景甚佳。公路下面是蔚蓝的亚得里亚海，淡淡的海风若隐若现。四下无人，路上偶尔有车呼啸而过。

这一带的山冈上，有不少碉堡。可是，谁会来攻打阿尔巴尼亚呢？打它有什么好处？为资源？几乎没有！农业？荒山野岭的，能刨出啥农业？抢夺它的工业能力？20 世纪 60 年代的中国援助给它的工业，能有多高水平？因为战略位置？基本上没有重要性可言。二战期间，希特勒过来打它，更主要的是不给盟军一个登上大陆的落脚点。您要说纳粹德国在这里弄到了多大好处，还真没人信。

那么，阿尔巴尼亚到底有多少碉堡？最夸张的说法是有 75 万个，另一说法是有 2.5 万个。不管是前者还是后者，考虑到这个国家的面积只有北京市和天津市加起来那么大，它的碉堡密度都大得不得了。这些碉堡的渊源，要追溯到 20 世纪 60 年代初期。当时，被中国誉为欧洲"社会主义明灯"的阿尔巴尼亚在政治上既反美又反苏，同时与意大利、希腊、南斯拉夫等邻国也存在历史宿怨或

布特林特路上的碉堡

者领土纠纷。于是，阿共总书记霍查提出了"御敌于国门之外"的口号。富有游击战经验的他们把中国的"深挖洞，广积粮"要诀略加变通，喊出了"一手拿镐，一手拿枪"的响亮口号，全民动员建造碉堡。

卖小纪念品的孩子

离开海边小山岗上的碉堡群，沿着从萨兰达到布特林特的公路而行。这条路是1959年为了迎接苏联总书记赫鲁晓夫的访问而修建的。

到了布特林特，刚下车，就有一男一女两个小孩蹦蹦跳跳地跑了过来。他俩是专门在此地出售那些花哨而廉价的小饰物给游客的。

我问他们："会说英语吗？"

他们茫然地摇着头。我指了指自己，对孩子们说："Kinë（中国）！"

"Kinë？"男孩一下兴奋起来，扬着手上待售的那些五颜六色的小饰件，对我说："Kinë！ Kinë！"

嗯？哦，明白了，他的意思，他手上那些小玩意儿，是中国制造的。虽然语言不通，但通过肢体语言和眼神，彼此似乎尚能交流沟通，这让那个男孩非常开心，他欣喜地大叫一声"Kinë！ Kongfu（功夫）！"然后顺势就在原地跳了一个前空翻。

这么喜欢中国？我一下子就对这孩子有了好感。一高兴，便指着男孩手中的小饰件问："How much（多少钱）？"

这句英文他懂，他说 two。

"2 列克？"

"2 欧元。"

2 欧元？就这么一个塑料玩艺儿，在国内最多卖 2 元人民币，要 2 欧元？真不知是该说中国商人手黑呢，还是当地批发商心狠？抑或是小孩子的商品意识强？

算了，头吧，咱也支持当地孩子一把。

布特林特的占城遗址坐落在阿尔巴尼亚与希腊的边境上，是巴尔干半岛和地中海地区规模最大的历史遗迹之一，1992年被联合国教科文组织确定为《世界文化遗产》。这个古城的门票，本国人 200 列克，外国人 700 列克。

布特林特老城自史前时代就有人类聚居。后来，阿尔巴尼亚先是被古希腊征服，然后古罗马人又打过来了，在此建立了城市和主教管辖区。再往后罗马分家，这里便成了东罗马的辖区，进入了一个拜占庭统治的繁荣时期。而后，这座城市在中世纪晚期被遗弃成为荒泽。在 15~20 世纪的土耳其帝国的统治期间，这座古城一直沉寂，地下水漫过了城市的地表，繁茂的植被使得这片遗迹不为人知。

一般来说，人们游览阿尔巴尼亚，不是冲着古迹而来，这个国家也不是以古典文明而著称的。由于曾经在它的周边出现了太多伟大的文明，这个国家在文化上长期被古希腊、古罗马、奥斯曼土耳其的伊斯兰传统、奥匈帝国的欧洲大陆文明所笼罩，以至于你今天很难在它的地盘上找到一件专属于它的家伙事儿。

◦ 布特林特古城遗址

古城不大，有大面积的遗址。1946 年之后，以霍查为首的共产党开始在阿尔巴尼亚执政。从那以后，为了增强阿尔巴尼亚人的民族认同感，考古学家开展了大量的发掘活动。在布特林特，古城堡、卫城、古集市、神庙、公共浴室以及私人住宅纷纷出土，一座古城几乎完整无缺地展现在人们面前。20 世纪 90 年代中后期，巴尔干半岛上前南斯拉夫的分裂战争波及到阿尔巴尼亚，引发阿国的动荡。1997 年初，阿尔巴尼亚出现了全国性的骚乱。就是在那场骚乱中，布特林特遗址中的博物馆被抢劫一空。世界遗产委员会在洞悉此地的危局之后，对这个遗址长期缺乏适当的保护和管理忧心忡忡。该委员会在 1997 年下半年，做出了一个重要的决定——把布特林特列入《世界濒危遗产名录》。

▶ 3. 吉罗卡斯特，老板忽然大叫，停下停下！

在布特林特北边 65 公里处的吉罗卡斯特（Gjirokaster），是阿尔巴尼亚中南部的重要城市。它在 1417 年被奥斯曼土耳其帝国攻陷，在随后几百年间成为奥斯曼帝国在阿尔巴尼亚地区重要的权力和行政管理中心。1961 年，它被阿共总书记霍查命名为"城市博物馆"。2005 年联合国教科文组织将其纳入《世界文化遗产名录》。

◦ 吉罗卡斯特

对出生于 20 世纪 70 年代以前的中国人来说，吉罗卡斯特的意义更多的在于它是阿尔巴尼亚电影《宁死不屈》的故事发生地和电影拍摄地。当年，《宁死不屈》的主题歌《赶快上山吧勇士们》在中国青年中相当流行。据说，要是不会唱的话，你都不好意思跟人打招呼。让我们来温习一下歌词吧："赶快上山吧勇士们！我们在春天加入游击队。敌人们的末日即将来临，我们祖国就要获得自由解放！"

抵达这座小城时，已是下午。老城位于半山上，石板铺就的狭窄小路，又陡又滑。我踩着油门，一点也不敢松劲，唯恐一停下就无法再在如此陡峭的坡道上重新启动汽车。左拐右转，终于找到我预定的那家式样古老、有着浓郁土耳其风格的家庭宾馆。这天下午，吉罗卡斯特老城停电，旅馆里黑黢黢的。

入住之后，信步来到吉罗卡斯特的老城中心。当地居民用石块依山建起房屋和街道，用岩石片取代瓦片铺设屋顶，形成民居建筑的一大特色，故而这座城市

得名"石头之城"。 在这里，有大量保存完整的颇具奥斯曼帝国特色的房屋建筑。这些房屋各有特色，绝不雷同，令人叹为观止。顺街而下是建于 1757 年的吉罗卡斯特清真寺，又名市场清真寺。这是霍查统治时期少有的没有遭到破坏的清真寺。

◦ 街景

正在停电中，不少人索性就到街边来，聊聊天，发发呆什么的，慵懒而又自在。街边的小店出售各种纪念品。随便找了一家，逛了进去，看上了那满街都在挂卖的、印着阿尔巴尼亚双头鹰国徽的红色全棉 T 恤。店家要价 8 欧元，折合 64 元人民币。

一阵翻看之后，问店里那个小伙子："你这个 T 恤，是哪儿生产的呢？"

他说："就是阿尔巴尼亚生产的。"

"是吗？怎么没有产地标记呢？不会是中国制造的吧？"

"不是。中国制造的质量比不上阿尔巴尼亚制造的质量。"

这话让我听着就很不舒服。跟店里的小伙子就中国货的质量唇枪舌剑了一番，最后还是买下了他的 T 恤以作纪念。

老街的背后，是民俗博物馆。这里曾经是恩维尔·霍查的家，他在 1908 年出生于此。在这幢建筑的外墙上，还可以看到 Enver（恩维尔）、1908、PKSH（阿尔巴尼亚共产党缩写）字样。

傍晚，在外面小店买了一些吃的回宾馆，和老板两口子坐在他家那小小的客厅里，围着蜡烛，边啃汉堡，边聊天。这老两口 50 多岁了，英文说得还挺不错，慈眉善目，很友好。

城堡

这是一个没有灯光、没有电视、不能上网的秋夜，我和老板两口子聊得火热。他家女儿嫁在美国，儿子也在美国读书。老两口觉得国内开宾馆的生活挺有意思，便留在了吉罗卡斯特，守着这一栋老宅。那晚，我们聊了霍查、毛泽东，也聊了阿尔巴尼亚当下的方方面面。当然，我也给他们直观地介绍了中国这些年的发展和进步。据他们说，他们只有碰见中国人才可能出自真心和他聊那么久，因为他们和中国朋友之间有着太多的共同话题。遗憾的是，到他们店里来的中国人，凤毛麟角。聊得兴起，我打开笔记本，把《宁死不屈》放给他们看。

我说："我就是从这部电影里知道你们这座美丽的山城的。"

老板忽然大叫："停下停下！电影停下！"

按照他的意思，我把电影暂停在某个地方上。这时，老板和老板娘激动地扑了上来，指着屏幕说道："你看你看！这就是我们这栋房子！"

吉罗卡斯特

　　仔细一瞧，还真是的。在这部黑白电影的结尾处，德国盖世太保军官押着女英雄在城堡的围墙上俯瞰全城。这时，镜头切换，缓缓地扫过老城。而我现在正住着的这栋奥斯曼土耳其式的老房子，赫然便处于银幕的中心位置！老板骄傲地告诉我，这栋房子有100多年历史了。这也正是老两口不愿移民美国的重要原因——舍不得老宅啊！

　　和老板两口子聊完天回房间，都十来点钟了。本以为会有点儿兴奋，不料内心却感觉异常得宁静，仿佛一切都在预料之中，发生了也就发生了；又仿佛什么事儿都不曾发生过。这是一个寂寞的夜、安静的夜。房间里有一点点说不出的气味，虽说不上有多难闻，但若隐若现很是顽固。也许是不同的生活习俗造成的。

　　第二天清晨，从窗口俯瞰下去，是那阳光之下、雾霭之中的新城区。在这个静谧的时分，吉罗卡斯特显得富有魅力。

　　昨晚，我教了老板一个中文"你好"，他一早看到我，就笑眯眯地对着我大声招呼道："你好！你好！你好！"

　　我眉开眼笑，不得不打断他不绝于耳的"你好"说："咱中国人，一次最多说一两个'你好'就足够了，不用那么多啊！"

　　结账后离开宾馆，驱车直奔对面山顶上的吉罗卡斯特城堡。这是本地最著名的旅游景区，从远处看它犹如一艘巨大的战船。据说这里也是欧洲最早、最大的山地军事要塞之一。城堡内部有 88 门大炮，城墙厚 8 米，均用巨石砌成。城堡上钟楼高耸，钟声可传遍全城。该城堡一度曾作为关押政治犯的监狱（电影《宁死不屈》中两位女英雄就关在这里），目前则是吉罗卡斯特武器博物馆所在地。

城堡山上，摆放着一架美军军用教练机。1957 年，这架飞机从意大利起飞，因故障降落在阿尔巴尼亚。1969 年霍查当局把这架飞机摆到吉罗卡斯特展览，欺骗民众说，这是一架被击落的美国飞机。

4. 培拉特，对着我的镜头，尽情地叙述吧

吉罗卡斯特到千窗之城培拉特（Berat）一共 150 公里。

刚从吉罗卡斯特出来没几步，远远地就看到警车停在路边，两个警察正在选择性地拦下过往车辆进行检查。阿国路上的车不多，我开这个车虽然低调，但车头上顶着一副与当地情形迥然有异的申根国家车牌，只要警官不是瞎子，他都能看出来我这个是外国车。

果然，拦下了。

按照指令，我缓缓滑停在路边。一个 40 来岁的警官歪着头向我走了过来，他的眼神，与其说是例行公事，还不如说是好奇更为恰当。我摇下车窗，静静地等待警官的指令，但没有下车。在欧洲其他国家，如德国、法国等，如果警官没让你下来，你就待在车上别动。贸然下车，很可能会令警官紧张，他说不定就会怀疑你意图袭警。果真如此，那就麻烦了。

我指着自己笑道："Kinë！"

警官点点头，双臂抱在胸前，一只毛茸茸的大手逮着自个儿下巴一小缕胡须搓来揉去，一双蓝眼睛冲着我和我的车翻来翻去。也许这是他第一次看到驾车在吉罗卡斯特的中国人？我从口袋里翻出护照，递给他。他摆了摆手，

路上的风景

往前方一挥手，转身离开，拦别的车去了。

敢情，他这是因为好奇才拦下我的啊。

阿尔巴尼亚的公路，大部分都很一般，有几十公里路段甚至很差。沿路的风光，幽美而贫瘠，令人不由自主就回想起了二三十年前的中国。

我的 GPS 在阿尔巴尼亚没有信号。不过没关系，旅店老板给了我一张上面写着阿尔巴尼亚文字"请告诉我到 Berat 的新公路"的问路字条。随便逮着一个人一问，那个热情哦，恨不得就把当地几条可怜巴巴的大路小道全部给我指点清楚。

正午时分，终于远远地看到山梁上的石头城墙，那就是培拉特城堡了。培拉特是阿尔巴尼亚中部古城。初建于公元前 4 世纪，是古代战略要地。近代以来为阿尔巴尼亚公路枢纽，也是这个地区的农产品集散地。城中有古城堡、教堂、清真寺等，有"博物馆城"之称。

进城第一件事儿，赶紧找地方吃饭。左右一看，对面有一家餐馆开着。这家馆子虽然简陋，倒也窗明几净，一尘不染，顿时就生出些许好感。看我进去，店家小妹笑盈盈地迎了过来，叽叽呱呱就是一番当地话。这语言不能交流，菜单上的阿文和我面面相觑，谁也不认识谁。我指了指自己的肚子和嘴巴，小妹点点头，表示明白。但问题是，吃什么？

害羞女孩

正在着急，进来一个美女。于是赶紧问她："不好意思，你能说英文吗？"

美女娇羞地低声回答："可以！"

在欧洲，还真的很难看到如此害羞的女孩呢。先甭管别的，把饭菜叫好再说。在美女的翻译下，很快就点好了我希望的午餐。

须臾，美女买了她自个儿的热狗，准备离去。赶紧地跟她说道："谢谢！你太漂亮了！要不，你不介意的话，咱拍一个？赶明儿回国也让中国男孩看看，阿尔巴尼亚妹妹有多漂亮啊！"

她微微一笑，嗯了一声，那就赶快摁快门呗。

我的嚼活儿一会儿就上来了。也就一块饼，加上薯条、番茄、黄瓜片、肉。谈不上什么味道，足以填饱肚子而已。

根据餐馆里面邂逅的那位美女的指点，把车停在山脚下，从老城背后一条很

城堡里玩扑克的男人

培拉特城堡

陡的石头路蹒跚而上，山顶上就是培拉特城堡了。在城堡背面这条小街上，住着培拉特的土著居民。看到我这么一个亚洲人吭哧吭哧地顶着骄阳，攀爬而上，他们大都露出惊讶的表情。我一边和他们说哈罗，一边冲他们友好的招手。对我来说，能更好地捕捉到当地人的生活状态，更多地与他们交流，比拍什么人文历史景观，意义都更大。所以，来吧哥们儿，不管你是高兴还是忧伤，不管你是彷徨还是执著，对着我的镜头，用你的心，透过你的眼，尽情地叙述吧。

培拉特城堡里的建筑主要建于13世纪，里面有许多拜占庭式的教堂，其中一些教堂里至今还保存着许多珍贵的壁画和圣像；城堡内也有几个在土耳其占领时期修建的清真寺。城堡雄踞在培拉特城的中心，你在城内任何一个地方都可以看到它。

这是一座有人居住的"活"城堡。城堡的常住居民有200来人，他们的车可以开进城堡里来，但游客的不行。进了城堡，就相当于进了村。

像这种世界文化遗产地，门票多少呢？100列克。价值几何？给一个换算公式吧：1欧元≈140列克≈8元人民币。

进得大门，没走几步，依稀听见转角处有人在说话，循声过去一看，几个中青年男子正坐那儿打扑克。饶有兴致地站在他们旁边看了一会儿，似乎玩的是一种类似咱们"升级"的游戏。

靠墙的那位注意到了我，仰头笑眯眯地冲我眨了一下右眼——没错，我一点也没夸张，就是男孩给女生打秋波的那种眨法！虽然太阳当顶，我还是忍不住抖了一下，有点头晕，赶紧扶住石墙。一个胡子拉碴的大男人，浅笑盈盈地砸了一个秋波给您，要换作是您，怕是当场就要跌坐在地吧。

男子抬起身来，嘀嘀咕咕地说了几句什么，伸手指了指自己的座位，那意思"您也来玩一把？"这种情形下，我哪儿敢跟您玩啊？于是赶紧摆手，说完 thank you，又说拜拜，抽身离去。

在城堡曲径通幽的小巷里一通乱逛。没有特定的目标，也不需要。跟着心走，要的就是那份自在。城堡里那些古朴的石头房子，都有着很长的历史。闭上眼，仿佛能看到既往的人们，或背着包袱，或提着兵刃，在这些巷子里来来去去……

城堡内的康斯坦丁大帝雕像

顺坡而下，前面石屋里面，出来一位男子。这时，震惊之事，再度发生。他看到我，微笑着点点头，然后冲着我又是一个秋波！

我又晕了一下，鸡皮疙瘩颗颗饱绽，不可能我在此地碰见的男人都是同志吧？就算是同志，您也弄俩帅哥让人赏心悦目一下好不好？但这一次旋即就反应过来了，这该不会是当地一个打招呼的方式吧？这个判断很快就得到了证实。在下一个转角处，又碰见一位当地男子，他看到我的第一反应，也是友好地扔一个秋波给我。这次，我也迅速地给他还了一个秋波，就是不知观赏性强不强？

城堡内的建筑，尤以红砖间搭灰石的墙面最是漂亮。色彩浓而不腻，淡而有味。位于城堡山顶的三一教堂（Holy Trinity），外表一般，内部装饰极尽奢华。城堡内还竖立了一个大大的康斯坦丁大帝的头像。阿尔巴尼亚在公元前2世纪被罗马帝国征服，而康斯坦丁则是罗马帝国的皇帝，公元306–337年在位。他在公元313年颁布《米兰敕令》，正式认可和接受基督教为合法、自由的宗教。因此，他也是世界上第一位信奉基督教的皇帝。康斯坦丁大帝对今天的西方基督教世界的形成，做出了不可替代的贡献。

○ 培拉特城堡

奥斯曼土耳其人统治这里的时候，曾经在城堡山顶上驻军。从军事上看，这个地点俯瞰全城，易守难攻，确实是控制这个战略要点之必守之处。山顶上，还修建有一个巨大的蓄水池，主要收集雨水、雪水，储存起来，供驻军使用。

穿越一下，设想您变成一位古代的罗马士兵。那会儿的罗马士兵基本上都是步兵，罗马步兵方阵在很长时间里，无敌于欧洲。您扛着盾牌，佩着罗马短剑，披着战袍，缓缓地从凹凸不平的石头小径上走向城堡的大门。在外面，战鼓喧天，旌旗飘舞，有一场战斗正等待着您……

悠悠闲闲地在城堡逛了一两个小时后，下山来到当地著名的单身汉清真寺（Xhamia e Beqareve）。因为到这里祈祷的基本上都是年轻的小商、小贩、小手工业者，长此以来，这里就得到一个"单身汉"清真寺的雅号。如果您有机会来培拉特，碰巧又还没结婚的话，赶紧地，进去祈祷一下，据说很灵哦。

培拉特是一座古老而宁静的小城。这里没有什么了不起的工业，一切都是慢

千窗之城

悠悠的，仿佛世间就没有什么事情可以让培拉特人操心的。

这座古城，还有一个绰号："千窗之城"。这是因为老城里，留有大量土耳其风格的房屋。那些建筑的特色，一个是圆润的屋檐，一个是向外突出的二楼，另一个就是密密的细长窗户。那些可爱的老房子，大多建造于 15~19 世纪的奥斯曼帝国时期。房子外墙一律刷上白色，整个造型十分简约干净，在山边层层叠叠蔓延开来，窗和窗之间形成优美的几何图案。这座古老城市的坚韧、桀骜、豪迈、诗情，无一不在表达这座城市独特的品性。

离开培拉特时，在当地加油站给车加满了柴油。在欧洲，阿尔巴尼亚的油价基本上算是最便宜的了，汽油 178 列克 / 升，柴油 174 列克 / 升。

5. 地拉那，欧洲最后一块神秘之地

阿尔巴尼亚首都地拉那（Tirana）是该国第一大城市，经济、文化、交通中心，位于国土中西部的伊什米河畔，人口约 40 万，居民大部分是穆斯林。

在位于市中心的酒店入住之后，出来遛达。在这座城市，除了满街的洋文招牌和明显的白种人会令人产生某种违和感之外，地拉那给人的印象就是邻家小城的感觉。虽然阿国经济不好，但首都的汽车可真不少，车水马龙，川流不息。站在街边观察了一会儿，发现车流里面，奔驰车的比例相当高。这些车都是阿尔巴尼亚到西欧打工的人通过各种渠道带回的二手车，或者是通过地下渠道走私过来的偷盗车。据说，在当今世界上，阿尔巴尼亚是人均拥有奔驰车比率最高的国家之一。地拉那的交通设施很不完善，红绿灯极少，斑马线模糊不清，司机违章停车、抢道的情况随处可见，整个城市的交通秩序显得很混乱。

© 地拉那美女

地拉那的普通民居，稍微有一些历史的，都被以霍查为首的当权者推倒了重建。新建是新建了，当时看起来不错，有点社会主义新气象的样子。但现在再看，那些建筑就显得款式呆板、外墙陈旧。于是，2000~2011 年担任地拉那市长的埃迪·拉马（Edi Rama）就想出了一个聪明的低成本办法，来为地拉那增添光彩。什么样的办法呢？一桶漆运动。就是拿起油漆刷子，给老旧建筑刷漆，结果就是使地拉那成为欧洲色彩最为绚丽的城市之一。

本来还打算写一个地拉那攻略的，不过仔细回想一下，这个地方，还真没有写攻略的必要。对阿尔巴尼亚来说，世界级的文化遗址就 3 个，我前面已经去了——布特林特、吉罗卡斯特和培拉特。而地拉那的意义，在于它从 1920 年以来就是这个国家的首都。

当晚，逛累了回到我住宿的商务酒店，正好老板也在。这位老板 40 岁出头，说一口流利的英语。赶紧地，逮住他就是一阵交流和沟通。最要紧的事情，是必须问明去科索沃的公路怎么走；而后又向他打听在何处可以吃到地道的地拉那著名小吃羊头汤。对我的问题，老板热情地给出了解答。

酒店紧挨着地拉那市中心的斯坎德培广场，但由于窗户背街，基本上听不到外面大街上的喧嚣声。不过，另一个烦恼又来了。房间所向的那条小街上，有几家酒吧，人来人往，人声鼎沸。

地拉那羊头汤

这个晚上很闷，空气都要被凝住似的。在床上躺了一会儿睡不着，干脆穿上衣服，把大笔现金和护照等证件塞进床底下藏着，随身只带了一些欧元和阿尔巴尼亚列克，外加一张护照的复印件，悠悠然下楼而去。

到了酒吧一条街，街边桌上的男女们就有冲着我嗨嗨嗨地招呼，看意思是邀请我加入。稍稍观察了一下，他们大都眼神迷离，满脸红晕，情绪亢奋。这个时候加入他们，肯定不是恰当的时机。遛了一圈，心里还是有点虚，毕竟是在陌生的环境中。还是闪吧，回去洗洗接着睡。

第二天一早，被凉风吹醒。窗户大开，风儿夹着细密的雨丝悄然入屋。地拉那没什么可以逛的，除了能唤起历史记忆的建筑们。于是决定上午在这里溜达一下，就直接去科索沃。

起床后，顾不上退房，更顾不上吃酒店的免费早餐，按照昨晚老板给我的指点，直接就奔广场边上那家小店而去。进了店，二话不说，把老板给我写的那张阿尔巴尼亚文字的"羊头汤"字条给他们看。店里的小哥儿一看就明白了，一边招呼我在桌边坐下等待，一边问我："还要一些什么？"

"还要什么？除了羊头汤，还有什么特色吗？"我一下来了兴趣。

小哥儿笑道："你不能光吃肉喝汤啊？主食呢？"

哦，这个意思。扭头一看，炒得黄灿灿的米饭很有卖相的样子，那就米饭

。斯坎德培广场

吧。不一会儿，阿尔巴尼亚著名的早餐羊头汤就出来了。浓浓的，有几块肉。味道一般，膻味儿很重。

餐馆的外面，就是斯坎德培广场。斯坎德培的骑马塑像，高高地竖立在那里，供人们参观、瞻仰。当你驻足观看这位民族英雄标志性的山羊头盔时，该城最古老的建筑之一 Et hem Bey 清真寺的尖顶就会跃入你的眼帘。这座清真寺于 1789 年动工，1823 年完成。在阿尔巴尼亚的社会主义时代，这是为数不多能够幸存下来的宗教建筑之一。1991 年 1 月，这座清真寺见证了阿尔巴尼亚共产党政权的垮台。当时，一万多勇敢的市民冲进这座清真寺进行祈祷。这是宗教活动在阿尔巴尼亚被禁止 20 多年之后的第一次。这次人民的自发运动，直接催生了阿国的革命，导致从 1946 年开始的阿尔巴尼亚共产党统治的结束。广场西北角上，曾经矗立着恩维尔·霍查的塑像，但在

1991 年 2 月的民主革命中，霍查的塑像被愤怒的人民群众推翻了。

斯坎德培广场北边是阿尔巴尼亚历史博物馆，里面珍藏着阿尔巴尼亚大部分历史文物。在二战前期的意大利占领阶段，这栋建筑是意大利警察局所在地。而在广场另一边的大剧院，则是在中国专家的帮助下于 1959 年修建的。广场南边，集中了一些政府的办公大楼，诸如国防部、财政部、教育部，都在这里。

顺着广场南边的大道下去，是著名的"金字塔"（Piramida）。这是曾经的霍查纪念馆，它的顶部原来还有一颗大大的红五星，在后来的革命中，被拿了下来。这座霍查纪念馆在开馆不到 4 年的 1991 年，宣告关闭。

地拉那是一个没什么特色的城市。在地拉那的街头，很少能看到外国游客，亚洲游客就更是稀罕了。和欧洲很多具有深厚历史背景的老城相比，地拉那也就只能算是一个小伙伴儿而已。但是，这里却是欧洲最后的一块神秘之地。虽然相对其他国家的首都而言，地拉那显得贫穷、陈旧，但它的人文气质、曾经的坎坷经历，组成了它今日的迷人韵味。

6. 科索沃的边境警官命令我删掉照片

从地拉那到阿尔巴尼亚—科索沃边境，一共 150 公里。在阿国，最好的一条公路就是连接地拉那和科索沃行政中心普里什蒂纳（Prishtina）的高速路，不过这条完全达到西欧标准的高速路基本上没什么车辆行驶。

从历史上来看，欧洲的斯拉夫人主要分为西斯拉夫（波兰、捷克等）、东斯拉夫（俄罗斯为主）、南斯拉夫（巴尔干地区）三块。当年的铁托凭借自己在二战中积累起来的巨大声望，靠着自己的个人权威，将巴尔干地区的斯拉夫人统一起来，建立了南斯拉夫国。按照强人铁托的意思，本来还想将阿尔巴尼亚也合并进南斯拉夫，无奈阿国人拼死不从，这才作罢。但铁托太过强势，他仍然将部分阿族人居住的地区收入了前南。这个阿族聚居区，就是今天的科索沃。这也是科索沃会闹独立的主要原因——也许他们最初的意愿就是想要回归阿尔巴尼亚。

如此，就能理解为何并不宽裕的阿尔巴尼亚会花重金修通这条通往科索沃的高速路了吧！

终于，看到了阿、科之间的边检站了。

根据科索沃政府的规定，如果持有多次入境申根签证，可以免签进入科索沃

阿国边境碉堡

边境地区

多达 90 天。实际上，世界上还有许多国家未承认其独立，科索沃非常欢迎外国人去它那儿旅游。旅游意味着互动与了解，了解越多，科索沃就越能将自己介绍给世界，增强自己在世界上的存在感，从而获得正常国家的待遇。

慢慢地滑行过去，到了关口前，看到旁边停着两辆军车。车头上贴着红色的双头鹰标志，这应该是阿尔巴尼亚的了。卡车前面站着一群荷枪实弹的军人，从他们面前经过时，虽然很想拍他们几张照片，但总归还是没那个胆子。

到了关卡面前，到处扫视，想要找阿尔巴尼亚边检窗口。没有。难道无需手续，直接就可以从阿尔巴尼亚进入科索沃？甭管它，停下车，先掏出卡片机猛拍一番再说。

正在拍得欢的时候，从科索沃警察局里走出一个腆着肚子的大个子警官。来到了面前，他指了指我手上的卡片机，向我招招手，又反手指着警察局。嗯——明白了，他是让我进去。去不去呢？当然不想去，傻子才想去。但不去行吗？在人家地盘上，只能按人家的规矩来。

边境线上的阿国军车

局子门里是一个空空的厅。警官就让我站在那里，嘴里呜呜呜地说着当地语言，意思很明显，就是让我把卡片机上的图片显示给他看。我只好挨着把照片打开让他过目。在阿、科边境上拍的片子，只要上面有科索沃工作人员、警察、海关人员，大个子警官手指一摆，嘴里轻轻地"嘘"一下，我就只好痛惜地删掉。

离开警察局，来到边检关口。那里的官员会说英文，于是便问他："我是否需要在护照上盖阿尔巴尼亚的出境章？"

他笑道："不用，你只需要盖上我们的入境章就好了。"

等我递进护照，官员却不盖章，说："你要先到旁边那个小房子里去买科索沃公路使用费。"

把车停在一边，腾腾腾地跑到旁边小屋，一问里面的工作人员，竟然要交30欧元！呵！这个价格，比西欧任何一个国家都要贵。记得在奥地利过境玩 10 天，只交不到 10 欧元；几年前在收费最贵的斯洛文尼亚过境 7 天，也只交 15 欧元！

买好过路费，得到了一张缴费收据。拿过来给边检一看，官员立马就在我的护照上盖了科索沃的入境章。

一番折腾，科索沃——我终于进来了！

从边境到普里什蒂纳只有 90 公里路况超好的高速路。如果放开了跑，大约也就只需要 45 分钟。但是，如果在美丽的科索沃，只是在高速路上飚车玩，而不去看看它婀娜多姿、色彩斑斓的乡村，那是不负责任的！

不过，很遗憾的一点是 GPS 在科索沃仍然找不到路。即使下了高速，也不敢走远，玩几把之后，还得马上回到高速上——只有在高速上，才有非常明确的路标指向普里什蒂纳。

终于看到一个出口，轻轻一拨方向盘，钻进一条小路，直奔前方山坡上那个郁郁葱葱的山村而去。转过一丛茂盛的树木，就来到村头的小屋前，在那里，六七个青少年正坐在门前的条椅上，十几只眼睛好奇而又惊讶地看着我。

在他们面前的小路，我慢慢停下车，与他们面面相觑。我拿不准是不是应该下车来和他们交流一下。看这些小伙子的年龄，他们中大多数应该都是亲眼见识过 13 年前那场血腥、残暴的科索沃战争的。从童年时代开始，这些小伙子就目睹了生与死、血与火，目睹了人世间的悲欢离合，我不知

科索沃村庄的小伙子

道他们幼小的心灵是否会受到某种程度的摧残，我不知道他们面对自己不喜欢的人与事时，是否会以过激的方式来解决问题……

但是，好奇心给了我勇气。我朝他们友好地笑着，扬了扬手中的相机。这时，他们的神情大为放松，看起来没有刚才那么紧张和吃惊了。

我挥了挥手，笑呵呵地冲他们说，HI！

他们一下就全都笑了，也说——HI！

僵局打破了，我赶紧举起相机，乐呵呵地拍下这群科索沃的乡村小伙了。

科索沃属于前南斯拉夫的一部分，现属塞尔维亚。在曾经的社会主义时代，南斯拉夫的经济甚至比罗马尼亚和保加利亚都要好。它的农村建设，看起来搞得

科索沃乡村

还是不错，地面都硬化了，环境优美。

这会儿，时值正午。把车停在路边的树荫下，取出提前准备好的干粮、水果和饮料，开始了我的路边野餐。吃饱喝足，离开小村庄，循着原路回到高速上，继续奔普里什蒂纳而去。

天很蓝，云很低，活脱脱就是咱们川西的感觉。其实，科索沃乡村的那些房屋，也只不过就是普通的红砖墙、红瓦顶。若论成本，多半还比不上中国农村的一些建筑——咱们那农舍，光是满身的白色瓷砖，就要比科索沃多用出一大笔银子了。但是，那并不奢华的村舍，那份色彩，那份安静，那份清洁，那份环境，搭配在一起就是好看……

7. 科索沃，如此纯真的笑容

科索沃，属塞尔维亚，人口 200 万，阿族人为主；面积 1 万平方公里左右。1999 年开始的科索沃战争，毁坏了这个地区大部分的基础设施，现在它已沦为欧洲最穷的地区之一。

须臾，就到了普里什蒂纳。这座城市，看起来，除了干净得多之外，和我们一个稍微大一点的县城差不多。建筑的色彩都比较鲜艳，这倒与阿尔巴尼亚首都地拉那有一点相似。

◦ 普里什蒂纳

在我去过的国内外所有地方中，如果要说哪一个地方的人最好客、最友好、最乐于和人交流，那非科索沃莫属。这里的人实在太热情了。走在街头、广场，无论有意无意，只要我的目光和当地人之间有一个交流，他们中间 80% 的人，一定会回应一个友好的笑容给我。即使他们不会说英语，无法进行语言上的沟通，他们也会做出表示善意的手势。每当我举起相机，他们就会在我的镜头前摆出 pose，笑眯眯地让我拍摄。

在阿尔巴尼亚、科索沃的边境，被边关的科索沃警察逮住删掉了我辛辛苦苦、兴致勃勃地拍的百十来张人物照是一个例外。不过，刚入境科索沃没几分钟，

我在心里其实就已经原谅了删我照片的那个警官。在这个地区，长期的战争让人们的神经都绷得特别紧，生怕一不留神就着了恐怖主义的道儿。对我们这些生活在和平环境的人来说，很难体会刚刚从战乱中走出来的科索沃人对危险的敏感。

我没有做过普里什蒂纳的攻略，也没有必要做。一来这个城市太小，二来它也没什么拿得出手的景点。正好，我旁边的广场边停着一辆SUV，车主人开着车门，俯身在车里捣鼓着什么。于是便问他："打扰一下，能说英语吗？"

他直起身，抬起头，笑眯眯地说："当然。我能帮你做些什么？"

"请问，市中心怎么去呢？"

"市中心？这里就是啊！"顿了一下，他问："你想去哪儿呢？"

我想了一下，还真不知道该去哪儿呢，于是老老实实地说："不知道。反正这里我哪儿都没去过。"

"上来，我带你去。"

既然这样，那就上车。一番交谈，他告诉我，他的父亲是阿族人，但母亲是黑山共和国的科托尔（Kotor）人。

我兴致勃勃地说："黑山的科托尔？就是奥匈帝国曾经的那个军港？我回头就要去。"

"是吗？科托尔是一个美如仙境的地方，你去了绝不会后悔。"

"我不但要去科托尔，还准备去科托尔背后的洛夫钦山，也就是那座被黑山人民当作圣地的山。"

"你连圣山都知道？"他大吃一惊。

我大笑道："当然。咱们中国人对南斯拉夫并不陌生。"

"可惜，没有南斯拉夫了，都分裂了。"他黯然道。

分裂这个话题，其实我一直想讨论来着，却又不敢贸然提出来，以防冒犯了他。既然他说起了，那就不妨继续唠唠这嗑儿。

我说："我小时候的印象，南斯拉夫是一个富强的国家，也是一个有影响力的国家，

街头美女

这个国家是世界不结盟运动的领头人。你们的铁托总统在去世前不久的 1978 年还专程访问过中国。"

他愣了一下，喃喃道："我讨厌分裂！分裂的南斯拉夫什么都不是了。不过有些人喜欢，因为他们可以从分裂中捞到好处。但老百姓的日子，过得比分裂前要差多了。"

"看来，你是一个民族主义者？"

"不完全是。你知道，在前南斯拉夫地区，由于以前我们在一个统一的国家

◦ 普里什蒂纳的笑容

之内那么长时间，其实很难截然分开，谁应该是哪一国，谁又不应该是哪一国。像我这样只有父亲或母亲一方是阿族的人不在少数，在科索沃的分裂中，要做出是否留在科索沃的决定，是一件很痛苦的事情，我不知你能不能理解。"

我颔首道："我想我应该能理解……"

就这样边聊边开车，我也说不清他到底在哪儿兜圈子，反正最后他停在了一座教堂面前，说这里可以看看。教堂的高塔，是普里什蒂纳的地标之一。

那位先生离开之后，我独自站在教堂面前。这座教堂看起来很新，似乎没什么特别之处。在它的正面，张贴着著名的特蕾莎嬷嬷的大幅画像。

出生在前南斯拉夫的特蕾莎嬷嬷是诺贝尔和平奖得主。她这个奖里面的和平含量，比同是诺贝尔和平奖得主的美国总统奥巴马那个奖要重得多。

科索沃战争期间，特蕾莎嬷嬷找到负责战争的指挥官，说："战区里面那些可怜的女人跟小孩儿都逃不出来。"

指挥官跟她讲道："嬷嬷啊，我想停火，可对方不停啊，我们也没办法。"

特蕾莎嬷嬷说："那么只好我去了。"

于是，特蕾莎嬷嬷走进战区。

正在交战的双方一听说特蕾莎嬷嬷亲自到了战区里面，大伙儿立刻停火。后来，等她把一帮子可怜的科索沃女人跟小孩带走以后，两边才又开始打起来。

这个消息后来传到联合国，当时的联合国秘书长安南听了之后，叹口气说："这件事连我也做不到。"

普里什蒂纳

科索沃图书馆

教堂

正在这时，远远地几个青年男女笑咪咪地向我走了过来。人还未到，他们的招呼就先到了——Hello！

走拢一交流，原来这是普里什蒂纳大学的学生。他们说，看我在这里待了好一会儿了，是不是有什么问题呢？

我笑道："谢谢，我在这儿瞻仰 Sister Teresa（特蕾莎）呢。"

其中一个小伙子正色纠正道："Mother Teresa ！"

我歉然道："噢，是的，应该是 Mother Teresa。"

于是，和这几位叽叽喳喳的大学生一起，一通神侃，天南海北，什么都聊。

他们中间最健谈的一个美女告诉我说，他们都是阿族人。

我做惊讶状，说："难怪！你们那么漂亮，那么帅气！"

听我夸奖他们漂亮、帅气，女孩赶紧把另一个姑娘拉过来，跟我介绍说："这是我妹妹。"

"你妹妹？亲的？"

她说："当然！我妹妹比较害羞一些。"

然后，两姊妹摆好 pose，让我拍照。

正给两姊妹拍呢，另一位女生冲过来，站在她俩背后笑嘻嘻地冲着我的镜头做出鬼脸。说实在的，我已经很久没看到如此灿烂、阳光、纯真的笑容了。

就这样，在科索沃的绚丽秋日下，咱一边聊着，一边拍着。在欧洲走了那么多地方，很难有这样的开心；很难有这样的无拘无束，没有隔阂。在那一瞬间，我甚至还冒出了一个念头——这么友善、纯真的人民，如果要独立，一定有他们的理由，而我愿意相信他们独立的理由都是善良的、不会伤害他人的。

和那群大学生分开后，离开教堂，没走儿步，就是普里什蒂纳大学。在学校的地盘里，有一个非常不一般的建筑，就是科索沃图书馆。蜂窝状设计的图书馆大楼是如此的有特色，以至于欧洲人将科索沃图书馆选为全球最丑的建筑物！

∘ 普里什蒂纳大学的学生

08

黑山、波黑、
克罗地亚和斯洛文尼亚：
最美的人间天堂

巴尔干历来是欧洲的火药桶，这个地方引爆过多次大战，其中最著名的便是发端于现今波黑的首都萨拉热窝的第一次世界大战。那么，是什么让这个地区变成火药桶的呢？最简单的一种说法是，在巴尔干地区，一直没有一个占主导地位的族群，因此也就缺乏一个地区性的领头文明。历史教训不止一次地告诉我们，当一个地区各民族的力量趋向平衡时，就是灾难的开始。谁也不服谁，而赖以生存的资源就那么一点，你多吃多占了，别人就要少吃少占。民族问题，从来都不简单的是一个血缘或者文化的问题，而是一个生存空间和生存潜力的问题。

前南斯拉夫的滨海地区，拥有多个联合国文化遗产地，以其悠久厚重的历史、世所罕见的风光而傲然屹立于巴尔干。近年来，随着前南斯拉夫各国之间的战事停息，这个地区逐渐成为西方顶级旅游时尚传媒的头号明星之一，也是欧洲各国王公贵族流连忘返之地，更是千万人心目中无限向往的旅行胜地。

▶ 1. 布德瓦，欧美富豪的新宠

曾经属于前南斯拉夫共和国一部分的黑山共和国（Montenegro）是位于巴尔干半岛西南部、亚得里亚海东岸上的一个多山小国。该国面积为 1.3 万平方公里，比天津市略大；人口仅有 67 万。2006 年 6 月，黑山正式宣布脱离南联盟独立。

科索沃和黑山之间，以一座大山的山脊为界。持有申根多次旅游签证者，可免签进入黑山 7 天。

到过黑山的中国人虽然不多，但也有一些了。但能像我这样，驱车深入黑山的腹地，被其惊世骇俗的秋色美景震惊的人，应该极少极少。所以，我很满足，感谢上天赐给我的一切。在那一片美到令人窒息的山地，听不到声音，也看不到人，只有冷冷的风儿隐隐刮来。秋天的画笔，已经将黑山北方的山区刷上了缤纷的色彩。越往南，天越阴，后来，天空索性就飘起了细密的小雨。黑山东部、北部和中部的山地，不是旅游热门，经济发展相对要落后很多。黑山的公路，基本上都是狭窄的两车道。

快到黑山首都波德戈里察（Podgorica）时，忽然天降暴雨。朦胧的雨幕中，我一直跟着一辆警车，就那么慢腾腾地向着亚得里亚海的方向逶迤而去。穿过一个狭长的山洞隧道，毫无征兆地就进入了波德戈里察。

波德戈里察在 1945-1992 年间，叫作铁托格勒（Titograd）。该城位于黑山东

南部斯库台盆地莫拉查河畔，靠近斯库台湖，1326年首见于史籍。第二次世界大战期间毁于战火，现重建为一座新城。对风光隽美的黑山来说，波德戈里察基本上没有什么看点。如果去黑山，顺路的话，可以造访一下它；但不建议专门为它花费时间。

在2013年秋的巴尔干自驾之旅中，我所使用的世界知名品牌的GPS导航地图不能覆盖阿尔巴尼亚、科索沃、黑山和波黑这四个国家和地区。因此，当我开车在波德戈里察转悠了一阵之后，准备出城继续向海边的布德瓦（Budva）而去之时，一下就茫然了，不知道该往哪个方向开。

○ 黑山首都波德戈里察的一家超市

正在此时，太阳竟然从天边云缝中投下几缕光影。有了阳光就好办了，就能找到北了。找到了北，就简单了，往西南去，去海边！海边的布德瓦是黑山最著名的旅游城市之一，开向那里的车，特别多。从波德戈里察一路下坡，到布德瓦的时候，天已经黑了。

进了这座小城，找到一辆出租车，把宾馆地址给司机看，请他带路。他一看地址，说："10 Euro！"

10欧元？布德瓦才多大？不过，我也没别的选择，只能接受。跟着出租车，几分钟后就到了一栋海边的公寓楼门前。出租车司机帮我和宾馆老板通话之后，老板说她派一个人过来接待。

这是一家公寓式的宾馆。实际上就是将一些空置的居民房间集中起来，出租给客人。这个所谓的店，没有接待前台，一切靠电话联系。10分钟后，宾馆派的人来了，那是一个看起来相当凶猛彪悍的男人。房间在5楼。跟着他，来到公寓楼的大厅。明明有电梯，他却说，电梯坏了，带着我要走楼梯。

当下很是不爽，这岂不是要让我搬着行李上5楼？不行！于是和老板通话抗议。老板说，这几天确实电梯坏了。如果不愿意住，可以退订，不会额外收费。

好吧，那就退掉。这家宾馆的房间倒是退掉了，黑灯瞎火的，又该去哪儿找住宿呢？这时，老板派来的这个貌似凶悍的男子说，他可以带我去另一个地方找旅店。

我警惕地问："能大致知道是什么地方吗？"

他说："就在城里，不远，几分钟路程。"

好吧，那就跟着这位面恶心善的伙计去。到了那里，发现他所说非虚。在那个小广场周边，既有几百几千欧元一晚的超高档酒店，也有几十欧元的普通住宅。

那哥们儿第一下就把我带到了一个看起来灰暗幽深的大门前。进去一问，敢情，那是一个在中国也开有连锁分店的5星级酒店，房价在每晚300多欧元起。算了，消费不起。从那家5星级酒店出来时，门口两位保安热情地拦住了我，主动要求帮我找酒店。虽然明知这两家伙无利不起早，但有人帮忙，总好过自己在暗夜中到处找寻。于是把我的消费要求大致给他们说了，他俩操起电话一阵嘀咕，妥了。就在旁边不远处的公寓式酒店里有空房，50欧元。

到了这家公寓式酒店一看，还不错。办理入住的时候，悄悄问了一下酒店的老板："我是否需要付费给那两位带我来的保安？"

老板笑道："你不用管，我会付钱给他们的。"

第二天早上，阳光明媚。

酒店离布德瓦老城只有5分钟步行路程。秋季的时候，这里没有多少游客。阳光下，红顶石墙的建筑，颇有韵味。早起的当地人，或者悠闲地端着咖啡在老城里逛游，或者慢腾腾地做工作状，其实却没有真的做多少事儿。

布德瓦是黑山共和国著名的海滨城市，位于亚得里亚海滨。这座城市因其2500年的悠久历史而成为亚得里亚海岸边最古老的定居点之一。近年来，布德瓦声名日隆，人们蜂拥而至。2013年，在《孤独星球》（Lonely Planet）的评选中，

黑山共和国位居最值得期待的旅游目
的地第二名。在最近十来年间，这个
美丽的小国成为好莱坞影视明星的新
宠。007 系列电影中的《皇家赌场》在
黑山取景拍摄；麦当娜等著名歌星也
纷纷来这里开演唱会，安吉丽娜·茱
莉和布拉德·皮特共赴海滨之城布德
瓦度假……

关于布德瓦的老城，有许多不同
的故事和传说。学者们认为老城从前
是一个小岛，后来小岛与大陆之间形
成了一个地峡。布德瓦老城最初被希
腊水手发现，但随着罗马帝国占领整
个黑山海岸线，古罗马文明对布德瓦
的文化开始产生巨大的影响。

布德瓦老城最著名的景点之一，
是它的威尼斯城墙。

威尼斯城墙？这里和威尼斯有关
系吗？当然有。哪怕是在奥斯曼土耳
其帝国统治时代，黑山和克罗地亚沿
海的一溜土地，都还是属于威尼斯共
和国的。当时，布德瓦老城的这个城墙，
便是由威尼斯人所修，故名威尼斯城
墙。实际上，不仅是城墙，今天，在
布德瓦老城内，绝大多数的建筑都是
由威尼斯人设计的，从门、铰链、窗户、
阳台，直到其他显而易见的小装饰无
不体现了威尼斯共和国时期的风格。

在相当长的时期内，布德瓦属于
威尼斯共和国的一部分，它的居民讲
的也是威尼斯方言，一直到 19 世纪初。

○ 布德瓦老城

○ 布德瓦老城

中世纪以来的威尼斯是商业文明的代表，它富甲欧洲，拥有一支驰骋地中海的无敌海军。因此，才能在当时奥斯曼土耳其帝国如日中天之际，保有今天的克罗地亚和黑山海岸线上包括布德瓦在内的几个关键城市。

在接下来的动荡年代里，布德瓦的统治权数度易主。从 1814 年到 1918 年的 100 年间，布德瓦成为奥地利（奥匈）帝国的一部分。第一次世界大战结束后，布德瓦成为南斯拉夫王国的一部分，1941 年又被划到意大利王国的版图中。1944 年 11 月 22 日，南斯拉夫游击队解放了布德瓦，从此该城再度成为南斯拉夫的一部分。2006 年黑山宣布独立，布德瓦又成为黑山的一部分。

布德瓦老城有三个主要的教堂，分别是建于 7 世纪的圣伊万教堂、建于 840 年的蓬塔圣玛丽教堂以及建于 1804 年的圣三一教堂。这座美妙绝伦的老城，具有某种很特别的气质。石砌的老屋，红色的瓦顶，狭窄的小巷，凹凸的幽径，无不透出一股慵懒而平和的韵味。

布德瓦虽然不大，人口也很少，但却是富豪云集之地。从布德瓦老城驱车沿海岸南下 15 分钟，就是堪作黑山名片的圣斯特凡岛（Sveti Stefan）。这里从前只是一个渔村，后来在上面建造了一个超豪华的酒店。整个小岛

圣斯特凡岛

黄墙红瓦，映衬着湛蓝的海水，显得异常鲜艳。面对这个人间仙境，一切华丽的辞藻都黯然失色。站在它面前的那一瞬，您就会明白为什么英国女王伊丽莎白二世、索菲亚·罗兰、史泰龙会如此钟情于它了。

2. 科托尔："不要拿走我们的东西，我们不会拿走你们的。"

不知您还记得不，在著名电影《音乐之声》中，那几个孩子的父亲是一位奥地利的海军上校？一个内陆国家，哪儿来的海军呢？

在第一次世界大战之前，奥地利（奥匈）帝国是欧洲排在俄国之后的国土第二大的帝国。它的疆域，包括今天的奥地利、匈牙利、捷克、斯洛伐克、斯洛文尼亚、克罗地亚、波黑和黑山大部、罗马尼亚和保加利亚一部。在那个时代，奥匈帝国拥有一支还算强大的海军，其主要的基地就在巴尔干地区的亚得里亚海沿岸。一战之后，奥地利失去了海岸线，但海军上校仍然作为一种荣誉军衔保留了下来。

今日黑山南部的海港科托尔（Kotor）就是当年奥匈帝国最重要的海军基地

科托尔老城风光

科托尔长城

画画的老人

之一。科托尔公元 7 世纪开始见于史籍，15 世纪起被威尼斯、奥地利等国控制，1918 年归南斯拉夫。

科托尔海湾深入内陆 32 公里，两岸高山夹峙，水道狭长，出口处仅宽 3 公里。这里是天然避风良港，自古为航海和军事要地。位于海湾最深处的科托尔城是亚得里亚海沿岸保存中世纪古城原貌最完整的城市之一，也是黑山共和国唯一一个联合国教科文组织世界文化遗产所在地。

从布德瓦驱车北上 20 公里，就到了峡湾边上的科托尔老城。跟着车流，且行且停，很顺利地就找到了老城护城河边上那个大大的露天停车场。在旁边的小店里买了汉堡和饮料，边吃边逛，跨过护城河上一座小小的老桥，通过一道侧门，就进了老城。

刚一进城，就看到一块牌子上挂着路标，左边的一条小巷，直通后山的古城墙。那段俯瞰着老城的城墙，延绵 4.5 公里。在入口处买了一张 3 欧元的门票，就开始沿着迂回折转的陡峭石梯攀爬。城墙是科托尔古城的一个看点。它始于海边，沿着山坡呈之字状蜿蜒向上。虽然规模气派无法与万里长城相比，却是欧洲最为完整的长城。科托尔为修建这项工程付出了几世纪

St.Tryphon 教堂

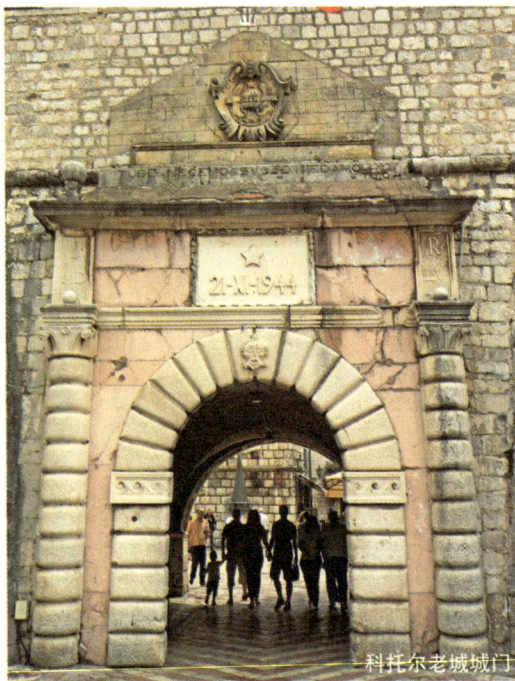
科托尔老城城门

的努力，据说建设成本高过欧洲任何一座宫殿。从 9 世纪开始动工，到 18 世纪形成现在的规模。最令科托尔人引以为豪的是，凭借这道长城，1657 年科托尔人成功地抵挡了奥斯曼土耳其军队的入侵。

上到高处，俯瞰下去，科托尔湾和科托尔老城尽收眼底。大汗淋漓时，和煦的海风拂面而来，顿觉神清气爽。

从城墙下来，漫步于小小的科托尔老城中那弯曲的街道和逼仄的小巷，抬头看去，一会儿是狭窄的一线蓝天，一会儿又来到开阔的小广场，豁然开朗。科托尔的格局颇具中世纪城镇的特点，整座老城由若干广场构成。广场之间由街巷相连。这样的布局在无公共交通的时代较好处理了市民活动空间的问题，广场既是休闲场所又是贸易集市。在所有广场中，最著名的无疑就是 St. Tryphon 广场，在这里有科托尔最著名的大教堂 St. Tryphon Church，这座教堂是为纪念殉道者 Tryphon 而建的。传说公元 809 年威尼斯商人从土耳其返航，船上装着 3 世纪殉道者 St. Tryphon 的遗物，途中遇风暴而进入海湾，暂避岸边。商人们感到困惑的是，每当他们欲启程回航都因恶劣天气无法成行，后来他们中的一位在梦中见到 St. Tryphon，圣人告诉他们应留在科托尔，于是他们放弃回归念头，在此安居乐业。为表达对圣人的感恩，商人们建起了一座罗马式的小教堂，这是 St. Tryphon Church 的前身。

○ 科托尔老城风光

Perast村外的小岛

远眺Perast村

·番游逛，就来到了科托尔老城正面的那座城门。城门建于 500 年前，顶部最初是威尼斯狮子造型的雕塑，后改成象征奥地利（奥匈）帝国的哈布斯堡皇室的双头鹰，现在则是前南斯拉夫铁托时代的标志。门上方的石匾刻着 1944 年 11 月 21 日字样——这是铁托领导的军队把古城从纳粹德国手中解救出来的日子。石匾与城徽之间的长条石上，至今仍保留着铁托的语录：

"不要拿走我们的东西，我们不会拿走你们的。"

离开老城，沿着海湾北上 14 公里，是一个据说可以和奥地利那个享有世界声誉的湖畔小镇哈尔斯塔特相媲美的 Perast 村。来到 Perast 村，是为了它外边海面上两个很小的小岛，岛上分别各有一座风格各异、历史悠久的教堂。有游船往返，票价每人 5 欧元。

我乘船登上的小岛是 15 世纪初用老船和石头堆建成的人工岛，1630 年才建成 Perast 圣母科尔别耶拉天主教堂（Gospa od Skrjpela）。教堂不大但是很有特色，教堂楼上是博物馆，保存有几个世纪以来的珍贵文物。科托尔是一座航海和贸易的城市，Perast 教堂位于科托尔湾的出海口处。几百年前海员出海和出海归来总是到这个教堂来祈求

Perast村外的小岛

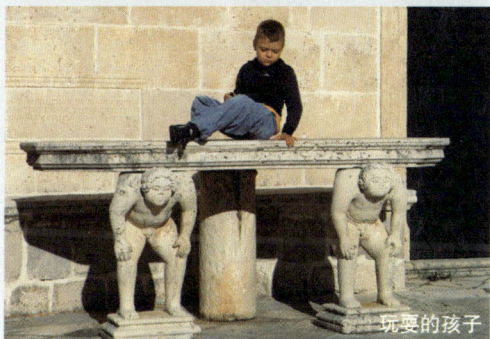
玩耍的孩子

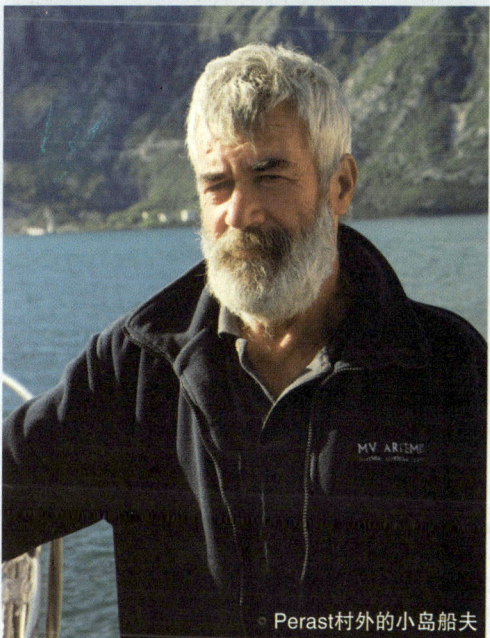
Perast村外的小岛船夫

平安。教堂里陈列着两千片海员捐献的宗教画银片，有大有小，镶嵌在教堂的四壁上，成为这个教堂的一大特色。

从 Perast 村出来，已经下午 4 点过了。这个时光，最是适合摄影，于是决定赶紧驾车到科托尔老城东边那座高高的山顶上去。

黑山的国名 Montenegro，monte 是"山"的意思，negro 代表"黑色"，连起来就是黑色的山。黑色的山，具体来说，指的就是科托尔背后那座黑山人心目中的圣山洛夫钦山（Lovcen）。洛夫钦山之于黑山人，就像奥林匹斯山对于希腊人一样。洛夫钦山遍布石灰石，有着无尽的山洞，异常贫瘠。黑山人因为恶劣的自然环境，养成了彪悍凶猛的性格。

狭窄的公路如羊肠般蜿蜒崎岖。好在我开的这辆车，搭配的是 1.9 升排量的柴油发动机，虽然在如此陡峭的山路上，倒也爬得轻松自在。到了山顶，正逢夕阳西下。极目远眺，下面是科托尔老城，而在海天一线的地方，是蔚蓝的亚得里亚海。

洛夫钦山的山顶，有一座古墓，里面安葬的是 Petar II Petrovi Njego 皇帝。这位涅戈斯王朝的第四位君主不仅对黑山、而且对整个塞尔维亚的民族解放运动

洛夫钦山

都产生过重大的影响。从这位故人那里衍生出来的大塞尔维亚主义,一直闹腾到把前南斯拉夫共和国全面解体。

天黑的时候,下得山来,直驱科托尔海湾西北的 Risan 村。那天晚上,我预订的那家家庭旅店就位于这个海边的小村子里。黑暗中,正犯愁该如何找到那家旅店,就看到了公路边立着的指路招牌。刚把车开进院里停下,就听到一阵狂暴的狗叫。那犬吠之声低沉有力,绝不是一般的宠物狗。我吓了一跳,躲在车上没敢下车。这时,光影之中,一位老太太伛偻着腰出现了。

我开了一点车窗,小心翼翼地用英文问:"这狗安全吗?"

老太太笑眯眯地看着我,显然没明白我在说什么。这时,从黑暗中,又出来一个年轻人,他微笑道:"别担心,这狗是关在一楼的,你的房间在二楼。"

我不放心,又问:"你确定这狗不会跑出来吧?"

他笑道:"肯定不会。不用怕,一有动静,这条狗就会叫,你也会感觉安全一点不是?"

我终于松了一口气,说:"它叫得那么猛,我没法感觉安全啊。"

◦ 黑山乡村

3.《桥》和《瓦尔特保卫萨拉热窝》

翌日清晨，从房间的阳台看出去，是湛蓝的科托尔海湾。不远处海面上，是我昨天去过的那两个小岛。蓝天白云，高山峻岭，海面上偶有几点白帆。眼前的一切，有着一股无法用语言来形容的平和、静谧的美感。

昨晚我已经将房费付给了房东，所以早上起来，主人家一个人也没有。我

《桥》里的桥和前南斯拉夫老战士

自个儿拾掇拾掇，驾车离开，向着黑山内陆的崇山峻岭而去。

今天，我首先要去黑山北部 Tara 河上的 Canyon 大桥。这座桥，是前南斯拉夫电影《桥》的拍摄地和故事的发生地。然后，我将越过边境，到波黑的首都萨拉热窝。

行驶在黑山北部的山区，是一种赏心悦目的享受。延绵不断的山林茂密而幽深，潺潺的溪水、唧唧喳喳的小鸟、凉爽的秋风、崎岖的山路、遍山的野果，还有重峦叠嶂的不知名树木，舒枝展叶地欢迎着我这个来自远方的客人。

从科托尔海湾向东北深入内陆 100 多公里，就进入黑山的杜米托尔国家公园（Durmitor National Park）。在扎布利亚克（Zabljak）旁边几公里处，是当地著名的旅游景点黑湖（Crno Jezero），那是由几条山涧和地下水汇聚成的高山湖，水质极佳，清澈见底。

但我的兴趣点并不在此。跟着写有"Tara River Canyon Bridge"字样的路牌继续前行，向着深深的峡谷底部而去。转过弯，远远地就看到峡谷底下那座高高地横在小溪之上的弯弯大桥。

没错，就是它！这就是我曾经在南斯拉夫电影《桥》中多次看到的那座最后

被游击队员炸掉的桥！按捺不住心中的激动，赶紧下车，举起相机，冲着那座桥咔咔咔不停地摁着快门。此刻我站的这个地方，大致就是在电影开篇时，党卫军上校举着望远镜俯瞰大桥的位置。随着上校视角在群山间的移动，主题音乐悠然而起，带着一点忧伤，一点悲壮，甚至还有一点点解脱。这座貌似普普通通的桥，将敌对双方在战争中的命运连接在了一起。影片结尾时，桥被勇敢机智的游击队员炸断，但我们从失败者的脸上却看不到多少恼羞成怒，而取得胜利的游击队员也没有欢欣雀跃。电影里，德国党卫军上校和南斯拉夫游击队少校老虎都为这座美丽的桥的命运而备感惋惜。这样的处理，也许更接近于战争中人性的自然状态吧。

驱车来到桥头，那里有一座铜铸的塑像，铜像的主人公就是当年带领游击队炸桥的少校、外号"老虎"的南斯拉夫英雄。我伫立在桥头，两岸山林金黄，微风习习，一派大美的秋日景象。我无意识地、不断地轻轻哼唱着《桥》的主题曲《啊，朋友再见！》，眼泪悄然湿润了眼眶：

　　那一天早晨从梦中醒来，

　　啊朋友再见吧再见吧再见吧！

　　一天早晨从梦中醒来，

　　侵略者闯进我家乡，

　　……

曾几何时，这首歌唱遍了中国，成为整整几代人的岁月记忆。

离开那座桥之后，驱车径直前往黑山与波黑边境。到了边关，手续办得很顺利。根据波黑的规定，持有申根多次旅游签证的旅游者，可免签进入波黑 7 天。

波黑全称为波斯尼亚和黑塞哥维那，1992 年从前南斯拉夫独立出来。面积5.12 万平方公里，人口 400 多万。从地图上看，该国与黑山、塞尔维亚、克罗地亚三国为邻，沿海一线地盘几乎全归克罗地亚，波黑仅有一个 20 公里宽的出海口。在这个国家，民族问题远比从南斯拉夫独立出来的其他任何一个国家要复杂得多。在这里，有信奉东正教的塞尔维亚族，有信奉天主教的克罗地亚族，还有信奉伊斯兰教的穆斯林。关键是，他们中间没有一个占主导地位的民族，三方的力量都相差不多——这也正是波黑所在的巴尔干半岛能够成为欧洲火药桶的重要原因，谁也不服谁，就只有打。由此可以看到，维护一个国家的主体民族地位，对一个国家的文化融合和领土完整，有多么重要。

波黑的首都是萨拉热窝。20 世纪 70 年代，随着前南斯拉夫电影《瓦尔特保卫萨拉热窝》在中国的热映，萨拉热窝在中国成为知名度颇高的外国城市之一。

此外，由于引爆过第一次世界大战，又由于 20 世纪 90 年代的波黑战争，萨拉热窝也是欧洲最著名的城市之一。

下午，随着车流就进入了萨拉热窝，按例又找了一辆出租车带路，很快就到了我预订的那家酒店。这家位于传统奥斯曼风格的老屋里的温馨酒店，坐落在萨拉热窝老城的半山上。说得一口流利英文的服务员，浓郁本土风情的装饰，还有俯瞰老城的绝佳位置，都使得这家酒店几乎无懈可击。

但是！

入住之后，准备出来逛逛。往大门口一站，立即就注意到，酒店斜对面的坡上，赫然有一片不小的墓地！在那里，宽阔的草坪上，立满了白色的墓碑。这让我感觉十分别扭，咱中国人的文化，对这种状况，总是有些不太适应。

城里的墓地

于是返身回到大堂，皱着眉对前台小姐道："门前的这片墓地，你们在订房网上咋没有说明呢？"

小姐耸耸肩道："十几年前的内战，夺去了成千上万的生命。今天的萨拉热窝城内，到处都是墓地，所以就没有特别加以说明。"

是这样？那天晚上，天色已暗，看不太真切。翌日清晨，在酒店用完早餐，背起相机出来，叫上一个出租车，让司机送我到萨拉热窝背后的山梁上去。那个位置，是电影《瓦尔特保卫萨拉热窝》中，党卫军军官说出那句著名的台词"瓦尔特就是萨拉热窝，萨拉热窝就是瓦尔特"的地方。

司机 50 多岁，身材魁梧，有着一副典型的斯拉夫人的彪悍面孔。他这个年龄的人，肯定是经历过 20 世纪 90 年代的波黑内战的。他那双握着方向盘的粗大的手，说不定在内战中还杀过人呢。

到了山上一个小平台，往下一看，不由得倒吸一口冷气——萨拉热窝城内，到处都是立着白色墓碑的墓地！这个时候，明媚温暖的朝阳从东边斜斜而来，但我却不由得打了一个寒噤。饶是我去过将近 50 个国家，在一座城市里面，见到如此密集的大片大片的墓地，却是前所未有！

枪眼

狙击手大道民居建筑上的枪眼

狙击手大道

艾利亚茨河河畔

米利亚茨卡河穿城而过，不算太高的小山把山窝中的城市包围起来，山坡上是红色屋顶的居民房子。波黑战争期间，萨拉热窝被围城将近 4 年，这些山头便是围城的塞尔维亚族人的阵地。出租车司机遥指城内远处的一条马路告诉我，那就是赫赫有名的"狙击手大道"。当年，在城市遭到塞族人的围攻时，这条街上的行人成为狙击手最好的靶子。只要看到有人走动，周边的山上就会飞来子弹。

因此，这条大街包括民宅在内的沿街建筑物都弹痕累累。

我想对司机笑一笑，但却感觉自己脸上的肌肉非常僵硬。无法想象，战争期间，那些原本也是平民的狙击手，该得有多大的血海深仇、多好的心理素质，才能从容地对着萨拉热窝的平民开枪呢？

从山上回来，在米利亚茨卡河边下了车。顺着秋叶满地的河边甬道没走多远，就看到了那座闻名世界的拉丁桥——这是所有来到萨拉热窝的人都一定会去造访的地方。

1914 年 6 月 28 日，奥匈帝国皇储斐迪南大公在这座桥上被一个塞尔维亚独立运动者开枪射杀，第一次世界大战由此爆发。这次大战瓦解了奥匈帝国和奥斯曼土耳其帝国，在它们的残骸上产生了许多新的国家。而刺客普林西普被誉为塞尔维亚的民族英雄。桥头原本有他的雕像，波黑战争后，雕像被搬走了，只留下一个空的基座。

萨拉热窝老城区不大，老街纵横交错，基本上保持了百年前的历史风貌。老城别具特色的商业街始建于土耳其统治时代。石块铺路的老街，两侧的建筑呈现出波斯尼亚民族风俗和土耳其式的风格，一排排的手工艺品店铺错落有致。无论是观景、购物、吃饭或是休闲，你在这里均能找到合适的地方。

而对于从 20 世纪 70 年代甚至更早走过来的中国人来说，他们对萨拉热窝的印象，主要是来自前南斯拉夫电影《瓦尔特保卫萨拉热窝》。当年，这部电影在中国反响极大，很多台词成了当时人们耳熟能详的话语，如"空气在颤抖，仿佛大地在燃烧"。Bojan Adamic 为电影创作的主题音乐在中国知名度也很高，在 2011 年还被中国的电视连续剧《借枪》采用为片尾曲。

出人意料的是，当年中国人心目中伟大的社会主义国家南斯拉夫后来竟然解体了，分裂了！而瓦尔特曾经誓死保卫的萨拉热窝竟然成为民族仇杀的血腥战场。尤其令人扼腕叹息的是，执导《瓦尔特保卫萨拉热窝》的伟大导演克尔瓦·瓦茨在 1992 年的波黑战争期间，竟然饿死在萨拉热窝……

顺着大道离开萨拉热窝时，远远地就看到那家著名的假日酒店的黄色大楼。这家位于城市入口处的酒店，在萨拉热窝被围困的 4 年中，曾居住着来自世界各个国家的战地记者。当时，我们从媒体上看到的那些关于波黑战争的中心萨拉热窝的新闻报道，都是坚守在这里的记者刊发的。今天，经过修缮，这家酒店以它在战争中广为人知的黄色外观再次示人。

萨拉热窝

萨拉热窝老城

萨拉热窝老城

萨拉热窝老城

假日酒店

萨拉热窝老城

4. 经过莫斯塔尔，进入克罗地亚

位于萨拉热窝西南方 120 公里的莫斯塔尔（Mostar）是波黑的一座古城，这座古城最著名的古迹就是一座由土耳其人建造的石板拱桥——奈雷特瓦河桥。

老桥在 1557 年由奥斯曼土耳其帝国的苏莱曼苏丹下令修建，但是这座有着

奈雷特瓦河桥

莫斯塔尔

莫斯塔尔

莫斯塔尔小街

布满弹痕的房子

400多年历史的古桥却在1993年的波黑战争中被炸毁了。老桥的毁灭，是种族仇恨的象征。

在西方的舆论中，前南斯拉夫内战中作恶的通常都是塞尔维亚人。而事实则是，内战中各方都为了自己的利益，以宗教的名义去杀戮和掠夺其他民族。血腥的战争结束后，出租车司机拖着一身的残破还是得去开自己的出租车，失去了亲人的农民仍然得埋头去挖自己的地，而极个别野心勃勃的家族会从底层崛起，摇身一变成为吸食民脂民膏的社会新贵。所谓正义和邪恶，也就只是隔着一层薄薄的面纱而已，怎么看，只取决于观察者的角度罢了。

20世纪90年代的波黑内战中主要有三方势力，即塞族、克族和穆族。在萨拉热窝，是塞族人在围攻城市；但在莫斯塔尔，却是克族人和穆族人在争斗。当时，穆族控制了莫斯塔尔的东部，而克族则占据了城市的西部。正是克族人将这座古老而美丽的拱桥炸掉了。当然，西方媒体很少会告诉你真相。一般情况下，欧洲的导游和旅游手册都刻意回避到底是谁炸掉了老桥这个问题。

进了莫斯塔尔古城，远远地就看到教堂高高的尖顶。朝着那方向过去，很幸运地就在教堂门前的停车场上找到了停车的空位。这是一座天主教的教堂，在它门前的小广场上，或站或坐到处都是中学生模样的青少年。他们在老师的带领下，似乎正在这里参加一个什么宗教活动。

顺着古朴典雅的石板小路，走在充满了波斯尼亚风情的小街上。具有浓郁的奥斯曼风格的老式建筑，透出某种迷人的沧桑。在这样的文化氛围中，没法不令人心生敬意。古城里，竟然有不少亚洲面孔的游客。听声音，基本上都是日本人和韩国人。

不一会儿，来到老桥的面前。现在的这座桥，其实是在2004年重建的。2005年，莫斯塔尔古城和老桥整体被收入联合国教科文组织世界文化遗产名录。

桥上游客不少，如果游客愿意付钱的话，穿着泳裤的当地青年就会表演从高高的桥上跳入水中的游戏。我独自来到老桥下面，在溪边找了一个地方，静静地坐了下来。

周遭的喧嚣，似乎与我无关。

离开莫斯塔尔，继续向西南行，很快就到了波黑和克罗地亚的边境。

持有申根多次入境旅游签证，可免签进入克罗地亚长达90天。因此，入境时，没遇到任何麻烦。唯一的不爽就是等待进入克罗地亚的车子太多，排成了长达几百米的队伍。在这个口岸，似乎两国之间的交流要比其他地方频繁得多。

刚一进入克罗地亚，沉寂多日的GPS就给了我一个惊喜——它恢复正常了！

在我去克罗地亚的时候，这个国家才刚刚加入欧盟三个月（2013年7月1日加入），它的经济在前南各国中，除了不如斯洛文尼亚，比其他的都好。看来，

克罗地亚南方海岸

GPS 公司制作地图时，也是嫌贫爱富啊。

克罗地亚在 12-16 世纪初处于匈牙利王国的地盘之内。1527-1918 年受奥地利帝国统治，直至奥匈帝国崩溃。第一次世界大战后，克罗地亚逐步成为前南斯拉夫的一部分，1991 年从前南斯拉夫独立出来。国土面积约 5.9 万平方公里，人口约 430 万，首都萨格勒布。

进入克罗地亚境内之后，便一直沿狭窄的海岸线南下，直驱南方的杜布罗夫尼克（Dubrovnik）。如果您看一下地图，立即就会发现，克罗地亚和波黑之间的国境划分很是奇怪。除了全国唯一一个濒临亚得里亚海的港口小城 Neum 之外，波黑临海的地方几乎全部被克罗地亚占了去。这个 Neum 小城对于波黑来说就好像咽喉一样，没有这个狭小的港口，波黑将会是一个完完全全的内陆国家。

这同时也意味着波黑的 Neum 小城隔断了克罗地亚沿着海岸线的狭长国土。也就是说，当我驾车南下克罗地亚的杜布罗夫尼克时，必须在 Neum 地区穿越 20 公里的波黑国土。

经过 Neum 时，必须在克罗地亚的边关再次给护照盖上入境章。慢慢滑行到边检岗亭面前，把护照递进去，忍不住就抱怨了一句："我这刚刚才从波黑进入克罗地亚，咋又要来检查一次呢？"

杜布罗夫尼克钢索桥

岗亭里的克罗地亚小伙子翻看着我的护照，安慰道："别担心，我就是给你盖一个章而已。你是中国来的？"

"是呀。你去过？"

"没有。但我知道姚明！"

"哦？那你一定喜欢篮球了？"

小伙子正色道："我喜欢体育——我们克罗地亚人都喜欢体育。"

"不错不错，克罗地亚的体育挺棒的。"

他一下子就眉开眼笑了，说："克罗地亚只有400万人，但我们的足球和篮球都比你们的强，虽然你们有姚明。"

这位小伙子尖尖的鼻子，削瘦的脸儿，褐色的头发，看起来很是阳光。虽然很想和他聊一聊体育，聊一聊巴尔干，无奈后面的车子排着队上来了，只好挥手作别，继续南下，去往杜布罗夫尼克。

夕阳西下的时候，就看到了杜布罗夫尼克城边上那座标志性的钢索桥。跟着GPS在新城里一番乱转，就到了我预订的那个家庭旅馆。说是旅馆，其实也就是当地普通的人家，将自己三楼的两三套客房拿出来租给客人住。看起来一点也不像宾馆，颇有去亲戚家作客的感觉。

此刻，浑圆橘红的夕阳把海水染成金黄，一点点沉入海中的小岛后面。天色很快就黯淡下来，华灯齐上，灯火璀璨，一幅美不胜收的夜景图如打开的画卷，慢慢呈现在人们眼前。黄昏时分，克罗地亚南方的达尔马提亚海岸线上，都处都是视觉的饕餮大餐，令人沉醉其中，不知归处。

5. 杜布罗夫尼克，不经意间就让你忘掉时间

克罗地亚东南部的杜布罗夫尼克在意大利语里的古名为拉古萨（Ragusa），这里是该国最大的旅游中心和疗养胜地。杜布罗夫尼克位于风景绮丽、气候宜人的达尔马提亚海岸南部的石灰岩半岛上，倚山傍海，林木茂盛，是一座具有浓郁中世纪风貌的古城。这座小城在1979年被联合国收入世界遗产名录，现在位列欧洲十大旅游城市，与巴黎、伦敦、罗马、维也纳、雅典、巴塞罗那、日内瓦等平起平坐。不过，对绝大多数中国人来说，它尚寂寂无名。这是一座令人向往的古城，来自爱尔兰的诺贝尔文学奖得主乔治·萧伯纳是它众多的仰慕者之一。

● 杜布罗夫尼克老城小巷

1929 年访问这座城市时，萧伯纳情不自禁地评价道："如果你想看到天堂到底是什么样子，那就去杜布罗夫尼克吧！"

那天早上睡到自然醒，推开面向大海的窗户，但见晴空万里，碧波无垠，不由心情大爽。与位于新城的家庭旅店的老板道别之后，驱车直往老城，将车停在城墙北面一个大大的停车场中。这里无人值守，需车主自己在自动计时售票机上购买停车票，每小时 5 库纳（Kuna）。库纳是克罗地亚的货币，当时的汇率大致是 1 元人民币兑换 0.85 库纳。这天的计划是在不算很大的老城里逛逛，然后乘缆车上到后山顶上俯瞰杜布罗夫尼克。掐指一算时间，投入硬币，买了三个小时的停车票搁在前挡风玻璃后面。

杜布罗夫尼克面向亚得里亚海，背后是陡峭的高山，在农业时代基本上没什么生产力。但是，这个地区扼守着亚得里亚海的中部，地理位置极为优越。杜布罗夫尼克老城始建于公元 7 世纪，先后经过拜占庭帝国、威尼斯共和国、匈牙利王国等国家的统治，1358 年由迁移至此的斯拉夫人建立了独立的拉古萨共和城邦。从此，拉古萨凭借商业和海运业崛起，在十五六世纪时拥有商船和舰船超过 500 艘，富甲一方，与当时的威尼斯、热亚那一起，成为欧洲地中海最重要、最强大的三个海港城邦。在独立了 450 年之后的 1808 年，杜布罗夫尼克被借道巴尔干地区北上攻打奥地利帝国的拿破仑假虞灭虢而灭国。据说，拿破仑的理由就是垂涎杜布罗夫尼克依山傍海的旖旎美色！

今天的杜布罗夫尼克，虽然只是一个几万人口的小城，但它每年接待的游客人数竟然上千万，是克罗地亚全国人口总数的三倍以上！

我是从北边的城门进入老城的。如果图方便，可以买一张一天的参观通票，票价 130 库纳，包括 7 个景点和 24 小时公交乘坐。

顺着狭窄小巷中长长的石梯而下，就来到了斯特拉顿大街。这条东西走向、长 292 米的大道用大理石铺就，将老城一分为二。大街两边是一条又一条的狭仄

杜布罗夫尼克广场

杜布罗夫尼克神职人员

小巷，嵌在高高的古旧石屋之间，幽深而又神秘。小巷子里面有不少小酒吧和咖啡座，街灯仍然还保留着中世纪的式样，到处洋溢着浓浓的怀旧风情。

大街西头的城门口上，雕刻着杜布罗夫尼克的守卫神弗拉多霍——一个头戴尖帽长着大胡子的慈祥老头——的石像。西门南侧是建于1438年的圆圆的奥诺弗里奥泉水池，它是老城的地标之一。水池以前有两层，上面装饰有精美的雕刻，后毁于1667年的大地震，如今只剩下16个面具雕刻的出水口，清水从里面流淌而出。根据习俗，进城的人都要在水池中洗手，以免将厄运带入城里。

大街北边是有着尖顶塔楼的圣方济会大教堂，里面保存有一座14世纪的古老药房。教堂外的石墙上，有一块突出的巴掌大的石块，传说谁能站上去就会有好运。许多游客想上去尝试，但大多数人都无功而返。

沿着斯特拉顿大街年代久远、光可鉴人的大理石路面向东是一个广场，那里伫立着一个持剑的人物雕像，此君名曰奥兰多。曾几何时，当地人便是以奥兰多的肘长作为度量的长度，所以这尊雕像又名"奥兰多肘长"。广场周围分布着教堂、市政厅、钟塔等，附近还有大公府和天主教主教堂等中世纪至18世纪的建筑。这些由几个世纪以来最优秀的建筑师和艺术家倾力打造的老建筑精雕细琢，雍容

老城建筑

卖手工艺品的妇女

建筑石柱

杜布罗夫尼克

柱雕

杜布罗夫尼克码头

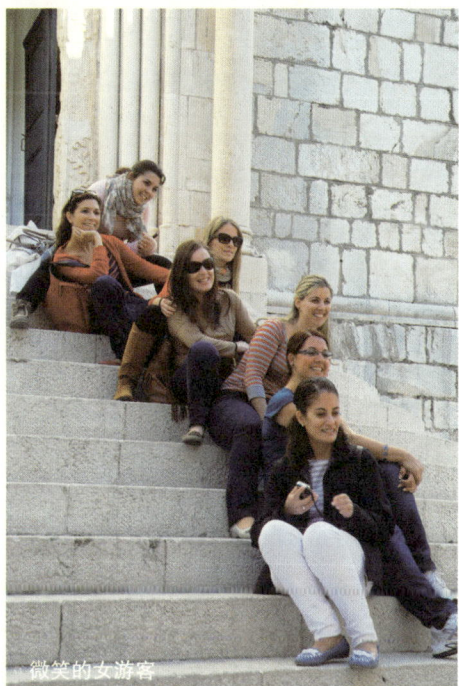
微笑的女游客

华贵，无声地展示着昔日的辉煌与梦想。

东门外面就是杜布罗夫尼克的码头了。小小的港湾里停泊着大大小小的船只。这里的海水极为清澈，阳光下，船儿们好像都悬浮在了空中。码头上的游客不少，大家纷纷在那儿拍照留影。我也混杂在人群中，拍拍船儿、拍拍老城墙，大伙儿乐呵，我也跟着乐呵。正在这时，身后钻出来两个白人女孩，正好就到了我面前，一个摆pose一个拍照。得，那咱也跟着拍几张吧？于是举起相机，冲着面前那女孩。不料她一看到我的镜头，便摆手道："No！ No！ No！"

看来人家不愿意呢，我呵呵一笑，放下相机，摊摊手，顺口说道："You are so beautiful！"

女孩愣了一下，冲我开心地笑了起来。

从码头回到老城，登上城墙。这道长约2000米的城墙建于13-16世纪，蜿蜒曲折地包围着古城。城墙上的路面宽1米左右，一步一景，每一个转弯都会带来视觉的惊喜。

从城墙上下来，在墙根儿一个不知名建筑前的石阶上挨着一群游客坐下，一边吃着冰激凌，一边观看面前经过的络绎不绝的各色人等。这时，刚才在码头上

亚得利亚海和老城

© 老城石桥

老城古街

杜布罗夫尼克

冰激凌女孩

遇到的那两个女孩也来到此处，坐到我旁边的石阶上。那个不愿让我拍她的女孩咬着同伴的耳朵嘀嘀咕咕了一下，转头对我用英文说："Hi——可以请你帮忙给我们拍照吗？"

我不由得笑道："用你的相机还是我的相机拍啊？"

她扑哧一下笑出了声，说："都可以啊。"

看来，刚才那句"You are so beautiful！"的恭维起到了作用，虽然她俩其实算不上漂亮。相谈之下得知，这两位姑娘来自意大利，公司职员，来此度假。

离开老城，登上缆车。到了山顶的高处，碧波荡漾的亚得里亚海和老城内古香古色的风貌一览无遗。远处是杜布罗夫尼克新城，红顶房屋起伏错落，高大翠绿的棕榈树和傲然怒放的三角梅，衬托着美轮美奂的建筑，和谐而美丽。蓝色的海湾有许多白色的小船，码头上停靠着仿古帆船和巨大游轮。

下山后，径直奔向停车场。打开车门，发现不对——前挡雨刮上压着一张字条。取下来一看，是一张超时停车的罚单，罚款 85 库纳。看了看时间，已经超时半小时了。这就是杜布罗夫尼克，一座不经意间就让你忘掉时间、融化其中的美妙老城。

俯瞰杜布罗夫尼克

6. 马可·波罗的故乡和达尔马提亚的几个世界文化遗产

说起马可·波罗，在中国是妇孺皆知。中国元朝时期，他在中国待了17年，留下了一本《马可·波罗行记》。很多西方人就是从这本广为流传的书开始了解中国，并激发起对东方的强烈向往。但是，长久以来一直被认为是意大利人的马可·波罗，却是在1254年出生于杜布罗夫尼克北边几十公里的科尔丘拉岛（Korcula）上，而且他曾经还在杜布罗夫尼克长期居住。

从杜布罗夫尼克沿海岸线北上50公里，就到了一个叫Ston的小镇。在这里的山岗上，有一道7公里长的长城，它被叫作"欧洲的中国长城"（European wall of China），这是当年的克罗地亚人为了抵御外来入侵而建的。从Ston到轮渡码头，汽车穿行在大片的葡萄园中。这一带，是克罗地亚最负盛名的葡萄酒产地。

从大陆到科尔丘拉岛的汽车轮渡，一小时一班，行程15分钟左右。科尔丘拉岛坐落在一个向亚得里亚海突出的半岛的外海上。科尔丘拉老城位于岛上靠近

科尔丘拉岛Ston的长城

大陆的海角上，被誉为杜布罗夫尼克的微缩版，城墙围绕着圆形的塔楼和红色屋顶的民居，城内狭窄的石街纵横交错。

虽说此地以马可·波罗出生地作为自己的城市名片，且老城内也有着一些据说可称作古迹的建筑，但实际上我来此地，却更多地是把它当作繁忙旅途中的一个休息站。

很快就找到了预订的那个掩映在鲜花中的家庭旅馆。房东是一个中年妇女，她与我的交流，都是通过她正在读中学的女儿来进行的。入住后，我询问的第一件事情，是我该如何处理那张在杜布罗夫尼克收到的超时停车罚单。我开的这个车，是从布达佩斯的 Gyula 那里租过来的，按合同规定，我必须自行了断一切因违章而造成的罚款。

她俩拿着我的罚单嘀咕了几句，房东女儿笑盈盈地说："你拿着这个单子，到城里的邮局去交钱就行了。"

邮局还有这功能？在国内，咱们现在已经很少和邮局打交道了。从旅馆出来，在老城中溜达。城里空空荡荡的，没什么人。好不容易逮住一位会说英文的先生，向他询问去往邮局的路。这位秃顶先生看起来五六十岁，牵着一个四五岁的小女

我的车准备上轮渡

科尔丘拉岛

科尔丘拉岛老街

孩。听了我的话，他二话不说，挥挥手道："跟我来，我带你去。"

转过两个街角，就到了。把罚单递给邮局工作人员，再交上85库纳罚金，从邮局拿回一个回执单，这就算搞定。

出来一看，那位先生和小女孩还在门口等着我。

"还有什么可以帮你的吗？"他问道。

我搓了搓手，赧颜道："真不好意思，耽误你时间了。我还想去看看马可·波罗的故居。"

他笑道："看了你会失望的，那个房子正在维修中，不能进去。"

没走几步就到了一条小巷，石阶尽头的一所三层石头房子就是马可·波罗的出生地。巷子里除了我们，没有别人。角落处一道小门里面，是一个专门出售与马可·波罗相关的纪念品的小店。清新的海风悠然而至，巷子的另一端是湛蓝的亚得里亚海，常年清澈见底。恍惚之间，我依稀看到了一个青年驾着一条帆船，带着不足百人的小队伍，从这个小岛走向遥远而古老的东方……

从故居出来，那位先生与我分手，我独自在小街仄巷中乱逛。科尔丘拉城很小，不用担心迷路。这里的街道，大都是人字形布局，既有利于空气的自由流通，

带我交罚单的先生和女孩

马可·波罗故居

○ 戴克里先宫

又能免受强风侵袭。狭窄的甬巷路面全都呈显著倾斜状,除了沿着东南城墙的那条之外——那条平坦的小街被称为"思考之街",因为在那里可以不用担心台阶,可以自由自在地一边漫步一边思索人生。那天,在科尔丘拉城,我却什么都没想,也不想去想,我很享受那种让思绪若有若无地自由飞翔的状态。

第二天,乘轮渡重回大陆,驱车前往克罗地亚的第二大城市斯普利特(Split)。

斯普利特的戴克里先宫(Diocletian's Palace)是克罗地亚的另一处世界文化遗产地。那是一座古罗马帝国宫殿,大约在公元295-305年之间建造,占地近4公顷。戴克里先(公元245-312年)是古罗马帝国的皇帝,他建立了四帝共治制,并使其成为罗马帝国后期的主要政体。这一场政治改革行之有效,使罗马帝国对境内各地区的统治得以加强和存续。戴克里先退位后便来到斯普利特,居于这座后来被叫作戴克里先宫的、宏大壮丽的海滨堡垒和豪华乡间别墅之中。

斯普利特西边30公里处的Vis岛上,是克罗地亚的另一个著名的世界文化遗产地特罗吉尔(Trogir)。这个充满特色的古城在1997年被联合国教科文组织评定为世界文化遗产。

特罗吉尔的历史最早可以追溯到公元前3世纪的古希腊时代。后来在罗马统治下,特罗吉尔人被赋予罗马市民的地位,这对于这座城市有着突出的意义。在东罗马帝国的统治下,特罗吉尔变成了达尔马提亚的自治省。公元10世纪末,特罗吉尔第一次被威尼斯人占领。从12到14世纪它归属匈牙利。1420年开始,特罗吉尔再次成为威尼斯共和国的一部分。当时，在威尼斯的资助下，达尔马提亚的经济和艺术都得到了发展。1798 年威尼斯共和国灭亡后，特罗吉尔被让与给匈牙利王国，后来归属奥匈帝国。第一次世界大战后，它作为克罗地亚的一部分，正式进入南斯拉夫的版图。1991 年，它又随着克罗地亚从南斯拉夫独立出来。

特罗吉尔老城拥有亚得里亚海沿岸、乃至整个中欧和南欧保存得最完好的罗马式、哥特式建筑群。在悠悠的岁月长河中，那些古老的建筑几乎没有受到现代文明的影响和冲击。这座小城，美得不由分说，美得入木三分。

那天，悠哉游哉地抵达特罗吉尔时，已是夕阳西下。跟着 GPS，很精准地找到了那家离亚得里亚海只有 20 米的小小的三星级公寓式酒店。酒店的老板叫比利奇（Josko Bilic）。

Josko Bilic 见到中国客人，甚为高兴。他解释说，他十多年前曾经在中国武汉的某俱乐部球队踢过足球，对中国很有感情。

"真的？是哪支球队呢？"我顿时来了兴致，问道。

他笑道："已经记不清球队的中国名字了，因为中国俱乐部的球队踢起球来

特罗吉尔新

在中国俱乐部踢过足球的酒店老板

都差不多。"

踢起球来都差不多吗？这话令我颇有几分尴尬，同时也为他没有当着我面贬损中国足球而心存一份感谢。在颇具足球天分的克罗地亚人看来，中国足球也许确实没什么专业个性，不值一提。

或许是看我满脸狐疑，他递了自己的名片给我，说："如有兴趣，你不妨在网上搜下我的名字，就知道了。"

我后来确实搜了，但没在百度上找到他的克罗地亚语名字。中国网络上的外籍球员一般都用汉语译名。唯一让我觉得有可能的是 1997 年时，武汉的甲 B 球队前卫寰岛队的克罗地亚籍外援比利奇（南斯拉夫语中，Bilic 就是这个读音）。前卫寰岛队升上甲 A 后，便搬到了重庆。

无论中国足球踢得多么的烂，至少它曾经给过我很多不可替代的快乐；无论中国的足球俱乐部制造过多少丑闻，至少 Bilic 从中挣到了钱。从中国回到克罗地亚的家乡特罗吉尔，他在古城开了两家公寓式小酒店，看起来小日子过得不错，后半生应该衣食无虞了。

特罗吉尔

夜晚的特罗吉尔，温暖、静谧、明亮。

我来到房间临海的小阳台上，斜躺在休闲椅里，脚高高地搁架在栏杆上。阳台的下面，是一家露天小咖啡馆。昏暗的光影中，咖啡桌边的人们喁喁私语，不时发出咞咞的低笑。

在小阳台上呆坐良久，回到屋中，注意到白色的墙上印着这么两行英文：

Dream as if you'll live forever.

Live as if you only have today.

那一瞬，一种温润的感觉，如近在咫尺的亚得里亚海海水一般，悄悄地漫了上来。也许，这便是我在这个世界上不断地游荡下去的动因吧。

。特罗吉尔

7. 从亚得里亚海海岸到内陆小镇斯卢尼

　　沿着克罗地亚南方的达尔马提亚海岸线，从杜布罗夫尼克经由斯普利特、特罗吉尔、希贝尼克，直到扎达尔，是欧洲著名的观光大道之一。在滨海的山间，公路如灰黑色的腰带，蜿蜒曲折。一眼看去，山海相间，海中有山，山边傍海，翠绿的大山点缀着各色鲜花，倒映在蔚蓝的亚得里亚海中，别具风味。在这条线上，只要条件许可，您一定要自个儿租车自驾。但凡见到路上允许停车的观景点，您就下来欣赏，绝不会令您失望。

　　走走停停，不一会儿就到了特罗吉尔北边另一座著名的海边小城希贝尼克（Sibenik）。历史上，有关这座亚得里亚海东边的美丽小城的记载，最早出现在1066年。城市的一侧涌动着湛蓝的大海，石墙砌成的老城内有崎岖狭窄的街道，在幽深的小巷中，到处都是楼房、教堂、修道院，以及时尚的名品店。

　　希贝尼克虽然不大，却很难找到一个停车的空位。随着拥堵的车流，在狭窄的街巷里一阵乱钻，终于瞄上街边一辆正准备离开的小车。等它腾出空位，赶紧过去把车停下。希贝尼克虽然漂亮，但真正的看点有限，一小时足矣。考虑到前天在杜布罗夫尼克刚吃了一张超时停车罚单，为了保险起见，这次就买了一张两小时的停车票。

希贝尼克最负盛名的景点，是圣雅各布大教堂。这座经过第二次世界大战和南斯拉夫内战的战火硝烟洗礼的教堂在希贝尼克人民的保护下几乎完好无损，因此毫无争议地被收入了联合国世界文化遗产目录。饶是我此前先已去过欧洲排名前十的大教堂中的绝大多数，当站到希贝尼克的圣雅各布大教堂门前时，仍深感折服。这座高32米的白色建筑，前后用了100多年时间才建成。整座教堂没用一根木头，没用一块砖头，是世界上最大的石砌教堂，雕饰精美，造型独特。而最精彩的则是它72个人物头像石雕。这些头像，神态各异，栩栩如生，除了达官贵人，还有无名的男童、少女、老人和妇人。此外，教堂内洗礼堂的穹顶和石门之上的雕刻作品亦属克罗地亚文化的经典之作。

沿着滨海公路继续北上80多公里后，就到了扎达尔（Zadar）。相对于克罗

希贝尼克学校里的孩子

◎ 人物头像雕像

建筑局部

圣雅各布大教堂

地亚海边的其他城市，扎达尔显得很是年轻。这里没有什么特别值得推崇的古韵遗风，它的特点就是休闲。即使如此，扎达尔仍然还是有两件东西值得推荐。

一个是它独一无二的海风琴（Organ，当地语为 Orgulje）。这个诞生于 2005 年的海风琴，其实就是在海边的混凝土台阶侧面开有通风口，潮起潮落时空气从这些小孔里鼓出，演奏出奇妙的旋律。另一个值得推荐的是扎达尔当地的手工冰激凌，售价大致在 7 库纳-10 库纳之间。来这里的游客几乎人手一个，边走边吃。如果你拿着一只冰激凌，坐在海边的台阶上，迎着和煦的风儿，眺望海天一线的远方，一边吃着，一边聆听海风琴时而悠长、时而汹涌的乐声，那么，你的扎达尔之行便差不多可算圆满了。

　　游览完扎达尔，我的克罗地亚海滨美景之行就告一段落了。下面将取道山区，折向克罗地亚内陆的首都方向。在这一路上，还有一个著名的景区，即克罗地亚十六湖景区。不过，如果先已去过中国的九寨沟，那就没必要再去十六湖，前者要美丽得多。

　　这一天我的住宿地选在首都萨格勒布南边 100 公里左右的山区小镇斯卢尼（Slunj）。其实，事先我对这个小镇毫无了解。我的考虑是，既然已经欣赏了达尔

扎达尔

海风琴

扎达尔

马提亚海岸线上那几处联合国教科文组织评出的世界文化遗产，那么不妨再深入克罗地亚的农村去看看。然后在地图上一番搜寻，最后目光落在了一个名叫斯卢尼的乡村小镇。据说，这个小镇以保存完好的老磨房和瀑布而闻名。

　　从扎达尔到斯卢尼，要穿越大片的山间原野。林间空地上是一片一片的耕地，秋天来了，大部分庄稼已经收割。山野到处都是叫不出名字的树木，它们绚丽的色彩，在蓝天的背景上，璀璨夺目。艺术来源于生活，在这里，可以深深地理解为什么欧洲人会钟情于油画，因为他们生活的环境就是由一幅又一幅的油画构成的。

　　下午 3 点，就到了斯卢尼。这是一个位于大山深处的几乎没有什么外人前来

◦ 斯卢尼小镇

的小镇。我在订房网上预订的房间，是在小镇边上一个农民的家里。我在门口停下车时，一个十七八岁的小伙子正抡着大斧子在院子里劈柴。他是这户人家的大儿子，正在读高中，课余时间帮家里干干活儿。

　　小伙子从网络上早已知道我会来。看到我，他一点也不吃惊，憨憨地笑着，帮我把行李提到三楼的房间里。他家实在太乡村了，陈设质朴，但却相当干净。

入住后，我驱车到了小镇边上 Korana 河和 Slunjcica 河的汇流处，那里是当地的水磨机聚集地。

这是一个远离尘世的地方，溪水潺潺，斑驳的阳光从摇曳的树叶缝隙中撒下来。树荫下，一个小小的木屋咖啡馆把它的露台伸了一半在水面上。见我进去，店家送上咖啡后便悄然消失，我是唯一的客人。在这个仙境般的小咖啡馆，本来以为可以静静地对未来的行程、甚至未来事宜做一番思索的，可纯净到极点的溪水却如芊芊细手，竟抹去了心头的一切痕迹。于是，我就坐在鲜花丛中，小溪侧畔，啜着咖啡，什么也不做，什么也没想，呆呆地度过了一段无以言状的美妙时光。

截至我写下这本书，我从没告诉过我身边的人，我曾经到过一个封闭、宁静而又美丽的克罗地亚小镇。说了也没用，这个偏僻的小镇从未进入过中国人的认知体系。在那一天，当我从水磨旁边的咖啡馆回到镇子里时，一些镇民笑呵呵地冲我招手，而另一些则悄悄地从自家窗户和院子里打量我。

一个东方人，如一粒小小的石子，给斯卢尼激起了几丝涟漪。

8. 库姆罗维茨，铁托总统的故乡

克罗地亚首都萨格勒布北方偏西 55 公里处，在靠近斯洛文尼亚边境的地方，有一个名叫库姆罗维茨（Kumrovec）的小村子在曾经的南斯拉夫赫赫有名，因为这个僻静的村庄为巴尔干地区、甚至为世界贡献了一位伟人，他就是前南斯拉夫社会主义联邦共和国总统约瑟普·布罗兹·铁托（Josip Broz Tito）。

1892 年 5 月，铁托诞生于村中一户贫农家里，排行老七。铁托家境贫寒，15 岁就不得不外出谋生。1913 年，他应征加入奥匈帝国军队，在第一次世界大战中被俄军俘虏。在俄国期间，他参加了布尔什维克组织的革命活动。1920 年回国

克罗地亚乡村

铁托总统故居

铁托塑像

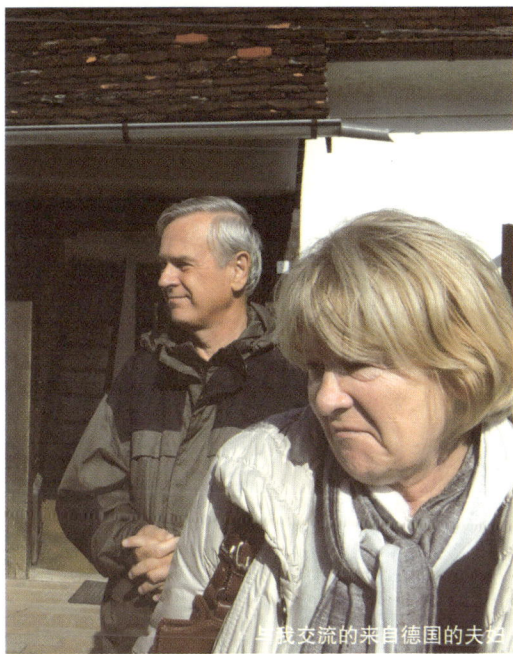
与我交流的来自德国的夫妇

参加了南斯拉夫共产党，1937年成为南共领导人。此后，铁托领导南斯拉夫共产党战胜了德国法西斯，建立起统一的南斯拉夫国家。1980年5月4日，铁托在卢布尔雅那逝世。

南斯拉夫解体以后，此地的参观人数骤减到一年只有几万。通往这里的铁路早已废弛，而村口的大型停车场上堆满了金黄的落叶，暗示了这里很少有车来停。我刚下来锁好车门，旁边又过来一辆车。我注意到它的车牌，是德国的。车上下来一对年近花甲的男女，与我微笑致意，彼此用英文问候。

今日的库姆罗维茨，虽然仍对公众开放，但却很明显地有着"去铁托化"的倾向。在对外宣传中，这里是作为乡村民俗博物馆出现的。村中20余栋百年老屋辟为展室，里面展陈的都是当地农家生活使用过的器具。

在这些房子中，铁托故居非常显眼，在这所建于1860年的砖木结构房屋门前，耸立着一尊高高的铁托塑像——身着戎装的铁托背着手，低头盯着前方地上某处，眉头紧锁，眼神忧郁而坚定。

刚才停车场碰见的两位来自德国的游客和我一起走进铁托故居。这幢房子看起来房间也不少。

铁托故居的老人

铁托故居的孩子

那位先生冲我笑笑，耸耸肩轻声道："比较宽敞，是吗？"

我说："是呀，看起来不错。"

女士插嘴道："这里曾经是铁托家族的两个大家庭挤在一起居住，每个家庭有十来口人呢。"

"哦？你对这里挺熟悉啊？"我问。

她说："我丈夫是德国人，但我曾经是南斯拉夫人。"

南斯拉夫？我暗想，难怪她会来参观铁托故居——铁托是南斯拉夫的缔造者和维护者，他去世没多久，南斯拉夫就不复存在了。

第二次世界大战之后，巴尔干地区四分五裂的斯拉夫人，被强人铁托凝聚在一起，组成一个颇有国际影响力的国家南斯拉夫。当时的世界分为美国和苏联两大阵营，苏联集团以华沙条约（华约）为核心，美国集团则以北大西洋公约（北约）加以对抗。东欧国家选边站队，加入华约，最重要的原因是，他们国家的共产党上台与苏联的扶持密不可分。

在欧洲的社会主义国家中，除苏联之外，唯一一个单靠自己的军队就打跑了纳粹德国侵略军的国家，就是铁托领导下的南斯拉夫。正因如此，前南斯拉夫的人民曾经充满自豪和骄傲；也正因如此，铁托虽然建立了社会主义制度，但却从来不像其他东欧国家那样，唯苏联马首是瞻。在社会主义阵营中，铁托是第一个敢于对苏联老大哥说不的国家元首。铁托不愿死跟苏联，并非是因为他希望倒向西方。铁托集团是以共产主义作为自己的意识形态旗帜的，要改换门庭并非易事。20世纪50年代的南斯拉夫，游刃于美苏两大阵营之间，扛着社会主义的旗帜，同时又从西方得到了不少的资助，小日子过得相当不错。1961年，在南斯拉夫的参与发起下，第一次不结盟国家首脑会议在贝尔格莱德召开。鉴于铁托在反对霸权主义、维护世界和平与争取人类进步的事业中所起的独特而卓越的作用，有 59 个国家共授予他 98 枚勋章。

不过，您可千万别被"不结盟"这个名词忽悠了。铁托所谓的"不结盟"，实质上就是在当时美苏两大阵营之外组建的另一个以"不结盟"为名的、不与美苏两大集团结盟的、松散的国际联盟组织而已。而正是通过这场轰轰烈烈的不结盟运动，南斯拉夫的国际声望暴涨，铁托本人也成为当时世界上最具影响力的国际政治家之一。

从铁托故居出来，正好那一对夫妻也跟着出来了。老公是德国人，看起来显然对眼前的这一切兴趣不大。他冲我微笑颔首道："这里环境不错。"

确实，虽然此地的政治气氛没有以前浓厚了，但是库姆罗维茨的田园风光仍然令人陶醉。一条弯弯的清溪浅吟低唱，流经村中，两旁碧草如茵。不远的村边，秋叶掩映之处还有一个小河湾，旁边立着一座 1935 年建的方尖碑，上面镌刻着克罗地亚国歌。某种意义上，当地政府淡化铁托的影响，就是在淡化统一的前南斯拉夫的国家概念。

于是，我也笑道："美丽的村子——可惜它不再属于南斯拉夫了。"

走在我前面的那位祖籍克罗地亚的女士猛地回头说："没有铁托，就没有统一的南斯拉夫。"

我叹了一声，说："南斯拉夫可是咱们中国曾经的社会主义兄弟啊……"

她眼睛里忽然闪出奇异的光芒，轻轻地、慢慢地说道："Communism is not so bad（共产主义也不那么差）！"

她这一句话，让我们都愣在那里好几秒钟。

我扭头冲她老公笑道："共产主义可是在你

铁托总统故居内景

们德国开始提出的哦。"

他狐疑地看着我，说："冷战之后，共产主义的东德已经被资本主义的西德统一了。"

"可是，提出共产主义理论的马克思是你们德国人，德国犹太人。"

他俩默默对视一眼，然后我们一起低着头，踩着满地的金黄落叶，回到村口停车场。简单道别之后，各自上车，悄然离去。

汽车驶过，路上黄叶随风卷动，飘飘而起，然后慢慢陨落，一切重归平静。

9. 萨格勒布，关于欧洲的想象

从铁托故乡回来，就进了首都萨格勒布（Zagreb）。萨格勒布是巴尔干地区的历史名城，建于 11 世纪，最早由一些居民聚居区发展而来。13 世纪形成了有一定规模的城市。到 19 世纪随着欧洲工业革命的发展，萨格勒布也逐渐从老城扩展出新城。

© 耶拉契奇总督广场

　　进城后，第一件事就是先去预订的酒店办理入住手续。酒店的位置很好，正好位于市中心耶拉契奇总督广场南边 300 米处的小街里面。这家四星级酒店没有大堂，接待前台在一栋写字楼的 5 楼上。进去一问，前台那位名叫 Amanda 的漂亮小姐说，他们酒店的房间都是古老套房，分布在萨格勒布市内各处。而这个地方，仅仅是一个接待处而已。

　　古老套房？听起来还不错。于是和 Amanda 说定，先将车免费停放在楼下停车场，等我逛完回来，她再带我去我的房间——据说离这里大致有两三个街区那么远。

　　出门不远，就是繁华热闹的耶拉契奇总督广场。这个广场始建于 17 世纪，后逐步发展成为市中心。1866 年广场中央矗立起耶拉契奇总督骑马塑像。二战后，广场更名为共和国广场，耶拉契奇总督塑像也由游击队员塑像取而代之。1991 年克罗地亚独立后，人们将耶拉契奇总督塑像从博物馆中搬了回来，广场又恢复了旧貌。那么，耶拉契奇何许人也？他是 1848–1859 年克罗地亚首任总督，1848 年耶拉契奇带领当地民众击败匈牙利人的入侵，使克罗地亚一度短暂地成为一个独立的国家。

　　集中于广场周围的许多十八、十九世纪的巴洛克建筑，构成萨格勒

萨格勒布街头人群

多拉克市场

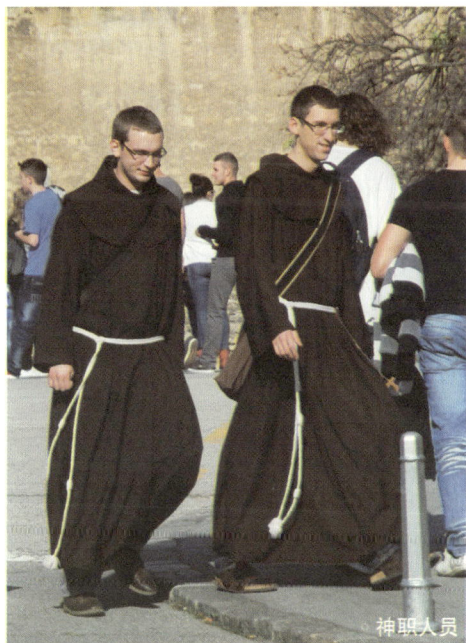
神职人员

圣母升天大教堂

布主要的景观。在各类商店中,最吸引我的是领带销售店。就像英语里中国(China)和瓷器（china）是同一个词一样,在很多欧洲语言中, 克罗地亚和领带至今仍是同一个词。17 世纪,隶属奥地利帝国的克罗地亚轻骑兵为了相互识别,在脖子上围一块鲜艳的方巾。他们把这种风尚一路带到巴黎,受到了热烈的追捧,逐步成为男士的标准装束,并最后演变为领带。今天,丝质领带是克罗地亚最知名的纪念品,也是克罗地亚文化的象征,来到这里,要不买几条回去的话,你都不好意思见人。

从广场东边向北 200 米,是萨格勒布的地标性建筑之一圣母升天大教堂（ Cathedral of the Assumption of the Blessed Virgin Mary ）。这座教堂俗称萨格勒布大教堂,原址在 1880 年的地震中被毁,后于 1899 年重建。遗迹中包括 13 世纪的壁画、文艺复兴时期的靠背长椅、大理石祭坛和巴洛克风格的讲道坛。

大教堂的西边是被当地人称作"萨格勒布肚皮"的多拉克市场（ Dolac ）。每天清晨,菜农们就从四面八方赶到这里,把新鲜的鲜花、水果、蔬菜、肉类摆上来。在菜市场的一角,你还可以看到由当地农民用鲜花提炼出来的名叫"拉万达"的香水,它是姑娘们最喜欢的土特产。在这个地方,卖主不谎价,买主买得开心,实为居家生活、旅游购物的好去处。

从多拉克市场继续向西，爬上一个小坡，就到了石门（Stone Gate）。这道门，是萨格勒布古城 Gradec 四道城门中硕果仅存的一个。石门拱顶下的祭坛前，有一幅历经艰辛幸存下来的画像《圣母和孩子》，每天都有大量信徒和游客前来祭拜和瞻仰。石门通道的墙上，镌刻着信徒感谢圣母回应他们祈祷的话语。

石门往上行不远，就是萨格勒布的另一个地标性建筑圣马可教堂（St Mark's Church）。圣马可教堂是一座哥特式建筑，里面陈列着克罗地亚著名雕塑家梅什特罗维奇的作品。教堂别具一格的彩色屋顶让人想起克罗地亚国旗，图案由 2 个臂章和衬底组成，左边 3 个动物的头象征中世纪克罗地亚的 3 个王国，出自威尼斯建筑师 Further 的手笔。

离教堂不远，是这个世界上唯一的"失恋博物馆"（Museum of Broken Relationships）。这也是萨格勒布历史最短的博物馆，2010 年才建立。创办这个博物馆的是一对曾经的恋人，2003 年分手时决定把曾经共同拥有而又都不愿收藏的东西向世人展示，于是构思成立了这个博物馆。馆内甚至还提供《失恋指南》和《疗伤十法》等小册子。

在前南斯拉夫独立出来的各国中，斯洛文尼亚和克罗地亚具有某种不一样的气质。究其根源，盖因两个国家在 100 年前都曾经同在奥地利和奥匈帝国的版图之内。在萨格勒布，处处可见当年奥匈帝国的影子。在圣马可教堂

教堂尖顶

圣马可教堂

附近一带，到处都是奥匈风格的历史建筑。步行街上，有着著名的特什察克塔（Lotrscak）。该塔位于上城区的山崖边，从 1871 年开始每天中午塔上都会响起炮声，以便让全城的人校对时间。特什察克塔旁边是一条建于 1888 年的短短的缆

索铁路，将上、下两个城区连接起来。过去一看，缆车票价 3 库纳，不算贵。下
了缆车，就是下城区。这一带是萨格勒布的商业中心，街道两边是各式各样的名
品商店。人们慢腾腾地在一家又一家商店里涌进又钻出，每一张脸都是悠闲的、
慵懒的。

　　商业街的另一端，是中欧最漂亮的广场——铁托广场。铁托广场并不大，它
的东边是萨格勒布有名的国家歌剧院，西边是一个博物馆。这个广场，现在已经
改名为剧院广场（the Croatian National Theater）。

　　简单吃完晚餐之后，回到酒店接待处。前台那位漂亮小姐 Amanda 二话不说，
拿起房间钥匙就上了我的车，指挥着我在傍晚拥堵的车流中如蜗牛般向着我预订

铁托广场

的那个"古老套房"开去。

　　刚汇入车流时，Amanda 还会提醒我"慢"、"让"什么的，过了一分钟，她
就不再支招了。此刻，华灯初上，我驾车行驶在基本上没有立交的萨格勒布，一

寸一寸地向前挪动着。

她说："你好像很熟悉欧洲的交通啊？"

"是啊，来过多次了——放心，只要能在中国大城市里安全驾驶，就不会畏惧世界上任何的交通状况。"

她笑道："我去年刚从中国回来，我知道中国的交通是什么样子。"

"是吗？去中国旅游吗？"

"不是，我在厦门的一家酒店工作了两年。"

"哦，难怪你熟悉。"

"是啊，在中国开车，中国驾驶员真的太可怕了。"说到"可怕"时，她特意加重了英语单词 awful 的语气。

我脸上微微地红了一下，好在天黑，她看不到。我解释道："中国发展快，人们很快就有了钱，能买得起不错的车，但中国很多人仍然还不知道应该如何生活在一个现代社会里——所以，给我们多一些时间，一切都会改变的，我保证！"

须臾，就到了一幢巴洛克风格的"回"字形大楼前。从一个狭窄的门道进去，里面是一个不大不小的院子。停好车，Amanda 带我顺着有唯美的铁扶手的楼梯上到二楼，打开一道门。等灯光亮起的时候，我不由得轻轻地"啊"了一声。

这是一套有着客厅、卧室、小厨房、卫生间的套房。面积虽然不大，家具也不多，但挑高的门厅和气派的大门，圆形的拱窗和转角的石砌，显得雍容华贵。客厅里，由大理石精雕细琢的高大壁炉简直就像是一件精心设计的艺术佳作。柔软的高背沙发也为客厅增添了温暖的气息。这是一所具有浓郁的浪漫气质和尊贵品味的房屋，它完全符合我对欧洲文学名著中诸如茶花女、基督山伯爵、于连、维特等人物所居住的公馆的所有想象。

Amanda 不失时机地冲我调皮一笑，问："还满意吗？这栋大楼的历史可是有100 年以上了哦。"

"满意！"我大笑道。

原来，Amanda 所在的酒店，将萨格勒布一些空置的老屋租过来，然后再转租给我这样的游客。

在那个暖暖的秋夜，头枕在手臂上，舒服地躺在萨格勒布那幢巴洛克风格的老楼里的大床上，我的手机里若有若无地流淌出舒缓的音乐。城市的灯光，疲惫而昏暗，斜斜地照亮了墙上一幅画的一角。某种被小心地封存于记忆深处的东西，如缕缕轻烟，袅袅而起，悠悠地飘浮在空中。过往的欢乐和痛苦，像没有源头的水流，悄然泛起，又很快消逝。

我想，我追求的，原来就是这么一份简简单单的岁月静好。

10. 斯洛文尼亚，名字里镶嵌有love的浪漫国度

从欧盟成员国克罗地亚进入欧盟与申根双料成员国的斯洛文尼亚，只要你有申根签证，手续很是方便——盖上一枚入境章即可。

○ 卢布尔雅那

在英文里，这个精美小国叫 Slovenia，一个在自己名字里镶嵌有 love 的浪漫国度。从族群上看，斯洛文尼亚人属于南部斯拉夫人，这也是为什么在奥匈帝国崩溃后，斯洛文尼亚会与同为斯拉夫血缘的塞尔维亚、克罗地亚等组成南斯拉夫。但是，历史上斯洛文尼亚在数百年的时间里，是奥地利（奥匈）帝国核心地区的一部分，与克罗地亚等其他前南斯拉夫联邦的成员相比，斯洛文尼亚人总是觉得自己的条件更优越，他们很多人甚至不认为自己的祖国属于巴尔干半岛的斯拉夫体系，因此，斯洛文尼亚人对斯拉夫的认同感，是前南斯拉夫各国中最弱的。1991 年，南斯拉夫分裂，区区 200 万人口、面积只比北京市略大的斯洛文尼亚率先独立。今天，斯洛文尼亚人的这种优越感更是达到了前所未有的高峰，因为他们的经济不仅是巴尔干半岛各国中最好的，也是整个前东方社会主义转型国家中最好的，甚至比许多老牌的西方发达国家还要好。

入境之后，径直就在边境的高速公路休息区的超市购买了斯洛文尼亚高速公路路票。最低票价的那种要 15 欧元，可在该国驾驶 7 天——这对我的旅行计划来说，已经足够了。说起来，斯洛文尼亚的高速票是全欧洲最贵的，可供外国游客选择的有三种：15 欧元的周票，35 欧元的月票和 95 欧元的年票。要是不买呢？被警察逮住，罚款 365 欧元！

从克罗地亚边境到达首都卢布尔雅那时，已过正午。拥有 30 万人口的卢布尔雅那精致到出人意料的地步，但对这座城市来说，小巧玲珑却不是最具概括力的词语。

在河边停好车，扭头就看到小巷里有一家中餐馆。一看到熟悉的汉字招牌，就挪不开步了。好多天没吃中国饭菜了，馋啊。

中餐馆的老板是一位来自浙江的中年女士，已经入籍斯洛文尼亚。于是就向她了解，卢布尔雅那最有概括性的特色是什么？

她毫不犹豫地说："龙！待会儿你们吃完出去，顺河边走几百米，就能看到这座城市的标志性建筑之一，龙桥。"

我点的青椒肉丝、麻婆豆腐和番茄鸡蛋汤一会儿就上来了。这家有六七张桌子的餐厅里坐了不少学生状的客人，他们用勺子、叉子吃中餐，不时爆发出欢快的笑声。我扭头问老板道："本地年轻人很喜欢中餐吗？"

老板笑道："也不完全是。斯洛文尼亚政府专门对大学生的食宿等各方面提供高额补贴。政府和国内几百家餐厅签订了协议，约定餐厅向学生提供学生餐。我们是协议餐厅，所以学生多。"

○ 青春洋溢的卢布尔雅那大学生

"斯洛文尼亚大学生有这等好事儿？"

"是啊。学生餐是八折优惠，其中 50% 还要由国家来支付。也就是说，大学生下馆子，自己只需付正常价格的 40% 就好了。"

老板的这席话，在我心中撩起了一种奇怪的酸楚。除了沉默，我还能说什么呢？这个世界上，中国学生最可怜啊，很多穷人家的孩子读个书竟然还要靠希望工程、社会捐助。

从餐厅出来没多远，就是卢布尔雅那那建于 1901 年的著名龙桥（Egon Kase）。这座桥的四个桥头装饰有青铜翼龙。实际上卢布尔雅那也是欧洲唯一一个以龙为象征的城市。龙这个镇城之宝在市中心可以说是随处可见，伸手即触。通常来说，在西方文明中，龙是一种具有侵略性的动物，它往往是邪恶和危险的代名词，但在这里，龙却被看成斯洛文尼亚的守护神。这种龙的标志，我曾经在匈牙利的山丹丹街道上也看到过。考虑到匈牙利和斯洛文尼亚曾经同处于奥匈帝国之内，那么它们对龙的膜拜完全有可能是出于某种相似的理由。

° 龙桥

龙桥不远处就是一个挨一个并排建在一起的三座桥，中餐馆的老板说，当地华人一般都称之为三桥（Tromostovje）。这是横跨卢布尔雅那河上最古老的桥，大约建于公元13 世纪。在三桥两岸，一边是商店云集之地，另一边则是农贸集市。

三桥旁边的城市广场（Mestni Trg）是卢布尔雅那的中心广场，

广场不大，中间是建于 1751 年的巴洛克式的卡尼鄂拉喷泉。广场旁的市政厅（Magistrat）建成于 1718 年，为文艺复兴时建筑。广场后山的悬崖上，是卢布尔雅那城堡（Ljubljana Castle）。登上城堡，极目远眺，宁静的市郊舒展开来，阿尔卑斯清冷的山峰仿佛就在触手可及的地方。

逛着逛着，不经意间一抬头，注意到商业中心旁边的小街上空，横拉着的电线上竟然高高低低吊挂着不少破旧的鞋子！这是什么呢？在路边纪念品商店买东西时，顺便问了一下老板。老板耸耸肩，笑而不语。沿着河边，到处都是温馨雅致的画廊、极具特色的酒吧和富有情趣的咖啡馆，张扬着充满活力的街头咖啡文化，散发着小巧、迷人、友善的气息。在弥漫着历史馨香的老城区背后，是卢布尔雅那大学。深秋季节，黄叶满天飞舞，校区内无处不在的巴洛克式、哥特式、罗马式的教学大楼，以及神采飞扬、青春无敌的大学生，让这座城市显得既充满古韵遗风，又生机勃勃。

从卢布尔雅那西去亚得里亚海，就到了斯洛文尼亚区区 46 公里长的海岸线。这里，有保存完好的中世纪小城皮兰（Piran）。人们喜欢把皮兰叫作小威尼斯。在历史上，曾经有 500 年时间，它也确实是在威尼斯城市共和国的管辖下度过。可是，今天除了城里的一些建筑仍保留着些许威尼斯风格之外，它的气质与热闹而喧嚣的威尼斯迥然不同。在我的第一感觉中，这是一座平静、小巧、灵秀并散发着生活气息的小城。

小道西边临海，东边是排列有序的橘红顶、乳白墙的房舍。小路的另一面是蔚蓝的亚得里亚海，小小的港湾里停满了各式各样的小艇。一位瘦高个女孩牵着一条狗款款而来，她的脸上带着无羁的笑容。小路的拐弯处，是皮兰中心广场上高高的钟楼。

狭窄的街道和鳞次栉比的小楼是皮兰最具特色的意象。这是一个充满童话气息、节奏缓慢的小城，在绚丽而凄美的秋天，这里几乎没有游客。皮兰是安静的，如果你感觉听到了远处海面上海鸥的啁啾和海风的呜咽，那只是你心中的想象。海岬处有一座小小的教堂，在它的旁边，是一排临海的餐馆。餐馆门前露天餐桌上的桌布，在阳光下白得炫目。

皮兰没什么值得大书特书的景点。如果有时间，不妨就舒适地待在海边的露天咖啡馆吧，在那里啜着浓香的咖啡、吃着小点心，无所事事。露天餐桌旁边是栅栏。栅栏上牵着的藤蔓，开满了鲜花。鲜花那边是小路，小路挨着亚得里亚海。

皮兰牵狗的女孩

皮兰港湾

皮兰

和煦的秋阳从海上斜斜而来。蓝天一碧如洗。对于我等日常忙碌如蚂蚁一般的凡夫俗子来说，还有什么比这种不汲汲于富贵、不戚戚于贫贱的闲适更令人留恋和享受呢？

海边的皮兰，宁静、淡雅，低调地美着。阳光、大海、鲜花、小舟、礁石、女孩、狗儿，还有天际的点点白帆。面对波光粼粼的亚得里亚海，恍惚间不由得神游天外，暗自琢磨，在海天一色的尽头，定然还会有海；而在人生的尽头，会有什么呢？

在皮兰那天，是伤感而笃定的，心属于自己。一种对什么都可以拿得起、放得下的慵懒范儿，悄然而起。也许，天堂的感觉，就是在皮兰海边的阳光下，思绪所处的那种恬淡、宁静、被动、无欲的归宿感吧。

斯洛文尼亚另一个必须要去的地方，是位于阿尔卑斯山南麓的布莱德湖（Lake Bled）。这里曾经是前南斯拉夫高官的私属疗养地，铁托总统每年夏天都会来此度假。1991年斯洛文尼亚从前南斯拉夫独立出来后，此地才对公众开放。

那天晚上，从皮兰驾车过来，住进湖畔一家温馨的酒店。清晨，布莱德湖边的草地，结上了一层薄薄的白霜。在秋叶掩映之下，湖中心的那个小岛，美得令人窒息。据说，这个小岛，是全国唯一的岛屿。

湖边停了三四艘小舟。问了问价格，每人12欧元，送上几百米外的湖心岛再接回来。也别怪价格贵，在欧洲，凡是涉及人工、体力劳动的服务，都不便宜。该上哪艘呢？正在思量时，一个胖船夫拿着几张黑白照片给我看。那是一个挺着大肚子的墨镜老人和一个中年男子在湖边行走时所拍。胖船夫指着照片上的老人说："这是Tito总统。另一个是我父亲。"

Tito？铁托？前南斯拉夫总统铁托？

我一下就来了兴趣，立马便上了这胖船夫的小舟。

前南斯拉夫联邦各个成员的情况各异，这里历来就以民风彪悍、情势复杂而著称。这个地区，多次成为欧洲的火药桶。要把这些小国整合在一起，是需要有大智慧和大能力的。而当年的铁托总统就是这样一个具有独特个性和出众魅力的政治家。

我看着照片，问："你父亲和铁托总统很熟悉吗？"

他一边撑船一边说："铁托总统来布莱德湖度假期间，我父亲为总统划船。"

"是吗？那你们喜欢铁托总统吗？"

"一般来说，还是喜欢的。"

"你的意思，你们对他抱有某种复杂的情愫？"

"也许是吧。我没想到，你们来自遥远的亚洲，居然也会知道铁托总统。"

"当然知道。当时，你们觉得铁托总统怎么样？"

"他对我父亲挺好的。"

"那么，让你回去生活在铁托时代，你会愿意吗？你瞧，在那时，至少你家可以和总统拉上关系。认识总统，那会是多么荣光的事情啊。"

这个问题，可能从来没有人问过他，在回答前，他很是花费了一会儿工夫，在脑子里搜索英文词汇来遣词造句。最后，他坚定地说："虽然总统对我父亲很好，

布莱德湖湖心小岛

。布莱德城堡

布莱德湖小舟

但是，不，我不愿回到那个时代。"

聊着聊着，就到了岛上的小码头。码头连着长长的灰白石阶，顶上有一个小教堂和一个小博物馆。据说，游客来此，只要敲响教堂的钟声，便会令相爱的人儿永葆爱恋。当然，敲钟是要收费的，每次 6 欧元。

我在岛上最高处的木椅上坐下。头顶上，一架喷气式飞机翩翩掠过，拉着长长的尾巴。蓝天、白云、红顶、黄叶，都倒映在清澈的湖中，呈现出某种令人心旷神怡的表现力。秋天的色彩，是迷人的，虽然绚烂之后，是消逝。

湖心小岛上的建筑

湖心小岛

跋

    土耳其中部安纳托利亚高原的卡帕多西亚（Cappadocia）在古波斯语中，意为"美丽的马乡"，它曾经被美国《国家地理》杂志评选为十大地球美景之一。卡帕多西亚景色优美，以其童话般的斑点岩层而闻名于世。这里曾经遍布活火山，岩浆和岩灰冷却凝固后形成厚厚一层凝灰岩。天长日久，在阳光的暴晒和风霜雨雪的侵蚀之下，凝灰岩松软的部分剥蚀殆尽，比较坚实的部分残留下来，形成了千姿百态的岩石，有壁立千仞的悬崖，有蜿蜒数十里的褶皱，更多的则是像蘑菇、树桩、尖塔一样的石笋和石柱，构成奇石林立的露天博物馆。

    2014年2月初，我驾着一辆从伊斯坦布尔租来的轿车，一路逶迤，住进了卡帕多西亚地区 Goreme 村的一家旅店。

    接待我的小伙子高大帅气，满脸络腮胡，其实年龄并不大，他的名字叫阿里。这个季节的酒店很冷清，除了我之外没有其他客人。左右无事，阿里便陪我在他家旅店上上下下尽情参观。这家建在高耸的石柱里面的洞穴旅店很有特色，店家把石柱拦腰掏空，地上铺上地板，顶上描上彩绘，四壁开凿牖窗。从低矮的石门走进去，洞内豁然开朗，厅堂宽敞，灯盏幽幽，给人回归原始穴居生活的奇妙感觉。

    阿里说，他虽没去过中国，但对中国并不陌生，因为他的女朋友是中国人，在深圳的一家中学当英文老师。

    是吗？我来了兴趣。在封闭的土耳其中部的一个普通小伙子，竟然交上了中国女朋友，这倒引起了我的好奇。

    阿里面带幸福，得意地说，我们是一年前在网上认识的。交流到一定程度，我们就约定了在泰国见面。

    可是，你为何不去中国看看呢？对年轻人来说，深圳机会很多的。

    阿里耸耸肩，略带无奈地说，结婚以后，我会去的。

    那么，你们准备在中国生活吗？

    不，婚后我女朋友会来卡帕多西亚和我一起，在我爷爷的这家洞穴酒店工作。

    聊着家常，阿里就很热心地向我推荐当地一家专营热气球观光飞行的公司。虽然在他家旅店门外的街上，就有另外几家热气球公司的售票点，我还是决定通过阿里购买热气球票。至少，这可以给阿里一些实实在在的动力，以便他能够更好地为我这个唯一的客人提供服务，譬如，在第二天凌晨准时叫我起床。

翌日清晨5点，阿里敲响了我的房门。5点半热气球公司的车来接；6点在热气球公司的小餐厅里吃自助早餐；7点左右，我乘坐的热气球迎着东升的朝阳缓缓升空。

小时候上地理课，曾经无数次幻想，有朝一日能够穿越撒哈拉，横跨西伯利亚，泛舟印度洋……却从来没有设想过，在一个阳光明媚的冬日清晨，我会以这样的方式，顶着略带凛冽的风儿，飘浮在小亚细亚的安纳托利亚高原广袤的田野上空。

那一刻的感觉是奇妙的。如果说一切的铭记都只是瞬间的碎片，那么在那个苍凉的土耳其之晨，沧海桑田，悄然而来，又无声散去。在600米高空中的热气球吊篮里，初升的太阳虽然红得热热闹闹，却几乎没有带给我什么热量，但我还是暗含某种喜悦的心情在期待着温暖。

实际上，我的土耳其自驾之旅与这本书的内容基本上毫不相关，在为本书结尾时，这段记忆却鲜活地跳了出来。这就好像在欧洲的秋叶静美之后，不知在哪个清晨，或者哪个黄昏，几片雪花飘飘而至，冬天悄然来到。可是，谁又说得清，残存心底的点滴幽思，是否会被漫天冰雪掩埋？

记得在2011年盛夏，匈牙利驻重庆领事馆的领事，一位很有风度的绅士，在面签中问我，为何想去匈牙利？我答，喜欢欧洲秋天的色彩，准备去拍点片子回来，挂在自家墙上，要是拍得够好的话，打算把朋友家客厅的相框里也换上我的片子。我没说谎，我确实喜欢火一般绚烂的秋天，因为那不仅仅是一个入画的季节，更是一个令人守望的季节。在那里，纯净的阳光，惆怅的雨丝，缤纷的落英，幻化成一个又一个时空交错的世界。

些许从容，些许淡定，伴我此去经年。

不管未来如何，我会继续走下去，直至生命的最后一刻。

2014年5月25日，于重庆